Comparative Research Series on Cross-strait Industry

两岸产业比较研究丛书

本丛书是"2011计划"——"中国特色社会主义经济建设协同创新中心"的子平台"区域协调与产业发展"研究团队的阶段性成果

两岸创意产品比较研究

林明华 杨永忠 罗丹 谢伟明 著

Comparative Study on
the Cross-strait Creative Products

经济管理出版社
ECONOMY & MANAGEMENT PUBLISHING HOUSE

图书在版编目（CIP）数据

两岸创意产品比较研究/林明华等著 .—北京：经济管理出版社，2019.2
ISBN 978-7-5096-6146-8

Ⅰ.①两… Ⅱ.①林… Ⅲ.①海峡两岸—文化产品—产品设计—对比研究 Ⅳ.①G124

中国版本图书馆 CIP 数据核字（2018）第 258009 号

组稿编辑：郭丽娟
责任编辑：梁植睿
责任印制：黄章平
责任校对：董杉珊

出版发行：经济管理出版社
（北京市海淀区北蜂窝 8 号中雅大厦 A 座 11 层　100038）
网　　址：www.E-mp.com.cn
电　　话：（010）51915602
印　　刷：北京玺诚印务有限公司
经　　销：新华书店
开　　本：720mm×1000mm/16
印　　张：15
字　　数：250 千字
版　　次：2019 年 4 月第 1 版　2019 年 4 月第 1 次印刷
书　　号：ISBN 978-7-5096-6146-8
定　　价：65.00 元

·版权所有　翻印必究·
凡购本社图书，如有印装错误，由本社读者服务部负责调换。
联系地址：北京阜外月坛北小街 2 号
电话：（010）68022974　邮编：100836

编委会名单

编委会主任：龚　克　潘维大

执 行 主 编：刘秉镰　詹乾隆　邱永和　白雪洁　贾凯杰

编委会成员（按汉语拼音排名）：
　　　　　白仁德　曹小衡　陈富良　陈世圮　冯正民
　　　　　傅祖坛　过晓颖　胡均立　胡凯杰　黄台生
　　　　　焦志伦　李　扬　李保明　李兰冰　李文智
　　　　　李　月　庞瑞芝　王　玲　王　燕　吴天诚
　　　　　肖兴志　徐顺宪　杨静蕾　杨永忠　赵一夫
　　　　　周呈奇

序 一

经历了2009年国际金融危机的冲击，当前世界经济进入新一轮的调整和转型期，以美国为代表的发达国家虽然经济探底趋稳，但财政悬崖、主权债务危机的阴影犹存；新兴经济体和部分发展中国家虽然经济保持较高的增速，但面临的挑战和风险也很大。从世界经济格局来看，世界经济中心向亚太地区转移的趋势有所增强，在刚刚过去的2012年，全球经济复苏放缓，而亚太新兴经济体总体上保持了难得的增速，成为世界经济的一抹"亮色"。在亚太地区，中国大陆与中国台湾作为"大中华经济圈"中实体经济发展各具千秋的两个重要经济体，彼此之间活跃的产业合作和日益紧密的经济联系会增强双方的实力，达到合作共赢、共同增强在亚太地区的主导力量的效果。

自2008年两岸关系出现历史性转折后，两岸双方在反对"台独"、坚持"九二共识"的共同政治基础上，本着"建立互信、搁置争议、求同存异、共创双赢"的精神，致力于两岸关系的和平发展。目前我们已经签署了空运、海运、通邮等协议，实现了两岸全面直接双向"三通"，促成了大陆居民赴台旅游，取得了两岸人员往来的又一次重大突破，在众多领域建立了两岸交往与合作机制，解决了两岸同胞关心的一系列经济、社会、民生等问题，特别是签署了《海峡两岸经济合作框架协议》以及投资保护、海关合作两项后续协议后，更推进了两岸经济一体化的进程。"三通"开放至今，两岸贸易总额已突破5600亿美元，大陆累计批准台商投资项目8.7万个，台商实际投资金额565.3亿美元。同期，共有133家大陆企业在台设立分公司或代表处，投资金额达7.22亿美元。2008年两岸携手直面国际金融危机的冲击，风雨同舟，共渡难关，为两岸产业与企业界的更深入、具体、全面的交流与合作奠定了坚实的情感基础。两岸发展的历史充分证明，分则两败，合则共赢。

我们惊喜地发现，在两岸经济、社会、文化、教育等领域日益频繁而密切的交流中，两岸的高校发挥了重要而独特的作用。不仅通过教师和学生的交流互访学习，取长补短，加深了理解和友谊；而且更有一些眼光深邃、做法务实的两岸高校，各取所长，为两岸的产业和企业合作发展发挥着智力支持作用。由南开大学和台湾东吴大学发起，联合了两岸十几所高校的专家学者编写出版的"两岸产业比较研究丛书"，恰逢其时，将适应两岸经济交流与合作的新形势，为两岸产业和企业加深了解、建立互信、寻求商机、互利互惠开启一扇机会之窗。

未来"大中华经济圈"的不断崛起将可能成为影响国际经济格局变化的重要力量，两岸的经济和产业合作也将不断由初期的贸易往来和直接投资向立足于两岸需求、资源、技术的全方位深层次的产业对接与合作转移。两岸内部市场的新经济增长点在哪里？两岸产业各自的竞争优势是什么？两岸产业进一步深入合作的制度政策和机制需求是什么？相信"两岸产业比较研究丛书"的出版将有助于我们寻找相关问题的答案。也希望通过这套丛书的出版，能进一步推进两岸官、产、学、研的更加深入持久的战略性合作。

目前两岸科技、文化、教育等领域交流与合作议题的正式商谈虽然还未开始，但两岸一些心系两岸和平发展之大计、脚踏实地的高校和学者已经开始他们扎实而富有成效的探索，虽然这些成果还不尽善尽美，但他们精诚合作，为两岸发展贡献绵薄之力的赤诚之心可见。愿他们的开拓性工作不断深入，结出更多更美的硕果。愿两岸产业界和企业界携手合作，共赢共荣的美好日子愈久绵长。

陈云林

2015年6月

序 二

全球经济已经进入成长速度放缓、竞争加剧、深度转型的调整期，未来发展充满了复杂性、不稳定性和不确定性。已开发国家经济进入缓慢复苏的阶段，低速成长可能成为长期的趋势。开发中国家或地区尤其是新兴经济体具有较高的成长速度，已经成为世界经济成长的主要动力，但成长速度不如以往的压力也逐渐显现。世界经济格局正发生明显的变化，亚洲的地位与作用日益重要。为因应全球经济高度不确定性的挑战，掌握全球经济重心向亚洲转移的机会，海峡两岸应加强合作、优势互补，共同采取更为积极有效的措施以稳定、发展、繁荣两岸经济。

2008年以来，两岸关系迈入和平发展的一个新的阶段。至2012年底为止，海基会与海协会共举行了8次高层会谈，签署了18项协议，涉及两岸直航、大陆观光客来台、投资保障等，为两岸经济共同繁荣与发展奠定了坚实的基础。其中，2010年6月，海基会和海协会签署了《海峡两岸经济合作框架协议》（ECFA），进一步增进了双方的贸易与投资关系，建立了有利两岸经济繁荣与发展的合作机制，为台湾与大陆的经贸交流与合作揭开了新的里程碑。

世界经济进入全新的发展阶段，新的形势给两岸经济交流与合作创造了新的机会，也产生了新的需求。当前，两岸经济均进入调整期，新阶段的产业合作可以基于两岸内部市场新经济成长机会的创造与成长方式的改变；如何从两岸经济发展的特色出发，选择两岸产业合作的领域与重点备受关注。就现阶段而言，两岸产业合作特别要注重对两岸内部市场的培育。两岸关系进入后ECFA时期，机制与制度的建构已经成为两岸产业合作的重中之重。两岸关系的改善以及ECFA的签署，应该在已有的架构协议层面，积极地完成相关的配套政策、机制、制度的建设，才能更深化产业的合作。在两岸合作由初级贸易往来转向深层次产业合作的关键时刻，如何从两岸的共同利益出发，实现两岸经济与产业的合作共赢，在全球经济格局中共同实现经济再发展，已经成为两岸官方、产业界和学术界共同关心的重大课题。

欣闻东吴大学和南开大学共同发起建立专业化、开放化和国际化研究平台，吸引海峡两岸的优秀学者，在两岸产业合作与对接这一新兴重要领域进行兼具创建性、开拓性与系统性的研究，共同编撰"两岸产业比较研究丛书"，深感其正逢其时、意义深远。这是第一部两岸学者携手完成的两岸产业比较研究丛书，这一系列丛书全方位剖析了两岸产业发展现状与未来对接的机会和挑战，涉及物流产业政策、港口发展等多个不同经济发展领域，研究成果兼具深度与广度。我相信这套丛书的出版问世，将为两岸产业合作与对接提供可参考、可采纳、可使用的产业发展对策，切实有效地为两岸经济共同繁荣与发展作出贡献。

这套丛书的问世，倾注了两岸学者的卓越智慧，期盼两岸学者能够继续精诚合作，竭尽所能地进一步加强两岸教育与科研资源的交流，建立高效、稳定、可持续的合作机制，产出更多、更好的硕果，为共同提升两岸经济发展贡献力量。

江丙坤

2015 年 8 月

前　言

自1998年英国首次正式提出"创意产业"概念以来，创意产业（中国大陆地区称之为"文化产业"，中国台湾地区称之为"文化创意产业"）引起了各个国家和地区的普遍重视，纷纷出台相关政策引导和鼓励其发展、壮大，中国大陆地区和中国台湾地区也不例外。经过近20年的发展，两岸特别是大陆创意产业获得了长足发展。据统计，中国大陆地区（以下简称大陆）方面，2014年文化产业增加值达23940亿元，是2004年的近7倍；中国台湾地区（以下简称台湾）方面，2014年文化创意产业营业额为7945亿元新台币，是2004年的1.5倍。

创意产业的蓬勃发展引起了学术界的广泛关注。学者们从不同视角特别是产业层面对创意产业发展相关问题进行了卓有成效的探讨。和国内大多数研究视角不同，本书从微观的创意管理学视角，关注两岸创意产业中文化企业特别是其创意产品的相关问题。本书的创意产品是指以文化资源为源泉产生的具有文化内涵的产品或服务。它是文化、技术、经济的有机融合物，是满足人们精神需求的产品。创意产品有很多类型，本书侧重关注博物馆创意产品、工艺品、出版物、电影产品、表演艺术产品、游戏产品等，此外还探讨两岸创意人才的培养。本书主体部分基本围绕文化资源、内容创意、生产制造、市场推广、消费者等方面对两岸这些创意产品进行比较分析。

本书共由八章构成。具体如下：

第一章：导论。主要阐释创意产品的源泉文化资源，概述创意产业价值链、创意产品及其类型，之后对两岸创意产品市场的发展态势和现状做了大体的分析，最后列出本书的分析框架。

第二章：两岸博物馆创意产品比较分析。在对两岸博物馆现状进行概述之后，对两岸博物馆门票制度和两岸博物馆创意产品的内容创意进行了比较研究，接着又对两岸博物馆创意产品的生产制造环节和市场推广方面进行了比较分析，最后以北京故宫博物院和台北故宫博物院为案例，探讨了这两家博物馆创意产品的异同性并提出了一些思考。

第三章：两岸工艺品比较分析。在对两岸工艺品市场概况进行比较分析，从文化萃取和内容创意设计以及通过典型案例比较分析两岸工艺品的内容创意之后，本章比较分析了两岸工艺品的生产制造环节，然后从推广渠道、营销模式以及销售方面比较研究了两岸工艺品的市场推广方面，最后以大陆夏氏琉璃和台湾琉璃工房为案例在探讨它们琉璃产品的异同性之后提出一些思考。

第四章：两岸出版物比较分析。本章首先讨论了两岸出版市场的基本现状，随后侧重比较分析了两岸纸质图书种类以及数字出版，接着比较分析两岸出版物的发行，之后就它们的市场推广与营销模式进行比较分析，最后以广东广州购书中心和台湾诚品为案例在探讨它们运营的异同性之后提出一些思考。

第五章：两岸电影产品比较分析。在概述两岸电影产品市场现状之后，本章比较研究了电影的创作与制作，之后比较分析了两岸电影的发行与营销，最后以大陆电影《湄公河行动》和台湾电影《大尾鲈鳗2》为案例，在探讨这两部电影制作生产、宣传推广等方面的异同性之后提出一些思考。

第六章：两岸表演艺术产品比较分析。本章首先简要讨论了两岸表演艺术市场的发展现状，之后对表演艺术产品的创作进行了比较研究并辅之案例讨论，随后以大陆国家京剧院和台湾云门舞集为例对两岸表演艺术的营销环节进行了比较分析，最后以福建漳州芗剧团和台湾明华园天字戏剧团为案例，在探讨各自歌仔戏内容创意源头、剧目类型宣传推广以及促销等方面的异同性之后提出一些思考。

第七章：两岸游戏产品比较分析。在简要阐述游戏产品及其分类与特征之后，本章比较了两岸游戏产品市场现状，接着比较分析了两岸游戏产品的文化源头，随后对两岸游戏产品的生产与制作环节进行了比较，之后就两岸游戏产品的运营与推广进行了讨论，最后以大陆网易游戏和台湾中华网龙为案例，在探讨各自游戏产品类型、风格以及市场推广等方面的异同性之后提出一些思考。

第八章：两岸创意人才培养比较分析。本章在界定创意人才之后，概述了创意人才的主要培养方式，然后侧重对两岸学校正规教育以及培训方面进行了比较分析。

最后作为附录，我们提供了海峡两岸学者在文化创意管理领域的理论、实践和相互交流的文章，从中可以观照到两岸文创的精彩互动。

在对比分析之后，可以发现，两岸在创意产品文化资源、内容创意、生产制造、市场推广、消费者，以及创意人才培养等方面都或多或少存在一些相似和差异。具体而言：

一是文化资源方面。两岸创意阶层在创意产品开发过程中均比较重视文化资源的挖掘和利用。大陆方面，创意阶层更关注中国传统文化资源并充分采用当下消费者关注的IP文化资源，较少将国内文化资源与国际文化元素和当下时尚流行元素相融合；台湾方面，创意阶层更注重将"本土"文化资源与国际文化元素以及当下时尚文化元素相融合。究其原因，可能是大陆文化企业身处市场规模巨大的内地市场，而台湾文化企业的创意产品还要更多地考虑台湾"本土"市场之外的消费者。

二是内容创意方面。两岸创意阶层在生成内容创意的过程中均比较注重作品的新颖性和文化价值体现。大陆方面，创意产品内容创意体现的更多的是大陆主流的价值观，并深受中国特色社会主义价值观的影响，并且有些创意产品内容创意较为单一，更多是中华优秀传统文化价值的适用性再现；台湾方面，创意产品内容创意体现的价值观更加多元化，更具国际视野，不过有些内容创意过多地受日本殖民文化的影响而往往轻视中华民族传统文化。

三是生产制造方面。两岸创意企业在生产制造文化产品时都注重充分利用现代科技生产手段，都注重与其他生产制造企业协同合作，优势互补，进而在生产制作上往往是跨区域、跨地区合作。不同的是，大陆方面在工艺品制作上更趋保守、传统，而台湾方面更趋开放、国际化。

四是市场推广方面。两岸创意企业宣传、推广和销售创意产品时都充分利用了线下媒体和线上媒体。不同的是，除官方网站外，大陆很多创意企业借助第三方购物平台以及微信来宣传、推广和销售其创意产品；而台湾很多创意企业通常是通过官方网站、Facebook等宣传和推广创意产品，通过自建官方购物平台销售创意产品。并且，与台湾相比，大陆创意产品消费者的支付方式更加多样化，更具选择性。

五是消费者方面。两岸消费者都表现出对创意产品有极大的购买力。不同的是，大陆消费市场还存在巨大的消费潜力，而台湾消费市场将朝细分化发展。因此，对大陆创意企业而言，当前和今后一段时间仍只需要关注内需市场即可；而台湾创意企业则要在深耕"本土"市场以外更多地开拓境外市场特别是大陆市场，这无疑是一个机会也是一种挑战。

六是创意人才培养方面。学校正规教育、培训、资格认证以及师徒传承是两岸创意人才培养的主要方式。台湾即将实施十二年义务教育而大陆现在正在实施九年义务教育；两岸都十分重视通过高等教育培养创意人才，同时政府支持和鼓励高等院校开设创意人才特别是复合型创意人才的专门培训；相比而言，台湾更加重视激发民众的创意潜力、营造民众创意社会氛围，为此正在实施系列行动计划。

尽管力求研究的全面性、系统性和前沿性，但受客观条件和研究者水平的限制，本书仍存在诸多不足，例如，有些数据比较陈旧，有些重要的创意产品如视觉艺术产品没有纳入分析之内，有些讨论比较粗糙，等等。这些问题需要在今后进一步充实、补充。此外，本书是基于众多研究人员的成果完成的，借鉴和引用了很多研究者的成果，但可能由于疏忽而没有列出，在此深表歉意并致以崇高的敬意。本书研究不当之处敬请各位同人批评指正！

目 录

第一章 导论 ... 1
- 第一节 文化与文化资源 ... 1
- 第二节 创意产业价值链 ... 4
- 第三节 创意产品及其类型 ... 6
- 第四节 两岸创意产品市场概况 ... 9
- 第五节 本书研究分析框架 ... 14

第二章 两岸博物馆创意产品比较分析 ... 15
- 第一节 两岸博物馆概述 ... 15
- 第二节 两岸博物馆门票制度之比较 ... 20
- 第三节 两岸博物馆创意产品内容创意之比较 ... 21
- 第四节 两岸博物馆创意产品生产制造之比较 ... 23
- 第五节 两岸博物馆创意产品市场推广之比较 ... 25
- 第六节 经典案例 ... 27

第三章 两岸工艺品比较分析 ... 34
- 第一节 两岸工艺品市场概况 ... 34
- 第二节 两岸工艺品内容创意之比较 ... 37
- 第三节 两岸工艺品生产制造之比较 ... 41
- 第四节 两岸工艺品市场推广之比较 ... 43
- 第五节 经典案例 ... 52

第四章 两岸出版物比较分析 · 60
第一节 两岸出版市场概况 · 60
第二节 纸质图书种类与数字出版 · 65
第三节 出版物发行之比较 · 67
第四节 市场推广与营销模式 · 70
第五节 经典案例 · 74

第五章 两岸电影产品比较分析 · 81
第一节 两岸电影市场概况 · 81
第二节 电影创作与制作 · 87
第三节 电影发行与营销 · 94
第四节 经典案例 · 97

第六章 两岸表演艺术产品比较分析 · 104
第一节 两岸表演艺术市场概况 · 104
第二节 表演艺术产品创作比较分析 · 109
第三节 两岸表演艺术营销比较分析 · 114
第四节 经典案例 · 118

第七章 两岸游戏产品比较分析 · 125
第一节 游戏产品及其分类与特征 · 125
第二节 两岸游戏产品市场概况 · 127
第三节 游戏产品文化源头之比较 · 131
第四节 游戏产品生产制作之比较 · 132
第五节 游戏产品的运营与推广 · 135
第六节 经典案例 · 138

第八章 两岸创意人才培养比较分析 · 148
第一节 创意人才的界定与内涵 · 148
第二节 创意人才的培养方式 · 150
第三节 大陆创意人才的培养 · 152

第四节　台湾创意人才的培养…………………………………………… 160

附录一　创意产业集聚区的形成路径与演化机理……………………… 170

附录二　人文品牌心法——让顾客用荷包为你喝彩…………………… 188

附录三　新当代管理理论：创意管理学的探索………………………… 198

附录四　"创意成都夜话"首场开讲　打造民间创意思想智库 ………… 212

参考文献……………………………………………………………………… 215

第一章　导论

第一节　文化与文化资源

一、文化

文化的界定并不容易。"文化"一词广泛应用于我们日常生活和学习之中，但它没有一个人们公认的、权威的定义。正如美国人类学家罗伯特·博罗夫斯基（Robert Borofsky）所指出的，将文化进行定义"无异于试图将风儿关入笼中"。也就是说，我们很难把握文化的本质。

"文化"一词内涵丰富，英文"culture"源于拉丁语"cultura"，最初是指"耕耘土地"。到16世纪，这一词演化为对心灵和智力的培养。从19世纪初开始，"文化"这一术语的含义变得更加宽泛，指的是整体上的智力文化进步和精神文明发展。随后，这种人本主义对"文化"的解释又被更加无所不包的概念所取代。

英国人类学家泰勒（1871）从精神层面较早地在《原始文化》一书中提出，"文化或文明，就其广泛的民族学意义来讲，是包括全部的知识、信仰、艺术、道德、法律、风俗以及作为社会成员的人所掌握和接受的任何其他的才能和习惯的复合体"。这一经典定义对后来的文化研究产生了深刻的影响。英国功能学派人类学者马林诺夫斯基（1944）在《文化论》一书中指出，文化包括了一套工具和风俗——人体的和心灵的习惯，它们都直接或间接地满足了人类的需要，并进一步将文化分为三个层次，即器物层次、组织层次和精神层次。英国文化理论家 Williams（1981）在《文化》一书中从传播角度，将文化界定为"意义表达的实践"。White（1959）从符号学角度提出，文化依赖符号，符号的产生才使文化得以存在，符号的使用才可能使文化不朽。也就是说，符号是文化的载体和表现形式。Throsby（2001）从两个层面对"文化"的含义进行了梳理，即在人类学和社会学框架下，"文化"一词是用来描述某一群体所共有或共享的态度、信仰、传统、习俗、价值观和惯例。

随着文化经济活动的日益显现，一些学者开始关注"文化"在经济领域的实践。Dowling（1997）指出，文化经济活动中的"文化"是一个能带来经济效益、提高人民生活质量的包含各种元素的广义概念，其内涵不仅包括诸如歌剧、舞蹈、艺术等所谓的精英文化，还包括大众文化，如消费行为。赫斯蒙德夫（2007）认为，如果把文化定义成"社会秩序得以传播、再造、体验以及探索的一个必要（虽然并非唯一）的表意系统"（Williams，1981）更贴切"文化产业"。Scott（2000）、Santagata（2000）将文化看作一种资本，认为它以观念价值的形式蕴含在实物或服务的使用价值之中，甚至比使用价值更能决定产品的价值。作为某一群体的共同价值观，文化可以强化群体认同。因此，实物或服务中的文化将极大地影响消费者对该实物或服务价值的主观评价。

二、文化资源

（一）文化资源的概念

文化资源内涵众说纷纭，国内一些学者进行了较多研究并先后对文化资源进行了界定。较有代表性的如：周正刚（2004）认为，文化资源是各种文化客观现象的总和，能够形成文化实力，可供主体开发和利用，既包含历史所积累的文化遗产库存，也包含现代社会所创造的文化信息和文化形式库，以及作为文化活动实施与手段的文化载体库等。吴圣刚（2005）指出，文化资源是满足人类生存发展需要的精神要素，以一切文化产品和精神现象为指向。吕庆华（2006）认为，文化资源是人类资源，是人类通过劳动所创造和形成的物质成果及其转化。何频（2007）认为，文化资源既包括历史上人类所积聚的文化财富，也包括现代的文化信息，是人类在改造世界的过程中所凝结的物质、精神的成果及活动介体，能满足人的需要，具有地域性、民族性和多样性等特征。丹增（2008）指出，人类发展进程中所创造的一切含有文化意味的文明成果以及承载着一定文化意义的活动、物质、事件以及名人、名城等，都可以认为是某种形式的文化资源。严荔（2010）从文化资源产业化角度提出，文化资源是指人们从事文化生产活动时所利用的、具有文化要素特征和内涵的各类资源。林明华和杨永忠（2014）从创意企业产品开发角度，提出"文化资源"是具有文化内涵并能够为创意企业所利用的各种资源。

(二) 文化资源的分类

文化资源分类目前并无统一标准。较为常见的分类有：从文化的存在形式上，把文化资源分为有形文化资源和无形文化资源。从历时性角度分为文化历史资源和文化现实资源。从可持续性发展上，文化资源可划分为可再生文化资源和不可再生文化资源。从物质性角度，文化资源可分为物质文化资源和精神文化资源。从统计角度，文化资源可分为可度量的文化资源和不可度量的文化资源。根据文化资源的开发频率，文化资源可分为充分开发的文化资源、一般开发的文化资源和开发不够的文化资源三种类型。根据成因、形态和作用，文化资源可分成四类：一是自然文化资源，指土地、矿物、水资源等；二是传统文化资源，指的是历史、民族、民俗、文物等；三是智力文化资源，指的是人的智力、智慧和创造性等；四是资本和信息文化资源，指的是文化设备、工艺、信息网络和技术应用等。

(三) 文化资源的特征

综合吴圣刚（2002）等学者的研究，相对于自然资源，文化资源主要有以下几个特征：

（1）无形性。大多数文化资源是以理念、精神等观念形态存在，人们能感知、认识、理解它，甚至可以通过语言表达它，但很难说出其形状、大小、颜色等物理形态。即便这样，人们还是能感受到它的存在，感受到它对人们行为的影响。人们也可以对不同的文化资源进行主观评价，如认可、反对、厌恶抑或喜欢某一文化资源。

（2）传承性。任何一个民族的文化都是该民族历史的积累，体现着该民族的特性，而这种特性是通过长期的文化创造反映出来的。一般而言，一个民族的文化大都经过从初创到发展并逐渐形成自己的特质，最终基本形成有自己民族特色的文化形态。这其中存在着一个继承、发展、创新的问题。一个民族的文化是这个民族共同智慧的结晶,是一代又一代人传承下来的。无论是发展也好,创新也好,都不能丢掉历史,舍弃传统,而是要在学习、吸收、掌握传统精髓的前提下进行发展和创新;否则文化可能成为"无源之水、无本之木",最终成为不伦不类的东西。

(3)稳定性。文化资源作为客观存在,是一种观念形态的东西,是经过长期的历史积淀而形成的,是包括民族精神、民族心理、民族发展历程的观念形态,深深地刻印在一个民族的精神世界中,一旦形成,就具有相当的稳定性。特别是一个民族文化的精髓部分,更具有稳定性。文化资源的稳定性还表现为,文化资源本身常常体现为一种文化传统,人们可以丰富它、发展它,甚至对传统进行创新。

(4)地域性。绝大多数文化资源存在于某一特定的地理区域范围内,这个区域之外的人们可能根本不知道这种文化资源的存在。文化资源的地域性阻碍了文化资源影响力的扩大。不过随着人们交往日益密切,活动范围不断扩大,有的文化资源不断突破原来的地域范围,其他地区的人们也将逐渐了解、熟悉这种文化资源。

(5)共享性。和自然资源相比,文化资源也存在产权归属,但产权拥有者不一定对这一资源完全独占独享。任何文化资源,一经产生既是民族的,更是世界的、全人类的共同资源、共同财富。特别是信息时代,文化的共享水平得到了极大的提高。例如,美国好莱坞利用我国的历史文化资源《花木兰》、自然文化资源"大熊猫"成功打造了动画大片,为其创造了丰厚的利润。

第二节 创意产业价值链

目前国内引用较多的是厉无畏(2006)提出的创意产业的基本价值链。他认为,创意产业的基本价值链由内容创意、生产制造、营销推广、传播渠道和消费者等环节构成,各个环节的关系如图1-1所示。

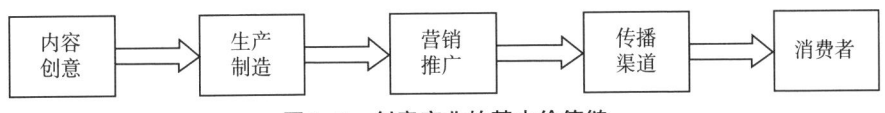

图 1-1 创意产业的基本价值链

　　林明华和杨永忠（2014）认为，这一创意产业的基本价值链有待进一步丰富。首先，针对创意产业的特征，可以更加充分凸显"文化资源"在整个创意产业价值链上的重要性。综合现有国内外研究，创意产业与其他产业不同的最大特征在于，创意产业中的"创意"是文化创意，它建立在"文化资源"的基础上。不同的文化资源，对创意产业价值链的形成与发展会产生不同的影响，对创意产业价值链的特征会产生重要影响。虽然创意产业的基本价值链中包括内容创意，其"内容"含义与文化资源有密切关系，但其主要强调的还是"创意"，并不足以彰显文化资源自身的特征和差异性在创意产业价值链中的重要作用。因此，有必要在创意产业基本价值链中，单独增加"文化资源"这一重要环节。

　　其次，将营销推广和传播渠道分成两个环节，在实际的分析中存在局限。根据传统的营销4P理论，营销推广和传播渠道统一在不可分割的同一个营销环节中，营销推广和传播渠道都是联结生产企业与消费者的相互融合的中间环节。郭新茹和顾江（2009）在基于价值链视角研究文化产业赢利模式时，就将这两个环节合并在一起，称之为"市场推广"环节。此外，营销部分如果只列出营销推广和传播渠道，从4P理论体系而言，也容易让人忽略价格策略等其他重要营销内容。因此，将营销推广和传播渠道整合到一个环节，更有利于理解和分析创意产业的价值链分布。

　　因此，沿用厉无畏（2006）创意产业价值链的基本思路，结合创意产业的特征，林明华和杨永忠（2014）对创意产业价值链进行了修正并提出了修正后的创意产业价值链。其修正后的创意产业价值链由五个环节有机构成，分别是文化资源、内容创意、生产制造、市场推广、消费者等，如图1-2所示。其中，文化资源是创意产品也是整个创意产业价值链的基础和灵魂；内容创意是创意形成环节，在这一环节中，创意阶层将文化资源转化成可以用语言或符号描述的内容，是整个创意产业价值链的关键环节；生产制造是将内容创意转化成产品或服务的环节，通过技术、工艺等生产手段规模化生产创意产品；市场推广是创意产品文化价值再发现、创意产品价值再创造环节；创意产品价值必须与消费者的观念价值相一致，否则创意产品价值将大打折扣，因此，消费者是创意产业价值链的最终决定环节。这五个环节紧密联系、相互作用，共同推动创意产业的持续发展。

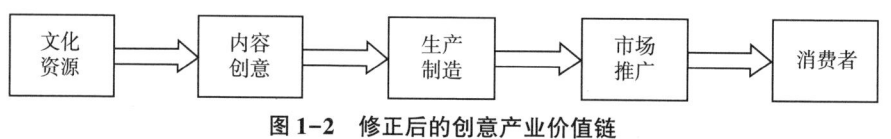

图 1-2　修正后的创意产业价值链

本书主要围绕修正后创意产业价值链的五个不同环节，对两岸创意产品进行比较分析。

第三节　创意产品及其类型[①]

一、创意产品的概念

创意本身并不一定是经济行为，然而一旦创意产生了可交换的产品，创意就可能是经济行为。Howkins（2001）认为，创意产品是一种具有经济价值的创造性商品或服务，并且这种创造性源于创作者的创意。他进一步把创意产品分为商品和服务。张海涛等（2006）指出，创意产品是技术与文化相互交融、集成创新的产物，是具有象征价值、社会意义和特定文化内涵的产品或服务，是新思想、新技术、新内容的物化形式，特别是数字技术与文化、艺术的交融和升华。李碧珍（2007）、杨永忠（2009）进一步认为，创意产品是一种源于个人或团队的创意、技能和才干，以脑力劳动为主，通过知识产权的开发和运用，自觉创造出的具有象征价值、社会意义和特定文化内涵的产品和服务。吴朋波（2011）指出，创意产品是一种以文化、创意理念为核心的产品，是人

---

① 本节主要引自：林明华，杨永忠. 创意产品开发模式：以文化创意助推中国创造 [M]. 北京：经济管理出版社，2014.

的知识、智慧和灵感在特定行业的物化表现。姚林青和卢国华（2012）认为，文化创意产品属于知识产品的范畴，它是指人类运用智慧、知识及天赋，利用各种技术手段所发明和创新的文化产品、文化服务以及智能产品。文化创意产品带有一定的公共产品特征，虽然文化创意产品具备公共产品的天然属性，但并不意味着它必然是公共产品，原因在于，文化创意产品的生产和消费过程中还存在着版权制度和技术条件等外部约束条件，这些外部约束条件将影响和改变文化创意产品的经济性质。

在学术界，关于创意产品的分类有许多种。我国学者李碧珍（2007）把创意产品分成两大类：一是借助于物质载体形成的既有物质形态又有文化符号的创意商品，如设计图纸、书刊、报纸、图画、雕塑、唱片、音像磁带、照片、电影拷贝、手稿、讲稿、电脑软件等，它直接为社会提供多姿多彩的消费品，并构成劳动力再生产所必需的享受资料与发展资料，成为社会总产品的组成部分；二是直接为社会提供服务的创意服务，如咨询服务、演出服务、教学服务等。胥悦红（2009）根据消费者需求把创意产品分成虚拟化产品和实物化产品两种形式，其中前者主要满足精神需求，所消费的是创意产品的精神内核，主要包括新闻服务，出版发行和版权服务，广播、电视、电影服务，文化艺术服务等传统形式的创意产品以及网络电子游戏、手机增值服务等数字形式的创意产品；后者除满足了精神需求外还满足了物质需求，所消费的是创意性产品的实物载体，主要包括文化用品、设备及相关文化产品等实物形式的创意产品以及广告、会展、建筑艺术、艺术品交易、设计服务等服务形式的创意产品。郑文文（2009）把创意产品分为准创意产品、纯创意产品和泛创意产品三类。其中，准创意产品包括文化产品、建筑、设计等，它是实实在在的具有物质外壳的客体；纯创意产品则指的是准创意产品中的创意内容；泛创意产品主要是指产品中的创意内容，它涵盖了所有财富中的脑力劳动和思想消耗。姚林青和卢国华（2012）把创意产品分成公共产品型创意产品、公共资源型创意产品、私人产品型创意产品和自然垄断型创意产品。

在实践层面，联合国贸易与发展会议（UNCTAD）从国际贸易角度把创意产品分成了两大类：一类是"创意商品"，一类是"创意服务"和"版税和许可费"。其中，第一类创意产品具体包括：①设计类产品，包括时装、室内设计、玩具、图形和建筑以及首饰；②工艺产品，包括地毯、柳条制品、纺纱制品、节庆产品、纸制产品以及其他；③视觉艺术产品，包括摄影、绘画、雕塑、古董及其他；④出版物，包括报纸、书籍及其他；⑤音乐，包括录制的光盘和磁带、活页乐谱、与音乐有关的手稿；⑥新媒体，包括数字录制、计算机游戏；⑦电影等视听产品。第二类创意产品具体包括：广告、市场调研和民意测验服务；建筑、工程以及其他技术服务；研发服务；个人文化和娱乐服务，包括市场及相关服务以及其他个人文化和娱乐服务；版税和许可费——这些数据不包括创意服务贸易的价值。就我国而言，国家层面尚没有直接列出创意产品类型。

综上可见，无论是在学术研究还是实践过程中，对于创意产品的认识都在探索与发展中。本书所说的创意产品是指以文化资源为源泉而产生的具有文化内涵的产品或服务。创意产品具有以下三种属性：

其一是文化属性，文化是创意产品的内核。创意产品以文化资源为源泉，任何创意产品均蕴藏着某一特定文化符号或文化符号组合，具有某一群体的文化观念烙印。

其二是技术属性，技术是内容创意转化成创意产品的实现手段。通过各种生产技术，具有市场潜力的内容创意才能够最终转化成现实的产品。

其三是经济属性。从文化资源挖掘到创意产品最终形成，经济效益始终是创意企业进行决策的依据。

二、创意产品的类型

基于创意产品的界定，为了便于研究海峡两岸创意产品开发，本书的创意产品主要包括以下几类：

（1）视觉艺术产品，包括雕塑、绘画、古玩、艺术品复制品等。

（2）工艺产品，包括手工艺品、装饰品等。

（3）影视产品，包括电影、电视剧、纪录片等。

（4）音乐与表演艺术产品，包括杂技、戏剧、歌剧、舞台剧、舞蹈、音乐、晚会等。

（5）出版物，包括纸质出版物、电子出版物。

（6）游戏产品，包括电脑游戏、街机游戏、电视游戏、便携游戏（掌上游戏机游戏、手机游戏、掌上电脑游戏等）。

第四节 两岸创意产品市场概况

经济发展促进了创意产品的消费。经验表明，不同经济发展阶段，文化消费呈现不同特征：当人均 GDP 处在 1000 美元以下时，文化消费较低；当人均 GDP 在 1000~4000 美元时，文化消费开始活跃；当人均 GDP 在 4000~12500 美元时，文化消费攀升；当人均 GDP 在 12500 美元以上时，文化消费繁荣发展。[①]

2016 年大陆人均 GDP 已达到 8027.7 美元[②]，意味着大陆文化消费处于大幅增长阶段，然而由于目前大陆创意产品供给依旧尚存在较大缺口，因此，大陆不仅需要大量的本土创意产品，也给外来创意产品带来了巨大的市场空间；此时，台湾地区人均 GDP 早已超过 12500 美元，进入高等收入组水平，文化消费正处于繁荣发展阶段，由于与大陆同宗同源，台湾地区创意产品除供应"本土"市场外，未来，中国大陆或可成为中国台湾地区创意产品的主要出口地区。

一、大陆创意产品市场概况

在国家《"十二五"时期文化产业倍增计划》以及各地文化产业发展配套支持政策引导下，大陆各类文化企业不断涌现，呈井喷式发展。相关数据表明，大陆文化企业数量从 2004 年的 31.79 万家猛增至 2014 年的 99.62 万家，年均增长率达到 12%以上，尤其是 2013 年，与 2012 年相比，文化企业数量更是增加了 25.55 万家[③]，达到 91.85 万家。从文化企业类型看，2012~2014 年大陆文化服务企业数量比重较大，超过 60%并曾一度接近 70%，文化制造企业比重超过或接近 20%，如表 1-1 所示。

[①] 德勤中国研究与洞察力中心. 中国两岸三地文化产业研究报告 2013 [R]. 2013：3. （根据有关规定，不使用"两岸三地"的提法，这里未作书名改动，以保持原貌。——作者注）

[②] 资料来源于世界银行网站.

[③] 根据国家统计局《文化及相关产业分类（2012）》，大陆文化及相关产业包括：①以文化为核心内容，以直接满足人们的精神需要而进行的创作、制造、传播、展示等文化产品（包括货物和服务）的生产活动；②为实现文化产品生产所必需的辅助生产活动；③作为文化产品实物载体或制作（使用、传播、展示）工具的文化用品的生产活动（包括制造和销售）；④为实现文化产品生产所需专用设备的生产活动（包括制造和销售）。因此，本节所指的创意产品市场主要是指这些产业所涵盖的市场。

表 1-1　大陆文化企业数量概况①

年份		2004	2012	2013	2014
文化制造企业	绝对数（万家）	6.89	13.3	16.25	17.26
	占比（%）	21.67	20.06	17.69	17.33
文化批发与零售企业	绝对数（万家）	5.11	11.34	13.99	15.28
	占比（%）	16.07	17.1	15.23	15.34
文化服务企业	绝对数（万家）	19.79	41.66	61.61	67.08
	占比（%）	62.25	62.84	67.08	67.33
合计（万家）		31.79	66.3	91.85	99.62

资料来源：国家统计局社会科技与文化产业统计司，中宣部文化体制改革和发展办公室．2015年中国文化产业及相关产业统计年鉴［M］．北京：中国统计出版社，2015：33.

具体而言，以2014年为例，文化创意和设计服务企业数量最多，为268576家，占27%；其次是文化产品生产的辅助生产企业和文化休闲娱乐企业，其数量几乎相当，分别是147023家和143697家，比重分别是14.8%和14.4%；文化专用设备生产企业比重最少，占1.4%，如图1-3所示。

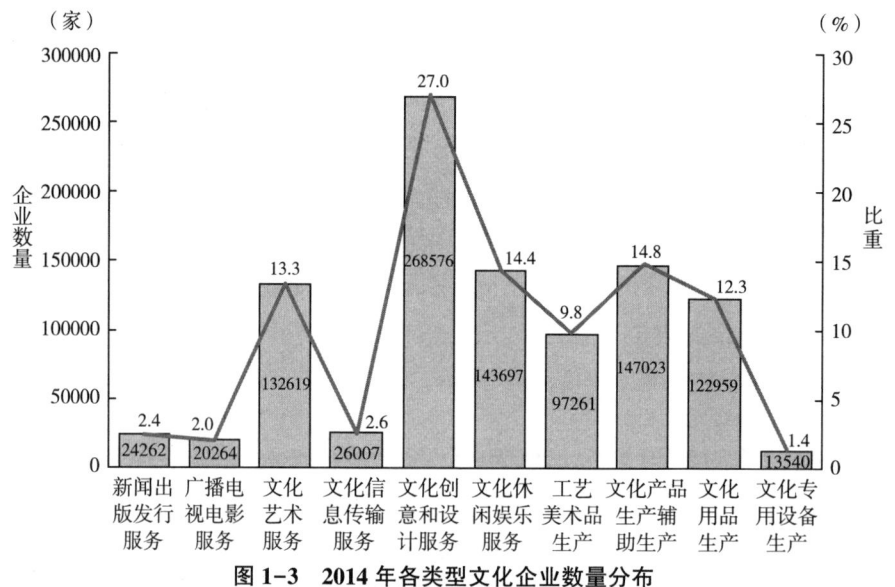

图1-3　2014年各类型文化企业数量分布

---

① 本节涉及的大陆数据若没有特别说明均来自于《2015年中国文化产业及相关产业统计年鉴》。

从文化市场增加值及占 GDP 比重看，2004~2014 年，文化市场增加值呈高速增长态势，从 2004 年的 3440 亿元增加到 2014 年的 23940 亿元，年均增长率达 21.4%；文化市场增加值占 GDP 比重逐年上升，从 2004 年的 2.15% 上升到 2014 年的 3.76%，如表 1-2 所示。其中，文化制造业的增加值从 2004 年的 1481 亿元增加到 2014 年的 9913 亿元，年均增长率为 20.94%；文化批发和零售业的增加值从 2004 年的 328 亿元增加到 2014 年的 2386 亿元，年均增长率为 21.95%；文化服务业增加值从 2004 年的 1241 亿元增加到 2014 年的 11641 亿元，年均增长率为 25.09%；除了 2004 年，其他年文化服务业增加值占比超过或接近 50%。

表 1-2　2004~2014 年大陆文化市场增加值及占 GDP 比重

年份	2004	2005	2006	2007	2008	2009	2010	2011	2012	2013	2014
增加值（亿元）	3440	4253	5123	6455	7630	8786	11052	13479	18071	21351	23940
占 GDP 比重（%）	2.15	2.30	2.37	2.43	2.43	2.52	2.75	2.85	3.48	3.63	3.76

从进出口额看，大陆文化产品（创意产品）及相关产品进出口总额高速增长。统计表明，大陆文化产品及相关产品进出口额从 2005 年的 187.2 亿美元上升到 2014 年的 1273.7 亿美元，年均增长率为 23.78%（见表 1-3）。其中，出口额从 2005 年的 176.0 亿美元增加到 2014 年的 1118.3 亿美元，年均增长率为 22.81%；进口额从 2005 年的 11.2 亿美元增加到 2014 年的 155.4 亿美元，年均增长率为 33.94%。从商品类别看，2014 年大陆工艺美术品及收藏品的出口额最多，为 699.1 亿美元，占了出口总额的一半多；2014 年文化专用

表 1-3　2005~2014 年大陆文化及相关产品进出口情况

单位：亿美元

年份	2005	2006	2007	2008	2009	2010	2011	2012	2013	2014
进出口总额	187.2	213.6	382.4	433.0	388.9	487.1	671.4	887.5	1070.8	1273.7
出口额	176.0	201.7	349.2	390.5	346.5	429.0	582.1	766.5	898.6	1118.3
进口额	11.2	11.9	33.2	42.5	42.4	58.1	89.3	121.0	172.2	155.4

设备占据了大陆进口商品的绝大部分,总量为103.38亿美元,比重达66.53%。

从居民文化娱乐消费支出看,2014年大陆居民人均文化娱乐消费支出671.5元,比2013年增加7.91%;文化娱乐消费占总消费支出的比重从2013年的4.4%上升到2014年的4.6%。其中,从城乡看,大陆城镇居民人均文化娱乐消费支出从2013年的945.7元增加到2014年的1087.9元,增长率为7.26%,文化娱乐消费占消费支出比重从2013年的5.1%增加到2014年的5.4%;大陆农村居民人均文化娱乐消费支出从2013年的174.8元增加到2014年的207.0元,增长率为18.42%,文化娱乐消费占消费支出比重从2013年的2.3%增加到2014年的2.5%。从地区看,北京、上海、江苏、广东等地区居民人均娱乐消费支出最高,均突破千元大关,分别达到2333.7元、2149.6元、1204.6元和1015.5元。

二、台湾创意产品市场概况

相对于大陆文化企业数量增长迅猛,2009~2014年,台湾文化企业数量增长相对缓慢,从2009年的59597家增加到2014年的62264家,年均增长率仅为0.88%,[①] 各年文化企业数量及增长率如表1-4所示。

表1-4 2009~2014年台湾文化企业数量及增长率[②]

年份	2009	2010	2011	2012	2013	2014
文化企业数量(家)	59597	60011	61063	61532	61900	62264
增长率(%)	—	0.69	1.75	0.77	0.6	0.59

资料来源:中国台湾文化事务主管部门.2015年台湾文化创意产业发展年报[Z].2015.

[①] 台湾地区于2010年制定并颁布了有关规定,将文化创意产业定义为"源自创意或文化积累,透过智慧财产之形成及运用,具有创造财富与就业机会之潜力,并促进民众美学素养,使民众生活环境提升之产业"。在这一定义下台湾文化创意产业包括15个次产业,分别为:属台湾文化事务主管部门主管的7个次产业,即视觉艺术产业、音乐及表演艺术产业、工艺产业、电影产业、广播电视产业、出版产业、流行音乐及文化内容产业等;属台湾经济事务主管部门主管的6个次产业,即广告产业、产品设计产业、视觉传达设计产业、设计品牌时尚产业、创意生活产业和数位内容产业;属台湾政务主管部门主管的建筑设计产业以及经台湾地区主管机关指定的产业。基于此,本书中所说的台湾创意产品市场主要是指这些产业所涵盖的市场。

[②] 本章台湾文化市场数据,若没有特别说明,均来自于《2015年台湾文化创意产业发展年报》。

从文化市场营业额及其占 GDP 比重看,总的来说,2009~2014 年,台湾文化市场营业额呈现稳定增长态势,从 2009 年的 6454.42 亿元新台币增加到 2014 年的 7944.77 亿元新台币,年均增长率为 4.24%;营业额占 GDP 比重接近或超过 5%(见表 1-5)。从这点看,和大陆文化产业并非大陆国民经济支柱产业相比,台湾文化创意产业已经是台湾经济支柱产业。

表 1-5 2009~2014 年台湾文化企业营业额及其占 GDP 比重

年份	2009	2010	2011	2012	2013	2014
营业额(亿元新台币)	6454.42	7644.71	7861.29	7596.32	7804.42	7944.77
占 GDP 比重(%)	4.98	5.41	5.49	5.17	5.13	4.94

从出口额看,2009~2014 年,与大陆创意产品出口额快速增长相比,台湾创意产品出口波动较大,2011 年达到峰值,之后剧烈下降至 2013 年的 73198279 千元新台币,到 2014 年有所回升,达到 76825323 千元新台币,但仍没有追上 2009 年的出口额(见表 1-6)。

表 1-6 2009~2014 年台湾创意产品出口额及其增长率

年份	2009	2010	2011	2012	2013	2014
出口额(千元新台币)	78890755	102890110	113530367	79930295	73198279	76825323
增长率(%)	—	30.42	10.34	-29.60	-8.42	4.96

从就业人员看,2009~2014 年,台湾文化市场就业人员人数逐年缓慢增长,从 2009 年的 1027.9 万人增加到 2014 年的 1107.9 万人,年均增长率为 1.5%(见表 1-7)。反观大陆,大陆文化市场就业人员增长相对较快。数据显示,大陆 2004 年从业人员为 873.6 万人,到 2013 年达到 1760 万人,年均增长率达 8.1%。

表 1-7 2009~2014 年台湾文化市场就业人数及其增长率

年份	2009	2010	2011	2012	2013	2014
从业人员数(万人)	1027.9	1049.3	1070.9	1086.0	1096.7	1107.9
增长率(%)	—	2.09	2.06	1.41	0.99	1.02

第五节　本书研究分析框架

由杨永忠教授开创的创意管理学是从微观管理角度系统研究创意管理活动的基本规律和一般方法的一门工商管理新兴学科。创意管理学是针对创意的计划、组织、领导和控制，但又离不开和其他生产要素的有机结合。对创意从管理学角度进行系统研究，是第二次文艺复兴背景下文化资本成为经济增长新的驱动力的必然要求，是古典管理理论、现代管理理论、当代管理理论向建构在文化资本上的新当代管理理论的创新性探索，它必然反映出管理学新的发展，打开管理学新的空间。[①] 本书从创意管理学视角，围绕文化资源、内容创意、生产制造、市场推广、消费者五个方面，侧重对两岸博物馆创意产品、工艺品、出版物、电影产品、表演艺术产品、游戏产品进行比较分析；此外，考虑到创意产品品质取决于创意人才，因此本书最后还探讨了两岸创意人才培养之异同。本书的分析框架如图1-4所示。

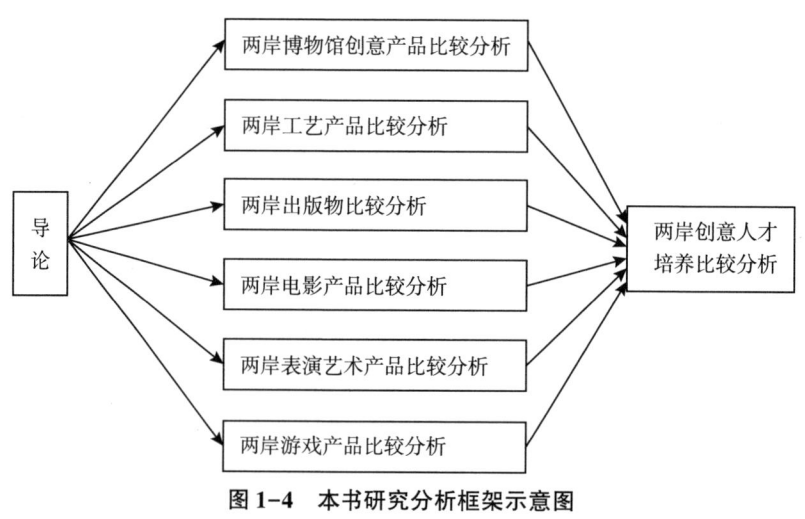

图1-4　本书研究分析框架示意图

---

① 杨永忠．创意管理学导论［M］．北京：经济管理出版社，2018．

第二章 两岸博物馆创意产品比较分析

第一节 两岸博物馆概述

一、博物馆及其分类

"博物馆"一词由来已久。两千年来,"博物馆"的定义不断变迁,形态也持续变化,早期是贵族与精英专属的奇珍异物柜,发展到20世纪初叶以后,博物馆逐渐转型成为国家教化人民的场所和工具,肩负着教育大众的社会功能。在20世纪后期,博物馆则开始面临文化的通俗化与消费化的冲击,"市场价值"大量渗入原本属于非营利机构的博物馆运营之中。[①]

博物馆的主要核心仍是环绕着"对象"(或者更精确地说是"人类文化的物质证据")进行,包括收藏、保管、研究、诠释等工作,并将成果对社会大众开放。"对象"也是博物馆与其他公益教育机构之间最主要的区别。所谓"对象",一般可分为三类:一是标本,即自然物;二是器物,指的是人类文化意识制造的对象;三是艺术品。[②]

随着社会文化、科学技术的发展,博物馆的数量和种类越来越多。划分博物馆类型的主要依据是博物馆藏品、展出、教育活动的性质和特点,其次是它

---

① 张誉腾. 博物馆大势观察[M]. 台北:五观艺术管理,2003:106.
② 吕理政. 博物馆展示的传统与展望[M]. 台北:南天书局,1999:14.

的经费来源和服务对象。

在西方，博物馆一般划分为艺术博物馆、历史博物馆、科学博物馆和特殊博物馆四类。其中，艺术博物馆包括绘画、雕刻、装饰艺术、实用艺术和工业艺术博物馆，有些博物馆也会展示现代艺术如电影、戏剧和音乐等。历史博物馆包括国家历史、文化历史博物馆以及在考古遗址、历史名胜或古战场上修建起来的博物馆。科学博物馆主要是自然历史博物馆，内容涉及天文、植物、动物、矿物、自然科学、实用科学和技术科学等。特殊博物馆包括露天博物馆、儿童博物馆、乡土博物馆，后者的内容涉及该地区的自然、历史和艺术。

此外，国际博物馆协会也将动物园、植物园、水族馆、自然保护区、科学中心和天文馆以及图书馆、档案馆内长期设置的保管机构和展览厅都划入博物馆的范畴。

二、大陆博物馆概况

从机构数来看，大陆博物馆数量呈上升趋势。统计表明，博物馆数量从2005年的1581家上升到2014年的3658家，年均增长率达到近10%，各年数量及增长率如表2-1所示。

表2-1　2005~2014年大陆博物馆数量分布

年份	2005	2006	2007	2008	2009	2010	2011	2012	2013	2014
数量（家）	1581	1617	1722	1893	2252	2435	2650	3069	3473	3658
增长率（%）	—	2.28	6.49	9.93	18.96	8.13	8.83	15.81	13.16	5.33

资料来源：原始数据来源于国家统计局、中宣部文化体制改革和发展办公室编制的《2015年中国文化及相关产业统计年鉴》（中国统计出版社2015年版）。下同。

从2006年开始，大陆博物馆藏品数呈现逐年增长的趋势，2014年达到29299673件（套），年均增长率接近13.67%。大陆各年博物馆藏品数及增长率如表2-2所示。

表2-2　2005~2014年大陆博物馆藏品数分布

年份	2005	2006	2007	2008	2009	2010	2011	2012	2013	2014
数量（件/套）	16199377	13024192	13760448	14554158	15711150	17552482	19023423	23180726	27191601	29299673
增长率（%）	—	-19.60	5.65	5.77	7.95	11.72	8.38	21.85	17.30	7.75

大陆博物馆基本陈列、展览数虽然波动较大，但总体呈现增长的趋势，从2005年的5929个上升到2014年的19565个，增长近4倍（见表2-3）。

表2-3　2005~2014年大陆博物馆基本陈列、展览分布

年份	2005	2006	2007	2008	2009	2010	2011	2012	2013	2014
数量（个）	5929	5879	7689	8464	14057	26704	16921	20115	16822	19565
增长率（%）	—	-0.84	30.79	10.08	66.08	89.97	-36.63	18.88	-16.37	16.31

就从业人员而言，大陆博物馆的从业人员从2005年的38603人上升到2009年的59919人，到2010年下降到57431人，之后又呈增长趋势，到2014年达到83970人，十年间年均增长率达到9%。各年博物馆从业人员数量及年增长率如表2-4所示。

表2-4　2005~2014年大陆博物馆从业人员数

年份	2005	2006	2007	2008	2009	2010	2011	2012	2013	2014
数量（人）	38603	40818	42636	51587	59919	57431	62181	71748	79075	83970
年增长率（%）	—	5.74	4.45	20.99	16.15	-4.15	8.27	15.39	10.21	6.19

从参观人次看，大陆博物馆每年吸引了大量的观众，每年参观的人数呈较快递增的趋势，参观人次从2005年的11819万人次上升到2014年的71774万人次，十年间年均增长率达到22.19%。各年大陆博物馆参观人数及年度增长率如表2-5所示。

表 2-5　2005~2014 年大陆博物馆参观人数

年份	2005	2006	2007	2008	2009	2010	2011	2012	2013	2014
数量（万人次）	11819	12032	25625	28328	32716	40679	47051	56401	63777	71774
年增长率（%）	—	1.80	112.97	10.55	15.49	24.34	15.66	19.87	13.08	12.54

从收入看，博物馆每年收入呈缓慢递增的趋势，但收入主要来自于财政补助收入，比例达到80%左右（见表2-6）。

表 2-6　2005~2014 年大陆博物馆收入

年份	2005	2006	2007	2008	2009
收入（万元）	344539	409927	506375	609161	765924
其中财政补助收入（万元）	166731	203740	264585	427451	569299
财政补助占比（%）	48.39	49.70	52.25	70.17	74.33
年份	2010	2011	2012	2013	2014
收入（万元）	961176	1205789	1492024	1755739	1955512
其中财政补助收入（万元）	728877	991036	1203789	1402781	1584668
财政补助占比（%）	75.83	82.19	80.68	79.90	81.04

三、台湾博物馆概况

根据博物馆性质，台湾博物馆学会将博物馆分为公立和私立两类；根据博物馆藏品种类，又把博物馆划分为人物纪念馆、人类学博物馆、工艺博物馆、文物馆、古迹及历史建筑博物馆、考古博物馆、自然史博物馆、宗教博物馆、科学博物馆、音乐博物馆、专题博物馆、产业博物馆、影像博物馆、学校博物馆、历史博物馆、戏剧博物馆、艺术博物馆以及其他等18类。

根据台湾博物馆成立年代统计表，在1960年以前，台湾只有少数几家博物馆，而且全部是公立博物馆。从20世纪60年代开始，随着台湾文博活动的蓬勃兴起，从刚开始的大型博物馆到区域性特色博物馆，再到地方产业博物馆，博物馆无论是类型还是数量都越来越多。而在此时，私立博物馆也正以一个惊人的速度在悄悄发展。从20世纪60年代出现的第一家私立博物馆到20世纪80年代初期的20年间，台湾私立博物馆呈现缓慢增长的趋势。此时，台湾公立博物馆的增长也呈现相同态势。从80年代中期开始，台湾的公立、私立博物馆都出现较明显的快速增长形势。根据有关资料显示，截至2010年，台湾地区有600多家博物馆，其中私立博物馆达四五百家，私立博物馆占总博物馆数量的70%以上。[1] 而博物馆学会网站（会员单位）则显示：就博物馆性质而言，台湾有公立博物馆256家，私立博物馆222家；就博物馆类别而言，文物馆数量最多，达到94家，其次是产业博物馆，达到69家，其他博物馆数量如表2-7所示。

表2-7 博物馆类型数量统计

类别	数量（家）	类别	数量（家）
人物纪念馆	16	音乐博物馆	4
人类学博物馆	29	专题博物馆	24
工艺博物馆	52	产业博物馆	69
文物馆	94	影像博物馆	5
古迹及历史建筑	16	学校博物馆	16
考古博物馆	3	历史博物馆	21
自然史博物馆	74	戏剧博物馆	8
宗教博物馆	11	艺术博物馆	53
科学博物馆	10	其他	8

资料来源：根据中国台湾博物馆学会网站 http：//www.cam.org.tw/big5/museum01.asp 所列名单，由笔者整理所得。

研究表明，台湾与大陆私立博物馆存在着许多差别。[2] 台湾私立博物馆成立时间早，发展速度快，主要分布在地方城市，政府扶持力度大，资金来源主要来自社会，组织经营方式比较灵活，其主要功能体现出教育与休闲的一体化结合等，与民众生活更贴近。而相对比之下，大陆私立博物馆显示出不同方面

---

[1] 吴辉. 台湾地区对私立博物馆的扶持及相关问题[EB/OL]. 中国文物信息网，2013-05-02.
[2] 沈丽娟. 浅谈台湾地区私立博物馆[J]. 福建省社会主义学院学报，2014（2）.

的弱势，最突出的一点似乎是大陆私立博物馆更依赖决策层的引导，体现出管理模式的僵化，并由此产生博物馆与观众互动的断层。

第二节 两岸博物馆门票制度之比较

当前，两岸博物馆的主要业务还是向观众提供展览服务以及定期向观众普及一些诸如文物等专项知识，这也是博物馆最为重要的职能。

一、大陆博物馆门票制度

大陆方面，大多数国有博物馆都免费向观众提供参观券，观众可以提前预约或者在参观当日现场领票，观众可以免费观看博物馆的一些展览，而有些特殊展览则是有偿参观。以中国国家博物馆为例，个人可以提前通过短信、网络或现场预约，而团体参观需要电话提前预约，参观人员凭有效证件于参观当日免费领取参观券；而2017年3月2日至5月31日在北10展厅展出的大英博物馆"100件文物中的世界史"除9~12岁儿童免费外，其他观众则需要购买50元门票才能进入观看。也有一些博物馆特别是地方性博物馆需要购买门票才能允许参观，如吴玉章故居，其门票为每人10元。绝大多数私人博物馆观众需要购买门票才能参观。比如，著名收藏家马未都先生创建的位于北京的观复博物馆的参观门票是100元，厦门观复博物馆的门票（鼓浪屿菽庄花园通票）则是30元，上海观复博物馆门票则是100元。也有一些私人博物馆可以免费参观，如五粮液酒文化博览馆。

二、台湾博物馆门票制度

和大陆不一样，台湾方面，有些公立博物馆免费向观众开放，如成立于2010年的劳工博物馆，还有些则是需要购买门票才能进馆参观。例如，公立台湾博物馆就需要门票才能进入，其中，观众购买一张票就可以参观本馆及土银展示馆，全票价每张30元；南门园区单独售票，全票每张20元。还有的博物馆里面设置多个展区，不同展区的门票制度不一样。较为典型的如台北故宫博物院，其展览区一（正馆）除元旦、元宵节、国际博物馆日、世界观光日和双十节外，其他时间均需要购买门票才能进入；张大千先生纪念馆需要于参观日前七天在网上提出预约申请，并且每日只有3个时间段接受参观，每个时间段的参观时间是40分钟，并且同时段申请人数最多接纳15人且没有达到5人则不开放；至善园可凭普通参观券、团体参观券或优惠参观券免费入园参观，否则需要投币才能进入；至德园则可以免费参观；儿童学艺中心可免费参观，团体参观需要预约申请，以5~12岁学生为主。

和大陆一样，绝大多数台湾私人博物馆需要门票才能进入参观，但也有一些博物馆可免费参观，如黑松饮料博物馆。

第三节 两岸博物馆创意产品内容创意之比较

一、大陆博物馆创意产品内容创意

2016年5月，为深入发掘文化文物单位馆藏文化资源，弘扬中华优秀文化和传承中华文明，提升国家软实力，根据《国务院关于进一步加强文物工作的指导意见》（国发〔2016〕17号）有关要求，文化部联合国家发展改革委、财政部和国家文物局联合制定《关于推动文化文物单位文化创意产品开发的若干意见》（国办发〔2016〕36号）并由国务院办公厅转发，要求各级各类博物馆、美术馆、图书馆、文化馆、群众艺术馆、纪念馆、非物质文化遗产保护中心及其他文博单位等掌握各种形式文化资源的单位依托馆藏文化资源开发各类文化创意产品。同月，文化部、国家文物局确定或备案了154家文化创意产品开发试点单位名单。在这些政策引导之下，博物馆文化创意产品开发及营销已成为各级博物馆特别是国有博物馆一项重要的业务活动。

从内容创意的文化源头看，大陆博物馆创意产品的文化源头主要是该博物馆馆藏品及局部，包括文物本身、文物局部图案、文物单个文化符号及其文化符号组合、不同文物文化符号组合等，特别是藏品本身或局部所占比重较大。

从载体看，创意产品的载体形式多样，除以高仿馆藏复制品为主外，还包括服装服饰（文化衫、领带、方巾等）、图书音像、文具用品（如书签、笔记本、笔、便签、橡皮擦、笔筒等）、电子产品（主要是电脑周边产品，如鼠标、键盘、U盘、音箱等）、日常生活用品（手表、钱包、手包、水壶、钥匙扣、隔热垫、手机屏幕擦、冰箱贴等）、创意邮品、珠宝首饰产品等。

从材质看，材质较为多样化，包括青铜、琉璃、陶土瓷土、丝绸、织布、纸质、牛皮、蜜蜡、玛瑙、玉、金银及混合材料等。

在内容创意过程中，目前大陆博物馆创意产品创作人员较少将博物馆藏品的文化元素与现代时尚元素相融合，并且，创意产品设计思路大多平淡无奇，种类较为单一，绝大多数创意产品仅是印有文物标识性纹饰的冰箱贴、钥匙扣、马克杯、笔记本、书签等。

二、台湾博物馆创意产品内容创意

与大陆相比，台湾博物馆创意产品的内容创意的文化源头主要也是该博物馆的藏品及局部；不过，与大陆有所不同，台湾博物馆很多创意产品的内容创意更多只是取自于藏品中的某些文化符号或者文化符号经萃取异化后的文化符号组合，并将现代时尚元素融入其中，这样使创意产品既具有藏品的文化印迹和意蕴，同时也更加具有时代感。例如，台北故宫博物院研制的一款台灯，其文化源头来自于清代皇帝服饰及官服，创意人员将文化符号进行重构，将现代时尚元素和异化后的文化符号有机融合在一起，最终研发出一款富有时代气息造型但不失文化气息的台灯。可以看出，台湾博物馆已经从"符号直译"的表皮式内容创意向"意境诠释"整合式内容创意转变，产品创意内容丰富而多样。

从载体看，和大陆相比，台湾创意产品的载体较少高仿馆藏复制品，更多载体体现了当代消费习惯。主要载体包括家居装饰品（装饰画、摆件、风铃、花瓶、桌上相框等）、日常生活用品（钥匙圈、手机吊饰、名片夹、置物盒、电话机、提袋、书包、洋伞、手表等）、服装服饰（帽子、上衣、外套、背心、手环、项链、胸针、耳环/坠等）、电子及电脑周边产品（鼠标垫、U盘、光盘收纳盒等）、餐具（马克杯、碗盘、环保餐具、咖啡杯、茶具等）、玩具（公仔、益智玩具、幼儿玩具、棋具）以及食品包装袋、沐浴用品、靠枕、吊牌、邮品等其他产品。

从材质看，和大陆相比，台湾创意产品使用的材质更加多样，主要包括青铜、纸、高级树脂、塑料、织布、瓷土、玻璃、琉璃、金属、玉、金银、珊瑚、钻石、ATBC 等。

第四节　两岸博物馆创意产品生产制造之比较

一、生产方式

在创意产品生产制造方面，两岸博物馆创意产品都是由第三方生产制造而成。主要有三种方式：一是第三方自主生产，博物馆择机批量订购。传统上，博物馆从市场批量采购与馆藏文物形象、文化内涵比较接近的第三方自主生产的产品，之后将其标识粘贴在这些产品上。二是自主研发委托生产。博物馆利用自己的产品设计团队设计创意产品，之后再找生产厂商进行加工制作。三是委托研发与生产。博物馆委托第三方承担产品设计并进行创意产品的生产制作。

此外，台湾博物馆除委托台湾"本土"厂商生产外，还委托中国大陆、越南等厂商生产制造创意产品。①

---

① 邓佩芸（2005）对台湾博物馆创意产品与卖店进行现场调查后，将台湾博物馆创意产品开发模式整理归纳为五种：一是自行开发：由博物馆以自负盈亏方式，独力推动，连商品的设计也由博物馆人员主导。此种方式由博物馆承担所有的产品开发经费与销售风险。二是代销：属于台湾博物馆普遍的开发方式。由馆外厂商自行提出创意产品的完整构想，并送交博物馆进行审核，若博物馆接受与认可该商品，则由厂商出资开发制作，博物馆与厂商签订契约，在博物馆卖店销售。此种方式可大幅降低博物馆所支付的经费以及商品销售的风险。三是与厂商合作开发：在产品设计构思阶段，厂商即与博物馆进行合作，就博物馆欲开发商品的展出文物或展示等进行沟通讨论后，方可确定方案。双方合作确定商品构想落实，则由厂商出资开发制作，博物馆与厂商签订契约，在博物馆卖店中销售。此种方式与前述代销方式类似，只是博物馆参与的程度较高，且可大幅降低博物馆所支付的经费以及商品销售的风险。四是公开市场采购：博物馆就其目标，选购文化市场上已有的创意产品。此种方式多半是针对短期特展的纪念商品，因为特展档期通常仅有几个月，而一旦特展结束，此类商品也就不再吸引观众，采用这种方式，博物馆可以把握时效、节省成本。五是授权：主要以博物馆丰富独特的收藏品为基础。例如，拥有精美典藏的台北故宫博物院，将其典藏授权给厂商运用，市面上有纸巾盒外包装印有故宫馆藏名画。事实上，大陆博物馆也会采用上述五种开发模式。

二、数字化应用

伴随着数字技术的发展，博物馆也适时利用这一现代技术为观众提供更具有体验感的服务。这些服务包括虚拟文物展览、虚拟实景体验服务和游戏产品等。

（一）虚拟文物展览

虚拟文物展览是博物馆利用三维扫描技术将博物馆某具体文物特别是代表性文物数字化，并将其背后的历史背景、宗教文化、文物传统制作工艺等文化内涵通过虚拟技术形象化、具体化，并配合动画、解说等后期效果传达给观众，为观众带来超越视觉感受的文化体验。两岸尤其是大陆众多博物馆近年来在国家政策的引导下都在积极尝试提供这一服务。

（二）虚拟实景体验服务

所谓虚拟实景体验服务是指博物馆利用虚拟实境技术开发与该博物馆文物有关的立体主题场景，让观众走入这一场景时能身临其境。和大陆博物馆相比，台湾博物馆较早推出了虚拟实景体验服务。目前，台湾已经推出"本土"企业研发的 Vive 头戴式装置的历史虚拟实景体验系统并付诸文物虚拟实景实践中。例如，台北故宫博物院将 800 多年前的南宋画家马麟"秉烛夜游"建成 3D 的虚拟场景，观众可以浏览画境中花园与室内的情景，从而体验古代文人居所悠闲雅致的意境（张真诚、蔡顺慈，2003）。大陆很多博物馆也开展了这项服务。例如，在故宫博物院端门数字馆"数字屏风"虚拟展区，观众除了可以从高清屏幕上观看院藏宫廷文物或与宫廷生活有关的历史知识，还可以根据提示在屏幕上穿上虚拟华服拍照留念。

（三）游戏产品

博物馆通过小游戏的方式，让观众特别是青少年在娱乐的过程中对文物有初步的认知并产生进一步亲近进而了解古代文物的兴趣。和大陆相比，台湾较早就开发出了这类产品。例如，台北故宫博物院早在 2001 年就已发行的"故宫书画菁华"光盘中，精选了 12 幅小朋友感兴趣的名画，以卡通及游戏的方式以达到提高儿童对古画的兴趣的目的。大陆故宫博物院开发了"沈子蕃缂丝梅鹊图轴拼图""层叠冰绡图拼图"等。

第五节 两岸博物馆创意产品市场推广之比较

一、大陆博物馆创意产品的市场推广

大陆博物馆创意产品推广与销售的渠道主要包括实体店、官方网站、第三方网购平台以及展会平台。

首先，实体店。① 实体店是博物馆创意产品传统的经营模式，几乎每个博物馆都会在馆内开设一间专门销售本馆创意产品的纪念品销售商店，店内陈列博物馆各类创意产品，游客可以购买自己感兴趣的产品。也有部分博物馆把创意产品商店从馆内辐射到馆外，实现联盟运营。例如，故宫博物院在故宫院内、王府井、首都机场均开设有实体店；上海博物馆在本馆内、上海浦东国际机场、上海新天地、东方明珠广播电视塔都设有文创实体店；南京博物院在本馆内开设有5个直营商店，并在各展馆设立不固定"货郎担式"移动柜台若干，以方便观众随时购买。

其次，博物馆官方网站。很多博物馆会在其官方网站发布博物馆开发的系列创意产品，其主要功能是推介创意产品，重点介绍产品的设计元素、材质、规格、产品的文化源头、参考价格，若是高仿品会介绍原器物信息等，使潜在购买者了解商品信息，激发消费者的购买欲望。

再次，有些博物馆会在第三方网购平台创建官方网购商店。网购商店一方面起到宣传推广创意产品的作用，另一方面也搭建了创意产品的又一销售平台，扩大了创意产品的消费者群体，而不限于游客。例如，2008年12月，故宫官方淘宝旗舰店创立，这是国内第一家开设官方销售网店的博物馆，目前"故宫淘宝"店有超过36万人的粉丝。此外，故宫全面利用微信、微博、淘宝店铺以及APP等新媒体形式宣传推广文创产品，故宫微信公众号的粉丝量已经突破10万人。2015年8月5日，"故宫淘宝"店参加了"聚划算"促销，

---

① 孙鹏. 保护文博知识产权 发展文化创意产业 [N]. 中国文物报，2016-02-16 (5).

仅仅用了一个多小时，1500 个手机支架就宣布售罄，一天内共有 1.6 万单故宫创意产品成交。2015 年，陕西博物馆文创线上销售平台、上海博物馆淘宝店、中国国家博物馆天猫店先后开通运营。

最后，展会平台。通过展会平台，博物馆在宣传推广博物馆创意产品的同时，也销售创意产品。从 2015 年开始，很多博物馆都会参加一些大规模文化产业博览会，如北京文博会、义乌文交会、深圳文博会、厦门文博会、山西文博会、杭州文博会、广州文博版权交易会、西部博览会、旅游商品博览会等十余个国内大型展会。以浙江省博物馆为例，该博物馆 2015 年先后参加了 6~7 个展会，每次销售额都较高，有时一个展会四天销售额就能达 50 余万元。

二、台湾博物馆创意产品的市场推广

和大陆不同，台湾博物馆创意产品的推广和销售渠道相对狭窄，但由于使用了多种语言，目标受众却更加广泛。

除实体店、展会平台外，台湾博物馆推广和销售的主要渠道还有专门网购网店。也有少数博物馆官方网站也推广宣传博物馆创意产品。

以台北故宫博物院为例，笔者仔细查看后才发现在该馆官网上的"加值服务"菜单下提供了"网络商城"链接，笔者点击进去，直接跳入"故宫精品"网络商城，但这个商城不属于第三方平台，而是由"台北故宫博物院故宫文物艺术发展基金"版权所有。该购物网站不仅提供"中文"服务，还提供英语、法语、日本语以及韩语服务。显然，多种语言扩大了故宫博物院创意产品的知名度，覆盖了更广泛的消费者群体。

专门销售网站的创建和博物馆官方网站分开，既让观众觉得博物馆的公益性职能仍旧没有变化，也提升了博物馆创意商品的档次，因为不受制于第三方，从而更有利于博物馆对创意产品推广活动的开展。相反，大陆大多数博物馆借助第三方平台创建网络购物商店，这一做法虽然减少了运营成本，拉近了与消费者的距离，但也有明显的弊端，具体而言：

（1）第三方平台如淘宝店铺拉低了博物馆创意产品的档次，不利于博物馆创意产品品牌形象的提升。

（2）第三方平台覆盖的消费群体仅限大陆，也在一定程度上失去了向国际市场推广的机会。

（3）第三方平台不利于博物馆灵活开展推广和促销活动，而且还会受第三方平台为扩大其品牌知名度和维护消费者忠诚度而引导商户促销活动的影响。

（4）第三方平台由于商铺众多，在不提供链接的情况下，不利于潜在购买者精确寻找到目标商铺，比如，笔者在网络获知故宫博物院在淘宝网开设了"故宫淘宝"店铺，但在淘宝网上却很难搜索到该商铺，更不用说通过一般的搜索引擎了。

（5）受第三方平台诸多条件约束，博物馆不可能将所有创意产品陈列于商铺橱窗。

第六节　经典案例

下面以故宫博物院和台北故宫博物院为例，系统梳理各自创意产品的相关问题。

一、概况：故宫博物院 VS 台北故宫博物院

（一）故宫博物院[①]

故宫博物院成立于1925年，是在明清两朝皇宫——紫禁城的基础上建立起来的。故宫博物院占地面积78万平方米，是世界上规模最大、保存最完整的木结构宫殿建筑群。除保管着明清时代遗留下来的皇家宫殿和旧藏珍宝外，还通过国家调拨、向社会征集和接受私人捐赠等方式收集了众多藏品。目前，故宫博物院形成了古书画、古器物、宫廷文物、书籍档案等系列，总数超过180万件的珍贵馆藏。开馆以来，故宫博物院一直是众多国内外政要参观的重要场所。

故宫博物院领导层由党委书记（1人，兼任副院长）、院长（1人）和副

---

① 本部分内容根据官方网站信息整理而得。

院长（6人）组成；下设党委办公室、院办公室、纪检监察办公室、工会办公室、人事处、财务处、外事处、法律处、经营管理处、审计室、文物管理处、书画部、器物部、宫廷部等共34个部门。其中，书画部下设绘画组、书法组和碑帖组，负责院藏绘画、书法、碑帖类文物的保管、陈列、研究与出版工作；器物部下设陶瓷组、工艺组、金石组和雕塑组，负责院藏陶瓷、雕塑、金石、玉器、漆器、玻璃器、金银器、珐琅器、文房四宝、竹木牙角等类文物的保管、展示、研究与出版工作；宫廷部下设典章文物组、生活文物组、宗教文物组、织绣文物组和原状陈列组，负责院藏宫廷生活类、典章类、宗教类、织绣类文物及实物资料的保管、陈列和研究与出版等工作；博物馆创意产品相关工作则是由经营管理处负责，该部门是监督、管理、协调和服务各类经营活动的职能部门，下设资产管理科和产业发展科。

（二）台北故宫博物院[①]

和大陆故宫博物院一样，台北故宫博物院馆藏的绝大部分文物也是来自于清朝宫廷珍藏的珍品文物。1948年，国民党当局将精挑细选的文物精品分三批共2927箱随同"中央博物馆"筹备处文物852箱及其他单位文物运送到台湾，抵台后暂存在台中郊外租借的仓库内，并于1957年在仓库边建成一个小型陈列室以公开展览所藏文物。后将这些文物搬入1965年台湾当局在台北市郊阳明山脚下双溪至善路2段221号仿照北京故宫样式建成的"中山博物院"内。1966年11月12日，"中山博物院"正式启用，后该院改为"台北故宫博物院"。

台北故宫博物院占地总面积约16公顷。博物院的主体建筑分为四层，正院呈梅花形，第一层是办公室、图书馆、演讲厅，第二层展览书画、铜器、瓷器、侯家庄墓园模型及墓中出土文物，第三层陈列书画、玉器、法器、雕刻及图书、文献、碑帖、织绣等，第四层为各种专题特展。在第三层后面建有一座26米长的走廊直通山腹的山洞，山洞离地面50米，内有拱形洞三座，每座长180米，高、宽均为3.6米，分隔成许多小库房，中间为通道，分类收藏着各种文物。

台北故宫博物院设院长1人，副院长2人，主任秘书1人，下设器物处、书画处、图书文献处、登录保存处、文创行销处、教育展资处、安全管理处、南院处、秘书室、人事室、会计室、政风室，共8处4室12个单位，负责相

[①] 本部分内容根据官方网站及其他网络信息整理而得。

关业务。

目前，博物院共收藏包括境内外人士捐赠的文物精品共计约70万件，分为书法、古画、碑帖、铜器、玉器、陶瓷、文房用具、雕漆、珐琅器、雕刻、杂项、刺绣及缂丝、图书、文献14类。博物院经常维持有5000件左右的书画、文物展出，并定期或不定期地举办各种特展。馆内的展品每三个月更换1次。

二、博物院创意产品类型

（一）故宫博物院[①]

据了解，截至2015年底，故宫博物院共计研发文化创意产品8683种，其中在2013~2015年，故宫博物院研发的文化创意产品累计1273种；故宫的创意产品销售额也从2013年的6亿多元增长到2015年的近10亿元。

除开设了"故宫微店"[②]、京东故宫商城旗舰店等网店外，故宫博物院还在淘宝网创建了创意产品售卖官网——"故宫淘宝"。笔者进入该网站，发现该网站陈列了212个创意产品，这些产品都是一些与日常生活关系比较密切的产品，产品类型较为单一。产品由六大类组成：①故宫娃娃类，包括故宫御猫、大明娃娃、清朝娃娃和故宫建筑等；②生活潮品类，包括折扇/团扇、骨瓷杯/碗、冰箱贴、钥匙扣、行李牌、手机壳、红包/贺卡、挂历/台历、屏风摆件、扑克牌、黑茶、喜糖盒等；③文房用品类，包括本子、书签、笔/尺、文件袋/笔袋、书籍、鼠标垫等；④手账周边类，包括胶带、贴纸等；⑤宫廷首饰类，包括胸针、挂件、镜子、耳坠、手串、项链、发簪等；⑥包袋服饰类，包括抱枕/靠枕、卡套、单肩包、化妆包/收纳包、钱包、围裙、T恤、鞋子等。

按销量排序，从高到低，依次是海水纹烫金和纸胶带、牌匾系列立体树脂冰箱贴、雍正御批骨瓷杯、雍正御批系列折扇、萌萌哒系列记事本等。

按人气排序，从高到低，依次是海水纹烫金和纸胶带（已售4026件[③]）、雍正御批骨瓷杯（已售3068件）、枝梅纹烫金和纸胶带（已售3006件）、雍正御批系列折扇（已售2771件）、"一切都是朕的"趣味文字胸针（已售2324件）等。

---

① 本部分是根据故宫博物院创意产品售卖官方网店"故宫淘宝"的信息整理而成。
② 与淘宝网官方网店相比，微店的创意产品品质更高档些，价格也更高些。
③ 销售量为2017年4月27日查询所得的数据。

(二) 台北故宫博物院①

台北故宫博物院早在 2011 年就开设了"故宫精品"网络商城。

和故宫博物院的创意产品相比，台北故宫博物院网络商城的商品产品组合和产品线更加多样化，更有档次。目前，故宫网络商城的产品由八大类组成，分别是：①书法绘画类，包括黄金画（即用纯金金箔复制的名画）、名家系列、书法墨迹、山水绘画、花鸟绘画、人物绘画等；②典藏精品类，包括陶瓷、琉璃、铜器和珍玩等；③图书影音类，包括月刊期刊、导览手册、特展图录、佛教经书、学术研究、套装书籍、数码光盘、外文书籍等；④流行趣味类，包括 3C 周边、趣味生活、贴纸 DIY、随身镜、手机吊饰、钥匙圈等；⑤饰品配件类，包括女饰品、男饰品、发饰品、提袋与包、男女服饰、织品及艺术珠宝等；⑥生活风格类，包括品茗时光（即茶杯、茶具）、生活摆饰、餐桌用品以及个人用品等；⑦设计文具类，包括文房四宝、笔、家庭办公、胶带、文具收纳、书签、卡片与明信片、名片夹以及笔记本等；⑧其他类，包括故宫纪念酒等。

三、博物院创意产品价格

故宫博物院创意产品在淘宝网的官方商城上标价为 100 元以上的有 17 件，其中，价格最高的是"花卉图桑蚕丝女士手提包"，标价 2200 元/件；其次是"纯手工珍珠软镯"，标价 499 元/件；标价最低的是"专用贺卡/手提袋"，价格为 0.8 元/个（张）。各类创意产品的最高价格与最低价格分布如表 2-8 所示。

表 2-8 大陆故宫博物院创意产品价格区间

	最低价格（元）	最高价格（元）
故宫娃娃类	20.00	99.00
生活潮品类	0.80	291.00
文房书籍类	5.00	120.00
手账周边类	5.00	360.00
宫廷饰品类	15.00	350.00
包袋服饰类	5.00	2200.00

资料来源：由笔者根据故宫淘宝网站信息整理得到。

---

① 本部分是根据台北故宫博物院官方商城"故宫精品"的信息整理而成。

与故宫博物院创意产品价格相比，台北故宫博物院创意产品价格相对比较高（见表2-8和表2-9）。台北故宫博物院价格最高的创意产品是精装绢印、重达410千克的图书《泥金藏文写本龙藏经》，折扣后价格达到1786000元新台币（原价1880000元新台币）；最低价的创意产品是明信片，其价格也达20元新台币。各类创意产品的最高价格与最低价格分布如表2-9所示。

表2-9 台北故宫博物院创意产品价格区间

	最低价格（元新台币）	最高价格（元新台币）
书法绘画类	50	87500
典藏精品类	100	80000
图书影音类	100	1786000
流行趣味类	50	68000
饰品配件类	100	380000
生活风格类	60	38800
设计文具类	20	8000
其他类	16800	68000

资料来源：由笔者根据"故宫精品"商城网站信息整理得到。

四、博物院创意产品网络销售渠道

故宫博物院不仅有自建的官方销售平台即故宫商城，还开设了"故宫微店""京东故宫商城旗舰店""故宫淘宝"等网络销售平台。除此之外，在网上没有进行任何形式的批发、加盟、代理等授权行为。

和大陆相比，台北故宫博物院创意产品的网络销售渠道较为单一，只在其官方网城"故宫精品"上销售。

五、博物院创意产品推广与促销

相对台湾而言，故宫博物院的网络推广渠道更加多样化。故宫博物院除在"故宫淘宝"网店推广其产品外，还通过故宫博物院官网、官方新浪微博、微信公众号等推广故宫创意产品。目前，"故宫淘宝"网店正在举行"下单即赠免费贺卡"以及"满180元免普通邮费"等促销活动以及常年推出一些"特价宝贝"。

和大陆相比，台北故宫博物院创意产品的目标消费者群体更加广泛，不仅面向境内还面向境外消费者群体。因为其官方商城除了中文版外，还有英语、法语、日语和韩语等外文版。

在促销方面，台北故宫博物院比大陆更加具有多样性，特别是能够充分利用各类节日进行相应的促销。台北故宫博物院创意产品的促销活动主要包括全馆消费满2000元新台币免运费（配送地区限台湾地区）；节日产品促销，如"母后节折扣""佛诞节折扣""新年专区折扣""情人节专区折扣"等；买特定商品免费赠送明信片；馆长推荐礼品，以及其他特惠折扣商品等。

六、小结与思考

综上所述，可以看出两座拥有相同历史渊源、保存众多珍贵藏品的故宫博物院在创意产品市场定位、创意产品网络销售渠道、推广以及促销方面存在一些异同之处。具体而言：

（1）两岸故宫博物院在开发创意产品时都以本馆藏品为其内容创意源头；但相对而言，台北故宫博物院的产品组合更加丰富、产品线更长。

（2）两岸故宫博物院创意产品嵌入的文化符号组合都源自藏品本身、藏品嵌入的文化符号或其组合；但相对而言，台北故宫博物院创意产品的文化符号组合更加变异化、更加多样化，且从根本上融入了时尚元素，而不是只停留在刻意"卖萌"的表面上。

（3）两岸故宫博物院创意产品的市场定位存在差异，相对而言，台北故宫博物院的目标群体偏向于购买力更强的群体，而故宫博物院更趋向于平民化。

（4）由于市场定位不同，导致两岸故宫博物院创意产品的价格策略也不太一致，大陆故宫博物院创意产品价格普遍偏低，而台北故宫博物院的价格要高很多。

（5）和大陆相比，台北故宫博物院的网络销售平台更单一，而故宫博物院则开设了多个销售平台，从而有利于捕捉更多的境内消费者；不过，由于消费者在台北故宫博物院商城可以选择除中文外的其他语言，因此更有利于吸引境外消费者。

（6）两岸故宫博物院都推出了一些促销活动，但相对于普通产品的促销活动而言均显得较为单一，相对来说，台北故宫博物院的促销活动更加多样。

诚然，不可否认，两岸故宫博物院创意产品都获得了巨大的市场效益，但有些问题也需要引起实践界的思考：

（1）博物馆藏品普遍较为丰富，这为博物馆创意产品开发提供了大量的内容创意素材。但面对众多藏品，创意产品研发人员应该怎样筛选这些藏品？应该深挖和吸收哪些文化符号？尤其是如何结合目标消费者偏好应用这些文化符号？这些问题都值得实践与思考。

（2）众所周知，文化资源具有共享性，这意味着其他公司同样可以挖掘并利用博物馆藏品来开发创意产品。因此，在现有法律框架内，博物馆的藏品实则是一个巨大的文化资源公共库。虽然博物馆可以通过艺术授权的方式设置壁垒，但问题是，这种方式只能阻止低水平的博物馆创意产品开发，而并不能阻止研发人员以其作为素材加以"意境诠释"式利用。那么，针对馆藏品的共享性特点，博物馆应该如何化解或应对或为我所用？

（3）在理论上，创意产品的价值应更多地取决于其文化价值，文化价值会显著地影响创意产品的总价值从而影响到价格。但实际上，当前绝大多数博物馆创意产品的价格更多地依赖于载体及其材质和工艺技术，忽略了其文化价值对总价值乃至价格的"倍增"效应。因此，造成当前很多定价较高的博物馆创意产品陷入"有价无市"的困境。这不能不引起博物馆创意产品研发人员和经营管理人员的思考：如何对博物馆创意产品进行定价，以及如何营销博物馆创意产品？

（4）在销售渠道方面，除了线下销售外，网络销售是当前另一主流销售方式，作为博物馆创意产品，网络销售时是搭建独立的网上商城还是借助第三方平台，以及不同网络销售平台陈列的产品是否需要差异化？这值得博物馆创意产品运营人员思考。

（5）博物馆创意产品本质上是一种满足购买者/消费者精神需求的产品，因此，博物馆创意产品经营者在推广和促销这种产品时能不能采用一般产品的推广和促销策略，以及我们应该如何去评估创意产品的推广和促销效果值得思考。

第三章 两岸工艺品比较分析

第一节 两岸工艺品市场概况

一、工艺品市场现状之比较

大陆方面,根据《文化及相关产业分类(2012)》,工艺品市场主要是指工艺美术品的生产企业和销售企业构成的市场。主要包括:①工艺美术品的制造,涵盖雕塑工艺品制造、金属工艺品制造、漆器工艺品制造、花画工艺品制造、天然植物纤维编织工艺品制造、抽纱刺绣工艺品制造、地毯和挂毯制造、珠宝首饰及有关物品制造和其他工艺美术品制造等。②园林、陈设艺术及其他陶瓷制品的制造,涵盖室内陈设艺术陶瓷制品、工艺陶瓷制品、陶瓷壁画、陶瓷制塑像和其他陈设艺术陶瓷制品的制造。③工艺美术品的销售,涵盖首饰、工艺品及收藏品批发,珠宝首饰零售,工艺美术品及收藏品零售等。

2011~2015年,从绝对数量来看,大陆工艺品制造企业数量呈上升态势,从2011年的3067家增长到2015年的4927家;从增长速度来看,大陆工艺品制造企业数量年增长率呈先增后减的发展态势,2014年的年增长速度最大,和2013年相比增长了15.61%,之后出现较为剧烈的下降,2015年的增长率仅为7.84%(见表3-1)。

表 3-1　2011~2015 年大陆工艺品制造企业数量增长趋势

年份	2011	2012	2013	2014	2015
企业数量（个）	3067	3441	3952	4569	4927
增长率（%）	—	12.19	14.85	15.61	7.84

资料来源：智研数据中心，http://www.chyxx.com/industry/201610/456789.html。

2014年，大陆工艺品市场从业人员为2.72百万人。其中，工艺品制造企业年末从业人员为2.22百万人，其中规模以上企业从业人员为1.17百万人，规模以下企业年末从业人员为1.05百万人；工艺品销售企业年末从业人员为496218人，其中限额以上企业年末从业人员为164881人，限额以下企业从业人数是限额以上企业从业人数的2倍多，达331337人。

台湾方面，根据《2015年台湾文化创意产业发展年报》，工艺产业是指从事工艺创作、工艺设计、模具制作、材料制作、工艺品生产、工艺品展售流通、工艺品鉴定等的行业。工艺品是创作者利用各种工具将各种类型的原料或半成品加工处理而成的作品。工艺品按制作方式是以手工制作为主、机器量产为辅的具有功能性的生活用品。制作工艺品的材质有陶瓷、玻璃、漆艺、木艺、石艺、纸艺、竹藤、皮革以及复合材质等。从工艺品产业链角度看，工艺品从创作到消费终端，依次经过工艺品创作（即创意形成）、生产制造、传播（包括产品批发、展览）以及零售或拍卖等环节。服务于工艺品的其他行业包括手工艺教育与培训、原材料供应、艺术经纪行业、展览行业等。根据台湾方面税务行业的标准分类，和大陆相比，台湾工艺品产业包括"手工艺教学"一项，但该项各类指标数值比较小，可忽略不计。

与大陆工艺品企业数量呈增长态势不同，2009~2014年，台湾工艺品企业数量呈先增后减态势，2009年工艺品企业数量为12339家，之后缓慢增加，2012年达到12872家，随后呈下降趋势，并且速度有所加快（见表3-2）。

表 3-2　2009~2014 年台湾工艺品企业数量增长趋势

年份	2009	2010	2011	2012	2013	2014
企业数量（个）	12339	12571	12742	12872	12848	12815
增长率（%）	—	1.88	1.36	1.02	-0.19	-0.26

资料来源：台湾文化事务主管部门发布的《2015年台湾文化创意产业发展年报》，第62页。

二、工艺品市场需求特征之比较

两岸工艺品市场有着明显差异性的消费者需求,这可能与其各自所处的地理位置、政策措施以及消费者的思想观念等有着很大的关系。

大陆方面,其工艺品的市场需求主要呈现以下三个特征:

(1) 大陆消费者特别是 20 世纪 90 年代后消费者的消费观念正在悄然发生变化,对手工艺产品也呈现出多样化、个性化的需求。以家居装饰风格为例,从 70 年代体现出统一朴素的"阶级革命"价值观和审美观到 90 年代逐渐形成个性化的装饰风格,消费者的偏好差异性较为明显,并且对工艺品类型需求也呈现多样性以及高规格性。例如,博古架、名画、各种特色工艺品已然"飞入寻常百姓家"。这一需求变化,使大陆工艺品企业可以采用"避强定位",以具有中国特色的工艺品向国际知名品牌挑战。

(2) 购买大陆工艺品的境外消费者群体规模越来越大。从 1980 年至今,到大陆的旅游者以平均两位数的百分比不断增长,外国消费者构成了中国工艺品市场的消费主力军。

(3) 扩大内需的政策激活了大陆工艺品市场的总需求量。国家利用利率、信贷等宏观调控手段不断鼓励居民消费,带动了大陆居民的消费欲望。以房地产市场为例,时尚、合理的户型,灵活多变的付款方式和逐步正规的二手房交易,使老百姓愿意对几年前认为价格高不可攀的商品进行消费。

台湾方面,其工艺品的市场需求主要有以下两个特征:

(1) 和大陆相比,台湾消费者对工艺品的品质需求更高,更加注重工艺品的美感与品牌带来的身份效应。台湾消费者在人均可支配收入大幅度提高后,他们对生活美学产生了巨大需求,就此区别于少有美学概念的传统制作。工艺品是典型的文化精致度高、生活品质高的美学产业。由于台湾地区消费者经常受到西方以及日本各种手工艺品牌的熏陶,自然对于手工艺制品的品质要求更高,更加关注工艺品品牌的知名度和声誉。

(2) 和大陆相比,台湾本地消费者对于工艺品的需求规模总量较少,需要依靠境外消费者市场。虽然台湾民众对工艺品的人均需求整体来说处于较高的水平,但是由于台湾总人口数量太少,导致台湾工艺品市场需求总量太低,必须要依靠境外的消费市场才能够使其工艺品拥有较多的消费者,进而才可能使其持续在市场上获得较高的利益。

第二节 两岸工艺品内容创意之比较

两岸工艺品①在内容创意方面存在着较大的差异,在文化资源的利用上,虽然两岸文化同宗同源,文化背景有很大的相同之处,但大陆地区更偏爱传统的、代表中国传统精神的文化资源,而台湾地区则偏好运用自然的元素以及当地的少数民族等文化资源。在创意设计上,大陆地区也较之台湾地区更为保守,设计时考虑的通常与地域、民族等有关,而台湾地区的设计思路更加开阔,既有"本土"元素,又注重运用国际思维来表达,这与其市场需求特点是相关的。

一、内容创意之文化萃取的比较

工艺品设计之前,设计师将对文化资源进行文化萃取,获取应用于产品设计的文化素材。大陆和台湾在文化萃取方面存在一定的差异。

大陆方面,文化萃取最为突出的特点在于传统历史民族资源的运用,强调

---

① 江韶莹(2009)总结了专业的、较倾向现代工艺产品的制作基本步骤:①动机与构想(Idea):说明使用时机与场所、为何而作、为谁而作,以及社会的期待、禁忌和仪式的规范(Norms)、流行的趋势、所需帮工的人数与条件。②结构设计:首重于机能性(Functional)。涉及形制与大小、操作方法、放置位置的外部条件思考,以及内部机构(Internal Structure)、人因工程学、使用的安全性、便利性,以及功能(Function)的界限与条件设定等。③构成(Composition)与发想:制作的作业流程与数量的基本计划;准备工具、选定适切的材料、模拟或绘图(Representation)以确定合理的、必要的造形(打花板),决定工序。④定型制作:初坯试作或制作概念模型、尝试错误(套用口诀)、正式制作、组装、修饰、检视成品。⑤材料构成的表面组织、偶发的意念、工序改变甚至技术的失误,即兴的增加表面质感(Texture)处理、添增的纹饰、流露出的个人品位与风格等。⑥工艺评论:大多数是以静态展陈状态中、已完成的工艺成品为对象,描述(Description)的模式不仅是对单件工艺成品本身的造形、构造、功能、材质、色彩、纹样、制作技术与合理工序的具体样态及抽象的机能、价值等的记述(Narration),还需再演绎(Deduction)制作者的观念、动机、行为的构成概念,同时考察分析其所蕴含的历史传统、社会情境和文化脉络,以完成对工艺本体的了解与多面相诠释的推论(Speculation)。参见江韶莹. 台湾工艺发展脉络[EB/OL]. http://iic2.thu.edu.tw/download_course/1262576443.doc, 2009/09/05.

工艺品的地域传统文化特色。创作人员主要侧重于对民族民间传统工艺品的原型，包括对题材、纹样、颜色、图案、材料、工艺等各要素进行梳理，深入研究、挖掘地方、民族、民间文化资源，概括、提炼出最具文化内涵价值或形象价值的元素。大陆工艺品创作人员现在注重将地方特色文化引入商品开发之中，如将特色饮食文化、宗教信仰、民俗文化等作为商品开发理念。例如，处在闽文化中心福州的漆工艺品企业会将闽菜饮食文化、茶文化、船政文化等较有代表性的闽文化元素嵌入漆器工艺品之中。

大陆很多工艺品创作人员在文化萃取时普遍存在两个问题：一是在文化资源选择上往往不能够做到将中外的文化元素有机融合，从而所制作的工艺品特别是手工艺品很难兼顾更广泛地域的消费者；二是在文化资源萃取方面缺少对人们日常文化元素的关注，并且常常受到地域的限制，从而使其研发的工艺品缺乏时尚感，较难引起更多消费者特别是年轻消费者的文化共鸣，降低了消费者的购买积极性。

台湾方面，台湾多元文化的历史背景为台湾工艺产品提供了丰富的文化资源。由于历史原因，台湾地区浸染了多种文化特别是日本文化，形成了目前开放包容、兼容并蓄的特点。在探索工艺品文化资源的过程中，台湾工艺品创作人员能够从多种文化元素中寻找养料，取其精华，选择那些有价值、有生命力的文化元素。不过，在文化资源萃取上，有时候创作人员考察会不够充分，往往以市场为导向。对于台湾地区而言，提倡文化经济化、产业化，相比于大陆更加注重从文化创意活动中获得经济收益，再加上其所萃取的元素往往是中西结合的多民族、多国家的多种文化元素，因此难免会导致文化资源的挖掘不够深入、不够充分。而就台湾特有的少数民族工艺品而言，台湾少数民族的生活工艺品往往偏向夸张的审美取向与取材于自然的装饰手段，其总体艺术风格以质朴夸张为主要特征，这与大陆少数民族手工艺品多少有些相似。

二、内容创意设计阶段的比较

在选取了文化资源之后，工艺品的文化价值、经济价值更多地体现在工艺品内容创意设计阶段。众所周知，内容创意设计与人们的审美意识、消费观念、价值取向、生活方式和风俗习惯紧密相连。

大陆方面，工艺品内容创意设计阶段的理念受到传统思想影响很深。工艺品特别是手工艺品创作人员往往会不自觉地在创意过程中反映中国所拥有的传统精神文化，创意设计往往要求其能够具有生活中的实用性功能，着重于传统的手工制法，同时又融入一定的现代科技，使工艺品秉承了中国传统的"物尽其用"的观念。具体而言：

（1）内容创意设计在反映时代风貌的同时更注重民族特色和中国精神。特别是对传统工艺品而言，创意设计就是一种新形式的继承和发扬，或是对传统的继承、对未来的开发。大陆的工艺产品特别是手工艺品内容创意设计注重继承和发掘中国传统文化与地域文化、弘扬民族精神等。例如，一些旅游工艺品、纪念工艺品和工艺礼品都结合了当地的人文、地理、历史、民俗进行内容创意设计。

（2）将传统手工制作与现代科学技术相结合。大陆的工艺产品注重民族文化，同时在设计中也重视与现代文化的接轨，设计时通过科学技术的运用，突出了工艺产品的现代感。例如，银饰传习所的拉丝工艺师傅杨洪江在立足民族艺术的基础上，融入凤凰的图案元素，创作出了乱丝柠檬和乱丝荷叶编织的时尚银饰作品。在生产制造过程中，杨师傅引进了美国原产的首饰抛光粉和抛光机，将传统手工制作与现代科学技术相结合，从而在降低生产成本的同时，也使这一银饰品染上了现代艺术气息。

（3）创意设计注重将设计生活化，使艺术与生活接轨。大陆在工艺品特别是手工艺品的设计中，一个很重要的设计思想是将艺术生活化，使工艺制品特别是手工艺品能够在生活中有着具体的功能性用途，如知名的谭木匠品牌，其所制作的各种类型的梳子往往将"梳头"这一实用性功能摆在第一位。

需要引起注意的是，就大陆民间手工艺而言，虽然民间手工艺人技艺精湛，但创作思维较为传统，他们往往在产品的设计开发上投入不足，款式类型较为老旧，缺乏现代文化内涵的导入意识，极少融入现代的创意设计理念与审美需求。这样，由于民间手工艺产品缺乏现代装饰元素、款式过时老旧，使民间手工艺产品无法满足消费者的现代购物需求。

台湾方面，工艺产品内容创意设计阶段呈现出尚"古"、尚"雅"、崇"西"等多元的设计理念，这与台湾社会政治环境的变化、文化格局多元有紧密的联系。具体而言：

（1）台湾工艺产品内容创意设计多受大陆传统的影响，台湾注重传统吉庆造型，并且台湾"本土"古迹、少数民族图腾、"本土"吉祥象征物被大量运用于作品中。例如，台湾年画源自于大陆地区，但在长期的发展过程中，台湾年画也在不断创新与发展。例如,对于年画中的凤梨,台湾称"旺来",取其"好运旺旺来"之意,又如白萝卜,闽南语读"菜头",有"好彩头"的意义,是台湾人很喜欢的两种代表吉祥的物品,在创意设计阶段将这些台湾"本土"的吉祥象征物嵌入到年画之中,使年画更贴近台湾消费者的需求偏好。

(2)内容创意设计理念紧跟时代潮流,工艺产品注重人文情怀,产品制造过程融入现代科技成果。例如,台北故宫博物院的藏品被大量制作成工艺衍生品,经由台湾创意设计中心演绎后,使故宫的"藏品"时尚化,这些拥有"故宫符号"的工艺品转身成为千家万户的日用品,以当代人乐于接受的形式进行推广。

(3)内容创意设计过程中受到西方设计方式与思想的影响。以台湾知名艺人杨惠姗女士创建的"琉璃工坊"为例,其生产制造的中国传统工艺品采用了现代工艺技术,结合了西方器皿造型与东方审美的特点,作品既有实用性又有收藏价值,成为融合中西方现代创意精神的典范之作。

与大陆相比,台湾工艺品的技术更加成熟,运用了较多国际化的成熟生产技术,并且响应消费者对于作品精美程度的严格要求;而且其工艺品有时甚至更加重视技术的投入,而非创意设计本身。

三、内容创意之案例剖析

大陆方面,以景德镇陶瓷股份有限公司为例,该公司是在以中国景德镇瓷厂为主体的基础上于1996年11月发起组建的,是景德镇规模最大的生产经营高档日用瓷及窑具制品的现代化国有大型企业。目前,景德镇陶瓷股份有限公司拥有红叶、家好、金品陶三大品牌,其中红叶品牌属中国名牌,主要生产高档日用瓷产品,红叶陶瓷具有器型规整、瓷质细腻、釉面莹亮、花色新颖别致等特点,无铅、无镉、无毒、耐高温,被誉为"国际绿色环保健康陶瓷";"家好"产品主要瞄准超市等中档市场;"金品陶"生产传统日用陶瓷和艺术陶瓷等。在文化萃取阶段,将中国传统文化与人文文化相结合。例如,人民大会堂国宴用瓷——"富贵牡丹",采用牡丹花纹装饰,运用传统的穿枝形式,装饰器皿的外壁和盘碟内的口沿,色彩采用黄、红、绿等高贵色调,花面正中上方红色国徽熠熠生辉,使整个花面凸显其庄重感,具有热烈、富贵、豪华之特色。该作品在人民大会堂众多用瓷中首次被命名为"国宴瓷"。在内容创意设计阶段，景德镇日用陶瓷的开发设计贯彻"实用"与"审美"和谐统一的设计理念，从现代生活方式出发使餐具设计更符合现代人使用及审美的标准，使餐具的实用和审美与现代生活方式相融，与现代人的使用环境相融，与时代风尚相融，最终实现日用陶瓷艺术化、艺术瓷功能化，千年景德镇陶瓷文化与现代理念有机融合。

台湾方面，以法蓝瓷为例，法蓝瓷是台湾工艺产业的杰出品牌之一，是21世纪世界高级陶瓷礼品业一颗冉冉升起的新星，在2002年纽约礼品展光芒初露就立刻荣获"最佳礼品收藏奖"，改变了百年来该产业全由欧洲名窑独领风骚的历史，并迅速加入全世界顶级精品专卖店的橱窗之内。目前法蓝瓷在江西景德镇自设工厂，台北则是营运与设计总部。在文化萃取阶段，法蓝瓷创作人员对中国传统文化有深刻的认识，融合古今、中西辉映的多元层面充分展示出了"精品与文化"的精确定位。法蓝瓷还以其清新自然的花草生灵演绎出山林野翠的气息，以感人的梦想故事打动观赏者。在内容创意设计阶段，法蓝瓷将传统瓷器加入西方人熟悉的优雅、浪漫与瑰丽的元素，结合东方美学思想及西方崭新的艺术装饰风格，让西方人能感受到东方品位的幽雅时尚。除此之外还一改欧美陶瓷为了降低成本而日趋简单化的走向，将浮雕与雕塑加入瓷器的造型，让瓷器产生更多的变化，尤其坚持纯手工喷彩或画笔勾勒，使工序变得更为繁复，产品更具创意，其独一无二的风格让潜在竞争者知难而退，使法蓝瓷成为当代瓷艺美学的领航者。"法蓝瓷"基于现代艺术心理学和构成学思想，将"仁""爱"这一民族文化元素作为其创作品牌的核心理念。例如，在"亲子"系列瓷器中，长颈鹿妈妈温顺慈爱的表情勾勒出母爱的真挚，小长颈鹿依偎在母亲的怀里，细细品尝被呵护的温暖，这种动物之间的亲子之情淋漓尽致地呈现在消费者面前。

综上所述，两岸工艺产品在内容创意环节有着很大的不同，同样是陶瓷制品，景德镇陶瓷股份有限公司制作的陶瓷与法蓝瓷很明显存在巨大差别。

第三节　两岸工艺品生产制造之比较

下面以工艺陶瓷为例对两岸工艺品的生产制造环节进行比较分析。

大陆方面,以景德镇工艺陶瓷为例。景德镇的主要技术优势在于传统技术的传承。景德镇的手工制瓷技艺以及传统瓷窑的营造技艺均已列入国家级非物质文化遗产名录。景德镇手工制瓷工艺专业化程度强,行业分工极其细致,最核心的包括拉坯、刮坯、画坯、施釉和烧窑五项工序。其手工制瓷工艺在汇集全国各地名窑技艺的基础上形成了自己的特色,并自成体系。其行业分工之细、专业化强度之高是其他手工行业无法比拟的。景德镇的御窑厂生产组织分工相当完备,以制坯行业的各种作坊配合辅助性作坊,许多局部操作均由专业性很强的工匠担任,而烧、做两道工序集中在厂内完成。

景德镇瓷业俗称的"挛窑",指的是砌筑营造和修补制窑炉,是一种专门的技艺,自元代起,由当地魏姓人世代相传。窑炉的体量、结构比例、砌筑材料和手工技法都有一定的讲究,其中窑砖和挛窑泥的制作技艺是其中重要的组成部分。

虽然当今瓷器制造大部分由机器制瓷完成,如广东佛山就采用了先进的流水线生产配套技术,但景德镇瓷器的核心技术却是传统的手工技艺。不过,在瓷业机械化生产不断发展的今天,景德镇瓷业面临着传统手工艺流失和消亡的问题,亟待抢救和保护。

大陆许多创意产品选择景德镇作为瓷器合作生产基地,但是其在生产技术的创新与突破上并没有取得太大的成就。例如,天津著名的杨柳青年画,虽然在新产品开发的过程中,选择将传统年画与瓷器结合,但也仅限于初步的结合,生产技术并没有新的突破;而且在新产品开发的过程中,还存在年画与瓷器的画师技艺无法融合的情况。

台湾方面,台湾岛内的资源有限,特别是原材料的严重不足对台湾陶瓷制造的发展造成了限制,许多原料需要进口,加上劳动力相对大陆也显不足,从而迫使台湾陶瓷业走上了与大陆陶瓷业不同的发展道路,台湾陶瓷由机械生产逐渐转向手工创作、精细化创作,在釉色、产品质地上明显超越大陆。

以和景德镇相对应的莺歌镇为例,莺歌的产品由仿古瓷器即中国传统瓷器转向了科技创新含量较高的陶瓷作品。莺歌的陶瓷产品在釉色技术上有了创新,在艺术科技行列和工艺技术水平上与大陆陶瓷拉开了差距,处于领先地位。

台湾艺术瓷器的成功品牌代表当数法蓝瓷。其品牌自创建以来,产品屡获大奖,设计风格中西合璧,口碑甚佳。法蓝瓷在材质、工艺方面持续创新,已成功实现了金属、珐琅、防弹玻璃等材质的嫁接。法蓝瓷采用高品质细致瓷土及独家配比，运用釉下彩技术，在1200℃~1350℃高温下煅烧，运用独家专利的"倒角脱模工法"刻画立体造型，并历经雕模、注浆、成型、素烧、手工绘彩、上釉、釉烧等上百道工序才最终制造出成品。基于环保理念，法蓝瓷产品坚持不加骨粉，通过生产技术达到与骨瓷同样的通透效果，其成品温润通透，色泽晶莹典雅。这显然是传统的陶瓷工艺技术与高科技有机融合的典型例子。

第四节 两岸工艺品市场推广之比较

一、市场推广渠道之比较

公司官方网站、参展和比赛以及媒体推广是大陆和台湾工艺品市场推广的主要方式。具体而言：

（1）公司官方网站是两岸工艺品扩大公司产品影响的重要推广方式。通过公司网站这一媒介，企业可以让消费者和合作者清楚地了解企业的经营理念，以及产品研发人员的理念和精神、产品内嵌的文化由来、产品故事等，同时也可以借助公司官方网站将产品第一时间与消费者分享，实现生产和消费直接对接。

（2）参展和比赛是两岸工艺品特别是在工艺品品牌初期进行推广的重要方式之一。例如，有些台湾少数民族工艺品通过参加相关技艺比赛、设计大赛等，在促进与其他设计人员交流的同时提升企业形象；通过参加商品展示博览会、国际礼品展或者地方特色产品展览，扩大了企业在中间商和消费者中间的知名度。

（3）在媒体推广方面，工艺品生产企业主要以联系媒体接受采访、营造话题或者写新闻稿的方式进行宣传推广，从而达到扩大企业知名度的目的。

除上述主要方式外，两岸工艺品还有一些各自独具特色的市场推广方式。大陆方面，微信公众号是工艺品企业特别是小微工艺品企业重要的产品宣传推广平台。众所周知，当前，微信已超过 QQ、微博等成为大陆民众最重要的交流和信息获取工具。文化企业注册公众号后可以向微信用户推送产品信息，并且通过微信用户及时转发信息从而迅速扩大企业和产品的知名度。

台湾方面，社区活动是台湾工艺品特别是少数民族文化工艺品企业宣传推广自身的重要方式之一，工艺品企业通过与社区联合举办节日活动或者比赛等，不仅能够提升产品设计创作水平，还能够吸引那些文化认同的消费者共同参与产品创作或者更深入地了解产品的文化故事，从而起到宣传推广企业产品的作用。需要注意的是，受"本土"市场规模较小的限制，台湾工艺品企业往往需要考虑开拓外部市场，但在开辟市场时往往忽视大陆市场而关注其他市场。其结果是，由于东西方文化差异导致境外推广面临巨大挑战，从而使台湾工艺品境外营业额一直不理想。

二、市场营销模式之比较

（一）体验营销

体验营销，即站在消费者的感官（Sense）、情感（Feel）、思考（Think）、行动（Act）、关联（Relate）五个方面，重新定义、设计营销的思考方式。这种思考方式突破了传统营销关于消费者是"理性消费者"的假设，认为消费者在消费时兼具理性与感性，消费者在消费前、消费中、消费后的体验才是消费者行为与企业品牌经营的关键。同时，随着近年来 DIY 文化的回归，生产者认为，企业不需要直接将完全制作好的产品直接卖给消费者，有些时候（甚至是大多数时候）只需要给消费者提供原材料、半成品以及基本的制作方法，通过消费者亲自动手最后制作成成品，可以满足消费者体验上的需求和个性化需求。

由于大多数工艺品都是手工制作，因此工艺品除了具有一般创意产品的特点之外，还具有很强的人与物的亲和力及舒适感。① 事实上，即使是在工业化程度高度发达的今天，很多工艺品早已实现了机器的批量生产，但很多顶级或高端的工艺品其制作的关键环节仍然只能手工完成。众所周知，机器生产和手

---

① 张福昌. 优秀的工艺要运用到生活中 [J]. 中华手工，2009 (10).

工生产最大的区别是机器是冰冷的,而手是有温度的,手工制作往往传递的是制作者的情感和思考,即一种所谓的人文关怀。因此,在工艺品的营销中,体验式营销是理所当然且不可或缺的一种营销方式。通过体验,消费者能更好地了解工艺品制作技艺的精妙,享受制作过程带来的乐趣。特别是对于经历过手工艺品繁荣时代的消费者来说,体验营销更是一种怀旧记忆的唤起。体验营销不仅是将工艺成品卖给消费者,更是培养消费者对工艺品背后的文化和价值的认同感,从而有利于建立起消费者的品牌忠诚度。

大陆工艺品体验营销方面:①开放工艺品生产制作车间让消费者参观,培养消费者对工艺品价值的认同感。我国现在有不少工艺品生产厂商,都已经向消费者开放了制作车间供其参观,直观地向消费者展示一件件精美绝伦的工艺品具体的生产制作流程。在此之前,不少消费者由于受到现代工业生产的影响,习惯了以一般工业品的角度来对工艺品的价值进行思考,因而对于一些高端工艺品的"天价"往往显得很茫然,不明白为何这样一件个头也许并不大的工艺品售价竟如此之高。但是当消费者目睹了这些工艺品如何从最初的设计、选材、打磨一步步到最终成形经历的这一系列复杂工序后,其原本认为的高价也变得合理起来了。②大型商场的工艺品专柜邀请工艺大师进行工艺品的现场制作演示,以其高超娴熟的手工艺技术吸引消费者的注意。一件精致的工艺品其外形可能让人赏心悦目,其独具匠心的设计可能让人惊喜万分,但都没有其背后的娴熟工艺技术来得吸引人。当消费者目睹一件原本普通的物品(原材料)在工艺大师的巧手打磨下,变成一件形象生动、栩栩如生的作品时,其内心得到的震撼比直接购买一件成品要强烈得多。除此之外,现场制作还允许消费者自己设计图案和样式,然后交由工艺师完成,满足其个性化的需求。③DIY 工作坊、教室的兴起,DIY 课程的流行,将创意融入记忆中。随着近年来 DIY 文化的流行,人们渴望一种更加健康、更加亲近自然的休闲娱乐方式,各类 DIY 工作坊、教室和 DIY 课程应运而生。在大陆大中型城市,涌现了一大批优秀的 DIY 工作坊、教室,越来越多的人选择闲暇时间来到这些地方进行 DIY 学习,在体验手工制作乐趣的同时,也发挥自己的创意。调查显示,目前国内流行的 DIY 手工坊主要有蛋糕、烹饪、玩偶、饰品、陶艺品等类型。传统的手工艺在 DIY 文化的兴起浪潮里再次唤起了人们的记忆。[①] 不少工艺品企

---

① 杨未. DIY 的流行对设计"人人化"的启发 [D]. 沈阳:辽宁师范大学硕士学位论文,2013.

业也开始举办各类相关的 DIY 活动，通过这种体验的方式增强企业与消费者之间的互动。④一些工艺博物馆、展览馆开始设有体验室，鼓励消费者参与工艺品的制作，感受工艺品制作之美。国内许多地区已经意识到传统手工文化传承的重要性，开始将当地独具特色的传统工艺品集中起来，进行展示和推广。但如果仅仅直接展出这些工艺品并附上介绍，其效果怎么也比不上让消费者或民众直接观看或参与这些工艺品的制作过程、通过自身体验获得的印象来得深刻。北京百工坊博物馆办公室主任冯道英女士就曾自豪地表示，"与其他物品的陈列展现历史发展过程的博物馆相比，北京百工坊博物馆别具一格的地方就是以大师的技艺与记忆来展示文化、历史的'活博物馆'。我们的艺术家是'活的'，技术也是'活的'，大师就是我们百工坊博物馆的财富，大师的记忆也就是我们百工坊的镇馆之宝"①。

　　台湾工艺品体验营销方面：①建造台湾工艺文化园区，使民众了解、体验工艺，让传统工艺之美深入生活。目前园区中已有工艺文化馆、工艺资料中心、生活工艺馆、工艺工坊，还将继续建设工艺设计馆、地方文艺馆及典藏展示馆等设施。其中生活工艺馆包含了游戏工坊、工艺创作体验坊及生活工艺思行坊、工艺五感等，结合手工创作的感动与心灵的体验，让分属不同年龄层次的潜在消费者皆可细细品味做工艺的感动与价值，打造一个属于全体民众生活美学的极致空间，具体实现文化愿景，给全体民众打造一个工艺休闲好所在。② ②运用现代多媒体手段，打造工艺文化网络信息资源平台，让科技带来全新的互动体验。台湾计划在网上建立最全面的传统工艺数据库，将所有台湾传统工艺技术的图文影像资料录入其中，未来在台湾各地大大小小的博物馆或是拥有账号的互联网上，人们都可以利用多媒体互动装置来体验各种工艺技术，激发创意灵感，相互交流与合作。③推行社区工艺扶植计划，让工艺真正走进社区，使大众体验并认同工艺之美。从 2005 年开始，计划为期十年的社区工艺扶植计划经历了"四位一体初构想""向工艺家借能量""微型产业酝酿"以及"多姿态蓬勃发展"这四个阶段的发展，已逐渐走向成熟。如今，台湾的社区工艺经时间与经验的淬炼，呈现出百花齐放的格局，发展出了一些具有代表性的工艺社区的类型，如社区工场型、体验观光型、研究型、支持

---

① 单靖雅，裴超. 北京百工坊博物馆：荟萃传统工艺　凝聚古老文化 [J]. 时尚北京，2013（4）.
② 施州. 台湾工艺产业发展模式研究 [D]. 上海：上海师范大学硕士学位论文，2009.

型、产品设计型、人才入籍型、社区营造型等。每个社区虽然对某种类型有所偏重,但也兼有其他形态的功能。社区工艺计划的实行,让工艺真正走进大众的生活,提高了民众的工艺素养和欣赏能力。

(二) 中间人营销

创意产品价值的高增值性和再开发性要求产业进行价值链的重构。重构价值链将会呈现出中间人之间的商业竞争,原有的中间人(分销商、零售商等)将被新的中间人(文化评论人、文物鉴定、专业或行业评奖以及网络搜索引擎、内容提供商等)所取代。以网络搜索引擎为例,随着网络在日常生活中的流行,不少消费者习惯购物前在网上收集商品信息(包括基本信息和他人评价等),在这个过程中网络搜索引擎就不自觉地充当了中间人的角色。

中间人营销策略在工艺品营销运用中主要有以下三种方式:①参加各类国际比赛或行业权威评奖;②举办或参与各类具有国际影响力的工艺品交流大会;③获得行业权威评论家或资深收藏家的认可或推荐。

大陆方面,大陆工艺品营销和推广也运用到了中间人策略,例如,参加国际大赛、国际评奖等。此外,随着文化创意产业在各地区蓬勃发展,各地区的文博展会蓬勃开展,规模日益扩大,对宣传我国的优秀民族文化起到了一定的作用,而作为我国优秀文化重要组成部分的传统工艺产品也被越来越多的人所认识和了解。目前,大陆影响力较大的文博会包括深圳文博会、北京文博会、上海国际创意产业周、杭州文博会、义乌文博会以及西部文博会等。

和大陆相比,台湾在工艺品营销中更加善于运用中间人营销的策略。比如,台湾知名品牌法蓝瓷、琉璃工坊以及琉园等设计制作出来的工艺品已屡次获得国际大奖,产生了极大的国际影响力。台湾的工艺品之所以能在各种国际展览和大赛中屡获大奖、不断提高其国际影响力,与台湾文化创意政策的支持是分不开的。台湾方面,工艺企业的有关主管机构历来重视与国际工艺产业界的双向互动交流。为增进国际社会对台湾当代文化发展的了解,有关主管机构自 1991 年起先后成立了"驻纽约办事处台北文化中心""驻法国巴黎文化中心"(1994 年)以及"国际文化交流科"(1995 年)。其主要工作包括拓展与欧美亚地区政府及国际艺文组织的文化交流合作,整合境外文化中心与附属单位、美术馆、博物馆及表演艺术团体等资源,通过与专业艺文机构合作,参与国际大展、大赛及艺术节等形式,推介台湾艺文团体及地区文化形象,提高台湾工艺品在国际上的知名度。① 另外，通过举办国际艺术节的形式，集聚其他国家和地区工艺产业界最前沿的技术和创意，通过交流与合作提升台湾工艺产品企业的国际视野。目前，以工艺产业为核心、较有影响力的国际艺术节包括新竹的竹堑国际玻璃艺术节、台北的莺歌陶瓷嘉年华、花莲的国际石雕艺术节、高雄的国际雕塑节、台中的亚太编织艺术节、宜兰的国际童玩艺术节、南投的国际稻草文化节等。这些艺术节促进了各地历史文化资产的保存和地区文化精神的发扬；同时，举办这些国际艺术节推动台湾工艺产业界与国际工艺产业前沿接壤，提升台湾工艺产业的文化影响和国际化影响，并且，台湾民众通过国际文化交流带来了不同的美感体验，建立了对属地文化的认同与自信。当然，这些国际文化艺术节活动也逐渐发展成为地方特色文化产业之一。

（三）故事营销

"故事营销"这个名词并不陌生，因为在其他一般商品的营销中也广泛运用到故事营销这一手段。现代营销理论认为，消费者对产品并不关心，他们感兴趣的是利益，以及产品为他们带来的某种功用。而后现代营销进一步发展，从消费者利益转移到"消费体验"，其基本观点是产品意义产生于消费，而非生产，强调过程重于结果。将故事营销运用到创意产品营销之中，其目的在于通过故事（不管是企业和企业家成长的故事，还是产品背后的故事或消费者和产品之间的故事）在创意产品周围编织出一个象征性的联系网络，并允许消费者创造出属于他们的有意义的经历。故事营销让消费者成为主动的参与者，而不是被动的接受者，他们在营销者的叙述中发现了自己的意义。

将故事营销运用到工艺品营销中，具体的途径和方法主要有以下五种：①探寻工艺品独具特色的历史故事或传说故事；②回顾工艺企业成长的故事；③借助焦点事件进行传播，造就自己的经典故事；④从为消费者服务的过程中发现可以宣传的故事；⑤工艺产品研发人员、工艺品企业家的成长经历。

大陆方面，故事营销在大陆的工艺品营销中广泛应用，但能让消费者记忆深刻的故事并不多。其主要原因是，多数大陆企业的故事营销往往停留在故事表面，而对故事所要表达的文化符号挖掘和提炼并不够，从而很难让消费者一看到这个故事，脑海里就产生该工艺品的品牌联想。简单来说，就是故事没能很好地反映产品背后的文化和情感内涵，自然也不能打动消费者的心。

---

① 魏然．台湾工艺产业政策述评［J］．福建论坛·社科教育版（2010年专刊），2010．

台湾方面，台湾在工艺品的故事营销上的主要策略有：①录制手工艺匠师影像，用手工艺匠师背后的故事唤起民众对手工艺品的记忆与认同。该计划也属于台湾社区工艺扶植计划的一部分，主要从手工艺匠师生平事迹切入，加入人文情感的关怀，针对匠师的生平、师承、技艺、作品做研究调查与纪录，着眼于传统手艺人制作工艺的精神，不在于作品的成就；透过影像纪录，那些默默耕耘的民间手艺人现身说法，依其生平事迹、学习过程、技艺表现方法了解手工艺发展的历史背景、渊源、内涵特质及存在的问题与愿望，并对其创作理念、技法、诀窍、手工具、创作历程进行系统的整理，将从技艺传承到知识建构的过程以纪录片的方式拍摄下来。① ②举办"台湾工艺之家"评选活动，让民众了解身边的工艺师。其实这也是故事营销的一种途径，在对"工艺之家"进行评选的过程中，民众对其所拥有的工艺技术、工艺作品都有了进一步的了解和认同。不过，有资格参选的工艺师应具备的条件首先是本身持续从事工艺品创作并且有独立的工作室，其次是在正式授证后需要承担接受民众或团体对其工作室的参观并为民众解说的义务。这个评定显然是一个"双赢"的策略，工艺师可以通过官方认证来拓展其知名度，为其事业发展带来新机会，而民众也从中了解工艺、学习工艺。③善于挖掘工艺品背后的文化底蕴，通过故事为工艺品增加文化厚重感和人文关怀，使工艺品成为情感或记忆的载体或绿色健康生活方式的展现。

（四）社会网络营销

社会网络营销的本质是一种社会关系营销，消费者在"社会网络市场"中通过人际互动、社会交往发觉共享的意义和价值。消费者加入其中并非因为其产品或服务，而是因为"可能在那里遇到的人以及加入后可能成为的人"。社会网络营销强调的是"圈文化"的打造，杰克·丹尼尔（全美最高端的威士忌和标志性的美国品牌）就曾运用"圈内人策略"进行品牌的推广，并取得了极大的影响力。对生产者而言，文化消费体现了生产者对于控制和权利的让渡。生产者设法让消费者参与品牌的构建，并在产品和品牌成形的过程中，为赋予其新的解读和用途留下空间，即生产者为集体创造的发生提供一个框架。

毫无疑问，最成功的创意产品是"开放文本"，允许对单一的全球化叙事

---

① 施州. 台湾工艺产业发展模式研究 [D]. 上海：上海师范大学硕士学位论文，2009.

做出各种本土化反馈，让观众按自己的文化和经验进行解读。

大陆工艺品营销在社会网络营销中主要通过口碑营销。这里的口碑既有一般消费者的口口相传，也有行业收藏家的推介，但大陆企业对于这种营销往往不重视，没有及时借此宣传并扩大工艺品的影响力，因此很难形成品牌效应。例如，大陆一些工艺品屡屡在各大国际拍卖会上拍出高价，但多数消费者却对其价值并不了解，导致"有价无市"的局面。

台湾在工艺品营销中同样运用了社会网络营销手段，但其收到的效果却明显好于大陆。究其原因，不外乎台湾的企业能通过各类媒体宣传报道将这些影响长期保持并进一步扩大，从而形成品牌效应，让广大消费者认同并欣赏其价值。

三、工艺品销售之比较

（一）销售额

2011~2015年，从绝对量看，大陆工艺品制造企业的销售额呈现逐年递增的发展态势，从2011年的5027.42亿元增长到2015年的9851.11亿元，增长近一倍；从增长率看，2011~2013年大陆工艺品加速增长，2013年增速达到顶峰，之后增率放缓，2015年增长速度不到1%（见表3-3）。

表3-3 2011~2015年大陆工艺品制造企业销售额分布

年份	2011	2012	2013	2014	2015
销售额（千元）	502741580	628961930	799452492	980214539	985110550
增长率（%）	—	25.11	27.11	22.61	0.50

资料来源：智研数据中心，http://www.chyxx.com/industry/201610/456789.html。

2009~2014年，台湾工艺产品的销售额表现不稳定。在经过2010年大幅度增长至1573.84亿元新台币后，2011~2013年销售额连续下降，其中2012年的减幅最大，达22.33%；2014年的销售额有所上升，但仍没有达到2010年的销售额。从其境内外市场表现看，2009~2014年，台湾工艺品仍以台湾本地市场为主。纵观这六年的销售市场，台湾工艺品市场越来越依靠台湾"本土"市场，2014年内销比率高达88.16%（见表3-4）。

表 3-4　2009~2014 年台湾工艺品销售额概况

年份	2009	2010	2011	2012	2013	2014
销售额（千元新台币）	108096437	157384032	152746030	118640199	111880828	122019543
增长率（%）	—	45.60	-2.95	-22.33	-5.70	9.06
外销额（千元新台币）	34993977	49105700	61847200	27910544	13870566	14448664
内销额（千元新台币）	73102460	108278332	90898830	90729655	98010262	107570879
内销比率（%）	67.63	68.80	59.51	76.47	87.60	88.16

资料来源：台湾文化事务主管部门发布的《2015 年台湾文化创意产业发展年报》，第 63~64 页。

（二）销售渠道

大陆方面，2008 年金融危机前，工艺品企业多将产品销售定位在国外市场，导致目前推动内销的国内市场渠道不足。① 在国内销售中，工艺品企业主要包括直销（包括网络销售）、经销和代销等渠道。①直销（包括网络销售）。工艺品购买者和手艺人之间存在一种直接购买关系，即购买者出于对手艺人的信任、手艺人出于减少中间成本而实行的销售方式，这一方式是资金与产品的直接交换。②经销。工艺品生产企业向经销商定期、定量供应工艺品，再由经销商进行批发和出售。这种模式因为经销商垄断了价格信息渠道，且压低生产者利润，已逐渐被其他方式所取代。③传统民间工艺品销售渠道往往更依赖于代销，即电商、线下零售或者当地的旅游市场代销。

台湾方面，台湾工艺产品的销售渠道较为多元化。以台湾少数民族工艺品为例，有关调查发现，台湾少数民族工艺品的销售渠道包括网站、饭店、百货、百货公司柜台、机场商店（含免税店）、展览中心（博物馆）、手工艺推广中心等。②。

---

① 李康化，张奕民．传统民间工艺品市场营销策略分析——基于供给侧和需求侧双驱动视角 [J]．中国文化产业评论，2016（1）：245-258.

② 许瑄，辜雯华，王进发．原住民文化工艺产业发展之研究 [J]．台湾原住民研究论丛，2012（12）：185-244．（根据有关规定，对台湾的少数民族不能称为"原住民"，这里未对文章名和杂志名作改动，以保持原貌。——作者注）

第五节　经典案例

一、大陆工艺品企业：夏氏琉璃[①]

（一）概述

夏氏琉璃[②]是上海三杉工艺品有限公司商标名称，该公司成立于1998年，是全国工商联礼品业商会副会长单位、中国工艺美术学会玻璃艺术专业委员会副会长单位、全国百佳礼品企业以及上海市优秀私营企业。公司以其精湛的设计水平、良好的经营服务理念，使"夏氏琉璃"成为国内外知名品牌。公司作品曾荣获人文奥运礼品设计大赛银奖、2006年中国工艺美术精品奖银奖、2006年度十佳最受欢迎礼品奖。目前，夏氏琉璃的设计总监是夏军先生，同时也是夏氏琉璃的创办人。

（二）夏氏琉璃作品的内容创意

从其作品来看，夏氏琉璃的创作素材主要包括：具有寓意吉祥喜庆色彩的动物如马、羊、鱼、鹰、象、狮、虎等，植物如桃、苹果、西红柿等果蔬类植物，以及荷花、荷叶、月季花、牵牛花等花草类植物；消费者熟悉且认同的佛

---

① 本部分资料主要来源于夏氏琉璃官方网站及其网上销售网站。
② 实际上，大陆有很多琉璃工艺品研发企业或工作室，尤其以山东博山最为典型。博山被誉为"中国琉璃起源地"。据史料记载，早在盛唐开元，博山琉璃窑炉已是天下皆知，1982年发现的琉璃炉遗址证明，元末明初博山的琉璃业已具备相当规模。明洪武年间，内官监在此设"外厂"。清朝建立后，博山琉璃臻于佳境。博山鸡油黄、鸡肝石、内画瓶、灯工、琉璃雕刻等更是在艺术收藏界闻名遐迩。目前，博山琉璃烧制技艺入选国家级非物质文化遗产代表性项目，"中国石榴王""中国孙氏琉璃鸡油黄""中国琉璃葡萄孙"等一批知名品牌落户博山。在产品市场占有率方面，博山琉璃工艺品占全国市场份额的40%，已发展成全国最大的琉璃工艺品产销基地。博山已成为中国最大的琉璃生产基地和产品集散地，产品销往100多个国家和地区，年销售收入超过60多亿元。"博山琉璃"也被国家工商总局授予国家地理标志（资料来源于《博山琉璃：千年传承　长盛不衰》，http：//business.sohu.com/20160420/n445040126.shtml）。但博山琉璃企业/工作室在琉璃产品宣传推广方面还有很长的路要走。因为笔者通过不同的网络搜索工具并键入诸多关键词，都很难发现一家企业/工作室的官方网站，或者其官方网站信息严重滞后或不完整。也是基于此，只能选择官方网站信息较为完整的"夏氏琉璃"作为大陆琉璃企业案例。

教素材包括佛教人物如观音、佛祖以及经文如《心经》；历史人物如关羽；十二生肖；十二星座；古代文物；古代神话故事人物以及传说动物；等等。该公司创作者更侧重采用以上述一种素材或几种素材组合以"符号直译"的表现方式通过琉璃材质表现出来，并用一个比较吉祥的词语进行命名，从而向消费者传达该作品的内在文化意义。

（三）夏氏琉璃作品的生产制作

和大多数琉璃制品企业一样，夏氏琉璃也是采用脱蜡铸造制作法制作其琉璃产品。[①] 产品材质比较单一，以琉璃为主，几乎没有嵌入其他材质，如银、金等贵金属。

（四）夏氏琉璃的品牌与产品

夏氏琉璃的品牌是"夏氏琉璃"。除定制琉璃外，夏氏琉璃产品有11类系列产品，包括杯壶系列、文镇古玩系列、抽象艺术系列、挂件系列、手链系列、水果蔬菜系列、人物神像系列、动物系列、山石花鸟系列、建筑装饰系列以及商务礼品系列等。从功能看，这些系列产品主要是个人饰品如项链、手链、戒指等；日常生活用品如烟灰缸、笔筒、笔架、烛台、茶叶罐、茶具等；办公/家居摆件等。

基于天猫夏氏琉璃网店信息，夏氏琉璃产品定价在25~31500元；1000元以下的居多，约占60%。其中，200元或以下的产品为7件；201~500元的产品为32件；501~1000元的产品为72件；1001~1500元的产品为31件；1501~2000元的产品为11件；2001~2500元的产品为5件；2501~3000元的产品为7件；3001~5000元的产品为7件；5001~10000元的产品为9件；10000元以上的产品为4件。

（五）夏氏琉璃作品的销售渠道

夏氏琉璃销售采用线下渠道和线上渠道相结合的方式。线下渠道采用代理、直营店和加盟连锁方式进行销售。其中，加盟费是20万~50万元。目前该公司在北京、上海、天津、无锡、合肥、成都、济南等城市设有近20家专卖店（柜）。线上方面，该公司在淘宝网、天猫、马可·波罗等第三方售卖平台开设了夏氏琉璃官方网店。

（六）夏氏琉璃作品的推广与促销

除通过官方网站宣传推广其产品外，还参加展会（如1999年参加德国汉堡

---

① 脱蜡铸造制作法是琉璃制作最重要的技艺之一，夏氏琉璃生产步骤和台湾的琉璃工房大同小异。

GALLERIEL 展览、2000 年参加上海富安百货作品展览和美国底特律 HABATAT 艺廊展览等)、参加比赛（如参加"澳洲国际艺术大赛"）、赞助《中国达人秀》季度和年度冠军奖杯，传统媒体（如专业杂志、报纸、电视台），网络媒体（如中国新闻网、阿里巴巴），以及在天猫网站承诺"7 天无理由退货、5 星服务质量和一模一品"。

在促销方面，夏氏琉璃的主要策略包括：天猫官网限时单笔满减优惠券，包括单笔满 500 元的 30 元优惠券、单笔满 800 元的 50 元优惠券以及单笔满 1500 元的 100 元优惠券；淘宝官网满减送活动，包括单笔满 500 元减 30 元送韩国进口 2 件套保鲜盒、单笔满 800 元减 50 元送韩国进口 4 件套保鲜盒以及单笔满 1500 元减 100 元送韩国进口 6 件套保鲜盒；本命年生肖形象的部分产品价格折扣；4 折价格专区。

二、台湾工艺品企业：琉璃工房①

（一）概述

琉璃工房成立于 1987 年，是杨惠姗和张毅创立的第一个琉璃工作室，现已成为当今华人世界极具规模的琉璃艺术与文化品牌。其中，创办人艺术家杨惠姗为现代中国琉璃艺术奠基人和开拓者，曾任清华大学美术学院玻璃艺术学系顾问教授、日本石川县能登半岛玻璃美术馆示范教席、法国康宁玻璃博物馆客座授课，是 LIULI CHINA MUSEUM 创办人、台湾电影界著名的表演艺术家，两届台湾电影金马奖最佳女主角、亚太影展最佳女主角。其作品被法国装置艺术博物馆、中国美术馆、中国秦皇岛玻璃博物馆、法国国立塞夫勒陶瓷博物馆、丹麦艾尔托夫博物馆、上海世博中国馆、美国康宁玻璃博物馆、美国纽约艺术与设计博物馆、美国宝尔博物馆、中国甘肃敦煌研究院、中国广东美术馆、中国深圳关山月美术馆、中国北京故宫博物院、英国维多利亚与艾伯特博物馆、美国华盛顿特区国家妇女艺术馆、中国香港徐氏艺术馆、日本奈良药师寺、中国上海美术馆等众多知名博物馆及美术馆收藏。其代表作品有焰火星的禅静系列、无相无无相系列、澄明之悟系列、花好月圆系列、敦煌系列和生生不息系列等。创办人艺术家张毅为现代中国琉璃艺术奠基人和开拓者、琉璃工

---

① 本部分内容原始资料来源于该公司网站（http://www.liuli.com.cn/index.aspx）。

房创意总监,曾任清华大学美术学院玻璃艺术学系顾问教授,是 LIULI CHINA MUSEUM 创办人、台湾著名短篇小说家、台湾新锐电影导演的重要代表、台湾金马奖最佳导演、亚太影展最佳导演,其代表作品有焰火禅心系列、自在系列和太湖石系列。近30年来,杨惠姗与张毅以其独树一帜的艺术与文化视野,成为现代中国琉璃艺术在全球的先驱与推广者。

在世界琉璃艺术蓬勃发展却独缺中国琉璃的情况下,琉璃工房选择以"脱蜡铸造法"(Pate-de-verre),将中断数千年的中国"琉璃"文化传承下来。如今,琉璃工房在全球已成为琉璃艺术的代名词。琉璃工房在亚洲与欧美等地设立艺廊;不仅作品多次受邀至日、美、英、意、德、法等国展出,且有超过20件作品获世界级重要博物馆的永久典藏,而全世界至少有32位国家元首接受过琉璃工房的作品作为赠礼,亦多次被选入奥斯卡及艾美奖颁奖盛典礼篮。

企业大事记如下:

2001年,琉璃工房进一步推出"LIULI·LIVING"时尚家居设计,将琉璃延展到生活,广泛融取中国元素,以有趣的、创意的设计概念,体现生活的多样性。

2002年,艺术家杨惠姗为女性设计的"LIULI·PLUX"观念佩饰,将琉璃和925纯银完美结合,以女性观念、非尘俗的价值,创造出个性鲜明的女性主张。

2005年,琉璃工房获得中国香港设计中心颁发的 DFAA 亚洲设计大奖的"最具影响力总体设计品牌"。

2011年,琉璃工房获选为"2011年度台湾百大企业品牌";同年又赢得"台湾国际文化创意产业博览会——文创精品奖"。

(二) 琉璃工房作品的内容创意

琉璃工房的作品创作者主要是杨惠姗和张毅。他们以民族文化资源为源头,深挖民族文化,巧妙地将中国文化元素融入作品之中,在创作中融入深厚的中国人文哲学思想,让每个作品都蕴含一个丰富的文化故事,让琉璃工艺的作品传递中华文化之美。

花与禅是琉璃工房重要的创作元素,主要以琉璃、骨瓷等材质或嵌入其他金属材质来表现这一主题,愈显其唯美与脆弱。他们以现代创作语汇,让琉璃艺术作品承载着深沉的东方哲学,表现出东方美学的形与意。琉璃工房的作品取材广泛，不局限于古代佩饰及嵌件、杯皿。

（三）琉璃工房作品的生产制作

琉璃工房作品采用琉璃脱蜡铸造制作技法，在工艺的主要过程中，所需的耐火石膏模是经由蜡模加热后脱除取得，再经由琉璃原料铸造成为琉璃作品，故名"脱蜡铸造"。此技法的优点是可以极精美细微地呈现作品的细节，无限拓展琉璃的创作空间。

19世纪，法国以"水晶粉脱蜡铸造"重现三千多年前古埃及失传的脱蜡铸造技法，在新艺术（Art Nouveau）时期，这个技法被推动复兴，技术的革新促成了整个欧洲的琉璃创作焕然一新。

事实上，根据目前出土的文物证明，中国在汉代对这个技术就已很娴熟了，但汉朝以后就失传了，成为中国工艺史上断线的遗憾。直到1987年，琉璃工房以复兴中国琉璃艺术为己任，将几乎被遗忘的脱蜡铸造法重新延续，中国琉璃自此展开新的艺术旅程，今日华人地区超过百家以上的琉璃工作室，也同样使用这个技法。

琉璃脱蜡铸造法的工序十分复杂，需经过十二道工序方能完成一件作品。这十二道工序依次是：设计并精细雕塑原型；涂抹多层硅胶模；灌蜡；脱硅胶模、取得完整蜡型；精修蜡型；蜡型翻制耐火石膏模；蒸气脱蜡，取得耐火石膏模；窑烧；二次烧融；脱除耐火石膏模；进行细节修整、研磨及抛光；最后品管包装、镌刻签名。

（四）琉璃工房的品牌与作品

除"琉璃中国博物馆"以及"透明思考餐厅"品牌外，琉璃工房目前还拥有"LIULI·PLUX"和"LIULI·LIVING"两大品牌。其中，"LIULI·PLUX"品牌产品的创作者以工房艺术总监杨惠姗为主导，以创作佩饰为主。该品牌旗下有众多不同类型和档次的产品系列，每一种产品系列的品种主要包括项链、胸针、耳环、戒指等中的一种或几种。例如，"石破天惊的爱情""如果相信就会美好"等经典系列的品种包括项链、胸针和耳环；"只要你跟着我"经典系列的品种包括项链、耳环和戒指；"飞翔"系列只有项链。该品牌产品的材质以琉璃为主，产品或嵌有银镀23K金、铜镀铑、925银镀18K金、925银镀或嵌有锆石等材质。

"LIULI·LIVING"以"在生活里引进东方美学"为品牌理念，琉璃工房创办人张毅是该品牌的创意总监。该品牌延续琉璃工房的创作本质，深入生活里的衣食住行，以中国美好的传统美学为基础，提出生活的创意，呈现全方位的当代华人新文化生活质感。该品牌中很多作品先后获得了各类奖项，较有代表性的如作品"逍遥游——当代东方合香的心灵之旅"获得"2014 德国红点设计奖""2014 iF 包装设计大奖""2014 文创精品奖"和"2015 台湾精品奖"等多个奖项。这一品牌的产品包括办公/家居摆饰、餐具、茶具、酒器、烛台、花瓶、器皿以及其他配件等类别。产品材质以琉璃、骨瓷为主。

琉璃工房除限量发售其作品外，还采用专属定制或企业团购的方式为客户专门设计心仪的琉璃作品。

基于淘宝琉璃工房的产品信息，琉璃工房产品价格为 50~19600 元，产品价格 500 元以上的居多。

（五）琉璃工房作品的销售渠道

除了定制服务外，琉璃工房作品通过琉璃工房全球线下艺廊，以及在京东、淘宝上开设琉璃工房旗舰店销售其产品。线下艺廊共 54 家，其分布如表 3-5 所示。

表 3-5 琉璃工房线下艺廊分布统计

地区	数量	分布
中国大陆	28 家	北京 5 家，上海 7 家，成都、深圳和重庆各 2 家，大连、天津、太原、青岛、杭州、石家庄、合肥、烟台、福州、西安各 1 家
中国香港	3 家	
中国澳门	1 家	
中国台湾	19 家	台北 8 家，高雄 5 家，台中、新竹各 2 家，台南、桃园各 1 家
海外	3 家	美国、马来西亚和新加坡各 1 家
合计	54 家	

资料来源：基于琉璃工房官网信息由笔者统计所得。

（六）琉璃工房作品的推广与促销

在品牌宣传推广方面，琉璃工房除借助其官方网站宣传推广外，还通过自办刊物《LIULI 月刊》电子杂志（可在线阅读或提供 PDF 下载离线阅读）、展会、媒体报道（传统纸媒、电视、广播以及网络媒体）、自媒体（优酷企业视频、新浪微博、微信公众号、YouTube、Facebook、Twitter）以及参加国际大赛等不同手段宣传推广琉璃工房品牌及其产品。

在其推广和销售过程中，琉璃工房都会赋予其每个产品一个故事，以诠释产品的文化内涵，引发潜在消费者共鸣，从而提升其产品价值。

在产品促销方面，琉璃工房主要采用限量销售、签名销售、VIP 积分、满赠促销等策略。

三、小结与思考

综上所述，大陆和台湾两家企业在琉璃工艺品的研发和营销的不同环节有着一些共同之处，但同时也存在一些差异。具体而言：

（1）在内容创意源头上，大陆和台湾琉璃工艺品内容创意源头均主要来自于中华文化资源，但稍有不同的是，大陆琉璃作品所采用的文化资源更多的是一种有形文化资源，如十二生肖；台湾琉璃作品采用的文化资源则更重视无形文化资源，即注重中华人文哲学思想的应用和表达。

（2）在内容创意上，大陆和台湾企业存在着较大差异。大陆企业更侧重于"符号直译"的表皮方式创作作品，较少融入现代时尚文化元素，并且材质较为单一，作品更为保守，作品介绍文字较为死板，没有将作品所体现的文化意义通过令人感兴趣的、具有强烈共鸣的文字故事向消费者传达，让消费者感觉这不过是一种产品而不是艺术家的作品。而台湾企业更注重"意境诠释"的整合式创作作品，并充分融入一些当下流行的时尚元素，并且材质较为丰富，产品更具时代质感，以及能够充分赋予产品某一个感人的故事，以诗一般的语言传达给消费者，更容易让消费者产生情感上的共鸣。

（3）在生产工艺上，这两家企业都采用古老琉璃工艺制作方法，但在做工上台湾企业更加追求一种艺术上的极致，而大陆企业更多停留在工业产品制作阶段，似乎没有赋予产品"艺术"气质。

（4）在宣传推广上，案例中的大陆企业在宣传推广上没有充分利用自媒体，如微博、博客、优酷、QQ、微信公众号等，宣传推广媒体较为单一、宣传方式单调；而台湾企业则充分利用了这些自媒体，并且整合传统媒体，向目标受众进行立体式宣传推广。实际上，其他大陆琉璃企业更是如此，或者根本没有意识到宣传推广对企业品牌及其产品的重要性。例如，号称"中国琉璃起源地"的山东博山，虽然拥有众多如孙云毅、孙凤军、孙即杰、王乃宝等杰出的琉璃艺术大师以及众多工作室或企业,但这些工作室或企业很少在当前消费者应用最多的网络媒体上去宣传推广自己的品牌和产品,绝大多数工作室和企业根本没有建立自己的官方网站。反观台湾同类企业或工作室,它们更加善于利用网络媒体。

(5) 在销售上,大陆和台湾都注重线上和线下销售。但台湾企业除利用线下销售外,更会利用线上销售,除了建立企业自身的官方网站外,还充分利用第三方平台特别是当下流行的网络平台,从而让更多消费者接触到企业产品。反观大陆,大多数企业停留在制造时代思维,没有抓住消费者购物渠道偏好的转变。

(6) 在产品促销方面,大陆和台湾企业都会采用类似的促销手段,如价格折扣、限量销售、优惠券等。

以"琉璃工房"为代表的台湾琉璃和以"博山琉璃"为代表的大陆琉璃各有千秋,在世界琉璃行业中都占有一席之地。但结合两岸琉璃工艺品的发展现状,我们需要从下面几个方面进行思考:

(1) 在素材的选取上,琉璃工艺品创作者如何有机融合中华民族传统文化与现代时尚文化才能让作品更吸引购买者,需要创作人员在创作过程中权衡。

(2) 琉璃工艺品是一种雅文化产品,这种雅文化如何融入俗文化之中,从而达到雅俗共赏,需要创作人员在创作过程中仔细考量。

(3) 在品牌建设方面,大陆琉璃企业目前仍停留在工厂代工或小作坊式生产阶段,企业负责人或创办人的产品品牌意识有待进一步提高;此外,绝大多数琉璃企业往往不止一条产品线并且同一产品线的产品档次等也有所差异,针对这种情况,琉璃企业应采用哪种品牌策略值得企业管理人员去思考。

(4) 在产品知识产权方面,为保护产品知识产权,琉璃企业/工作室通常通过申请外观设计专利来保护本企业/工作室产品,虽然这种保护是必要的,但事实上企业/工作室也可以通过签名、限量来间接保护知识产权不受侵害,同时也可以促进艺术家持续创新作品。因此,企业如何在两者之间权衡需要管理人员和艺术家慎重思考。

(5) 在产品推广方面,为了让消费者产生情感共鸣,提升琉璃工艺品价值,在资源约束条件下是否有必要在推广过程中通过某种恰当的方式将这种产品内在的文化向消费者展现或者进行二次挖掘,需要管理人员思考。

第四章 两岸出版物比较分析

第一节 两岸出版市场概况

出版产业是指从事新闻、杂志（期刊）、图书等纸本或以数字方式创作、企划编辑、发行流通等的文化企业构成的行业。出版产业的产业链包括上游创意形成端的创作及写作活动，以及支持服务端的版权经纪业；中游的生产端则包括负责实体与电子刊物编写与发行的出版社，以及负责制版、印刷、装订的印刷业；中下游的传播端包括书籍及杂志的批发流通、电子出版品流通平台；下游的展示/接收端则包括零售、出租、电子书阅读器、图书馆等行业，以及支持服务端的展览筹办行业（书展筹办）。

一、大陆出版市场概况

总的来说，2009~2014年，大陆出版企业数量波动不大，总体上呈缓慢增长的态势。其中，图书出版企业数量维持在580家左右；音像出版企业数量在370家左右；相对图书出版和音像出版类企业而言，出版物印刷类企业数量最高，占比达一半以上，并且呈缓慢增长态势（见表4-1）。

表 4-1　2009~2014 年大陆出版企业数量增长趋势

年份		2009	2010	2011	2012	2013	2014
图书出版社类	数量（家）	580	581	580	580	582	583
	增长率（%）	—	0.17	-0.17	0	0.34	0.17
音像出版类	数量（家）	380	374	369	369	370	371
	增长率（%）	—	-1.58	-1.34	0	0.27	0.27
出版物印刷类	数量（家）	8189	8484	8309	8714	8963	9079
	增长率（%）	—	3.60	-2.06	4.87	2.86	1.29
三类合计	数量（家）	9149	9439	9258	9663	9915	10033
	增长率（%）	—	3.17	-1.91	4.37	2.61	1.19

资料来源：国家统计局社会科技和文化产业统计司，中宣部文化体制改革和发展办公室．2015 年中国文化及相关产业统计年鉴 [M]．北京：中国统计出版社，2015：126，131．

从大陆出版物销售额看，2009~2014 年，大陆出版物销售额呈现缓慢增长的趋势，从 2009 年的 580.99 亿元增长到 2014 年的 777.99 亿元；从内外销售额看，和台湾类似，大陆出版物也是以内销为主，内销总额比重维持在 99.6% 左右（见表 4-2）。

表 4-2　2009~2014 年大陆出版物纯销售额情况

年份	2009	2010	2011	2012	2013	2014
销售额（万元）	5809916	5998777	6535864	7125801	7356363	7779914
增长率（%）	—	3.25	8.95	9.02	3.23	5.76
外销额（万元）	28208	25290	19902	21617	29439	23986
内销占比（%）	99.51	99.58	99.70	99.70	99.60	99.69

资料来源：国家统计局社会科技和文化产业统计司，中宣部文化体制改革和发展办公室．2015 年中国文化及相关产业统计年鉴 [M]．北京：中国统计出版社，2015：128．

从版权引进和输出市场看，2009~2014 年，大陆版权引进的数量超过输出数量，但差距越来越小。进一步地，从版权引进情况看，在经过五年的增长后，2014 年版权引进数量有所下降；从版权输出情况看，大陆版权输出经过五年的增长后也开始有所下降，但下降幅度不大（见表 4-3）。和台湾相比，在海外作品版权引进方面，大陆版权引进速度已经超过台湾。据调查，大陆出版社对海外图书简体版版权的引进时间，已经大幅度早于台湾地区对繁体版的引进。

表4-3 2009~2014年大陆版权引进和输出情况

	年份	2009	2010	2011	2012	2013	2014
引进	绝对量（项）	13793	16602	16639	17589	18167	16695
	增长率（%）	—	20.37	0.22	5.71	3.29	-8.10
输出	绝对量（项）	4205	5691	7783	9365	10401	10293
	增长率（%）	—	35.34	36.75	20.33	11.06	-1.04

资料来源：国家统计局社会科技和文化产业统计司，中宣部文化体制改革和发展办公室. 2015年中国文化及相关产业统计年鉴[M]. 北京：中国统计出版社，2015：140.

从民众阅读率看，2014年中国成年民众的图书阅读率为58%，较2013年（57.8%）略增0.2个百分点；2014年的期刊阅读率为40.3%，较2013年（38.3%）增加2.0个百分点；2014年数字阅读的接触率为58.1%，较2013年（50.1%）增加8.0个百分点（见图4-1）。

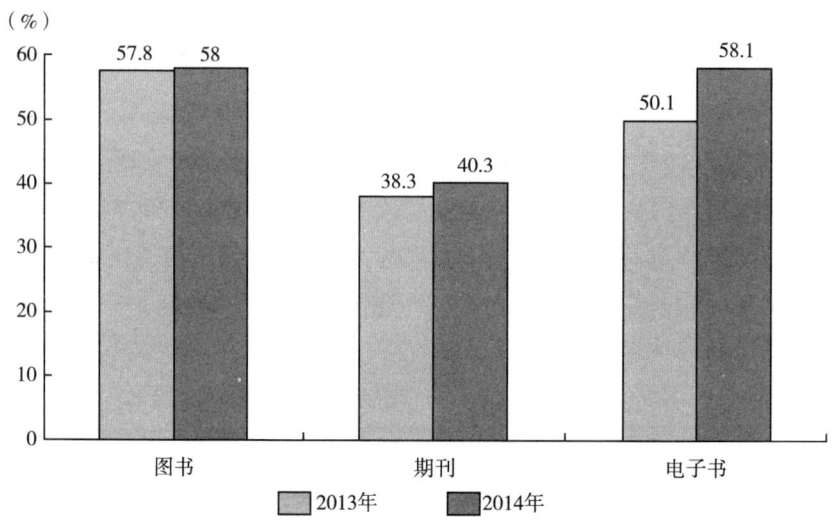

图4-1 大陆成年民众图书、期刊与电子书阅读率

资料来源：转引自台湾文化事务主管部门发布的《2015年台湾文化创意产业发展年报》，第20页。

此外，2014年平均每位中国成年民众阅读4.56本纸质书，较2013年（4.77本）减少0.21本；平均每人阅读6.07期期刊，较2013年（5.51期）增加0.56期；平均每人阅读3.22本电子书，较2013年（2.48本）增加0.74本（见图4-2）。

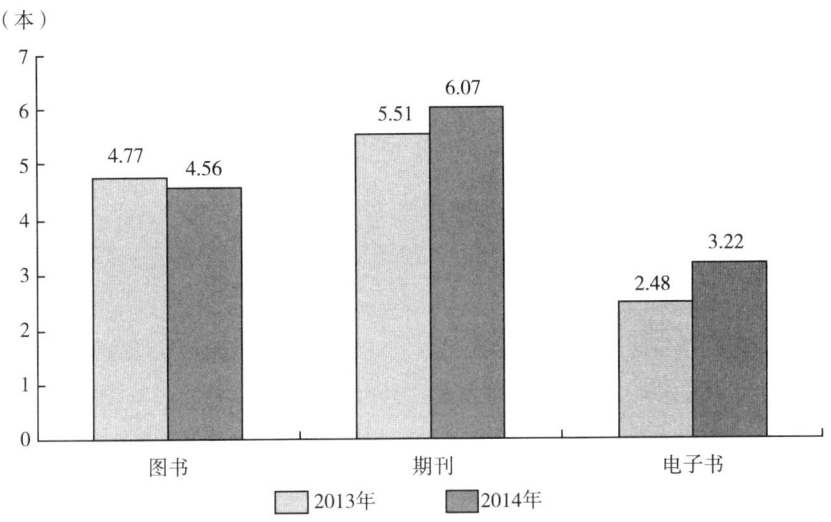

图4-2 大陆成年民众图书、期刊与电子书阅读量

资料来源：转引自台湾文化事务主管部门发布的《2015年台湾文化创意产业发展年报》，第21页。

二、台湾出版市场概况

从出版企业数量看，和大陆相反，2009~2014年，台湾出版产业企业数量呈现持续缓慢下降的态势，从2009年的9378家降至2014年的8685家；从减少速度看，台湾出版企业数量在经过2011年和2012年的缓慢减速后2013年和2014年的下降幅度呈增大趋势（见表4-4）。

表4-4 2009~2014年台湾出版企业数量增长趋势

年份	2009	2010	2011	2012	2013	2014
企业数量（个）	9378	9279	9188	9131	8928	8685
增长率（%）	—	-1.06	-0.98	-0.62	-2.22	-2.72

注：本表出版企业涵盖书籍、杂志批发和零售，新闻出版，数字（新闻、杂志、书籍）出版，书籍出版等。

资料来源：台湾文化事务主管部门发布的《2015年台湾文化创意产业发展年报》，第20页。

从出版物销售额看，2009~2014年，台湾出版企业销售额呈现先增后减的态势。2009年台湾出版企业销售额为1040亿元新台币，之后逐年缓慢增加，2012年达到峰值，为1154亿元新台币；随后逐年缓慢下降，2014年的销售额为1070亿元新台币。从出版物目标消费群体市场看，台湾出版物以台湾"本土"市场为主，销售额比重维持在97%以上（见表4-5）。

表4-5　2009~2014年台湾出版企业销售额情况

年份	2009	2010	2011	2012	2013	2014
销售额（千元新台币）	103978563	114580858	114875215	115428496	109250983	107040700
增长率（%）	—	10.20	0.25	0.48	-5.35	-2.02
外销额（千元新台币）	2144222	2309475	2615287	2687493	2565803	2777898
内销额（千元新台币）	101834341	112271383	112259928	112741003	106685180	104262802
内销占比（%）	97.94	97.98	97.72	97.67	97.65	97.40

资料来源：台湾文化事务主管部门发布的《2015年台湾文化创意产业发展年报》，第63~64页。

与大陆相比，台湾图书零售业的总产值在近四五年呈大幅下滑趋势，而大陆图书零售呈稳步上升趋势。

进一步地，在网络没有普及之前，台湾读者购买长篇小说的数量多于短篇小说，短篇小说的购买量又好于散文等其他类型的文学作品；而在网络普及之后，台湾读者更不愿意购买长篇小说，尤其是400页以上的长篇小说。台湾愿意阅读长篇小说的读者大大减少，碎片化阅读已成为大众的主流阅读方式。事实上，自网络普及以来，大陆普通民众的阅读习惯也悄然发生了变化，碎片化阅读同样成为了主流。

根据《2013年暨2014年台湾出版产业调查报告》，从民众阅读率看，2014年，台湾12岁以上民众中，61.0%曾阅读一般图书，19.5%曾看漫画，54.9%阅读了杂志，46.3%阅读了电子书报或杂志。从阅读数量看，图书方面，12岁以上民众平均阅读图书数量由2012年的13.5本降至2014年的10.2本，12岁以上民众平均阅读的杂志本数为8.2本，12岁以上民众平均阅读的电子书本数为3.2本、电子杂志2本。从中可以看出，台湾民众无论是在阅读率还是在平均阅读数量上均远高于大陆。

第二节 纸质图书种类与数字出版

一、纸质图书种类之比较

大陆方面,大陆图书出版量逐渐缓慢增长,从 2010 年的 328387 种增长到 2014 年共出版图书 448431 种,年均增长率为 8.1%;在期刊方面,2014 年大陆出版了 9966 种期刊,五年来的变动皆在 1% 以内(见表 4-6)。

表 4-6 2010~2014 年大陆图书与期刊出版种数

年份	2010	2011	2012	2013	2014
图书(种)	328387	369523	414005	444427	448431
期刊(种)	9884	9849	9867	9877	9966

资料来源:台湾文化事务主管部门发布的《2013 年暨 2014 年台湾出版产业调查报告》,第 18 页。

台湾方面,图书馆国际标准书号中心的书目数据库统计显示,台湾 2009~2014 年图书出版种类呈波浪式变动,从 2009 年图书种类为 40402 种上升到 2010 年的 42671 种,之后缓慢下降,2012 年下降到 41941 种,然后小幅增加到 2013 年的 42062 种后又开始下降,2014 年共出版图书 41461 种(见图 4-3)。

二、数字出版之比较

大陆方面,从电子书发行语言来看,在出版电子书的机构中,绝大多数发行简体中文电子书,其次是发行英文电子书,繁体中文电子书和其他语言电子书发行的比重比较低。从电子书出版格式看,大陆比较流行的电子书格式包括 PDF 格式、CAJ 格式、PDG 格式、MOBI 格式等。从电子书阅读器看,现在大陆用得最多的是 Android 系统手机,其次是平板电脑,还有就是专门的电子书

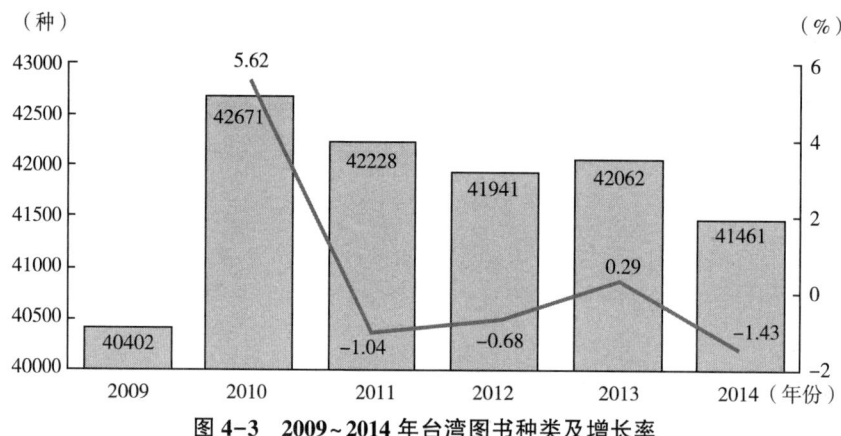

图 4-3 2009~2014 年台湾图书种类及增长率

资料来源：台湾文化事务主管部门发布的《2013 年暨 2014 年台湾出版产业调查报告》，第 24 页。

阅读器如亚马逊推出的 Kindle 电子书阅读器。

台湾方面，从电子书发行语言来看，在出版电子书的出版机构中，95.5%发行繁体中文电子书，9.7%曾发行简体中文（电子书），17.4%的出版机构曾发行英文电子书，3.2%发行日文电子书，1.9%为其他语言（见表 4-7）。

表 4-7 台湾电子书发行语言

电子书语言	繁体中文	简体中文	英文	日文	其他
比例（%）	95.5	9.7	17.4	3.2	1.9

资料来源：台湾文化事务主管部门发布的《2013 年暨 2014 年台湾出版产业调查报告》，第 78 页。

从电子书出版格式来看，台湾电子书以 PDF 格式占大多数，比率超过七成，采用 EPUB 格式者约占两成，其他格式则都不普遍（见表 4-8）。

表 4-8 台湾 2013 年和 2014 年电子书出版格式

格式	EPUB	PDF	KEB	ADOBE	JEPG	其他
2013 年比重（%）	19.6	73.4	7.3	6.2	2.6	3.6
2014 年比重（%）	20.9	72.6	0.1	0.6	2.2	3.6

资料来源：台湾文化事务主管部门发布的《2013 年暨 2014 年台湾出版产业调查报告》，第 80 页。

从电子书阅读器来看，在出版电子书的出版机构中，多数档案适用一般台式电脑或笔记本电脑阅读，比率超过七成五，适用 Android 平板电脑（2014年为 72.7%）或是手机（2014年为 66.2%）的约为七成，适用率略高于 iOS 系统（见表 4-9）。

表 4-9 台湾 2013 年和 2014 年电子书可适用的阅读载体

单位：%

	2013 年	2014 年
一般电脑	75.0	80.5
Android 平板电脑	65.8	72.7
Android 系统手机	60.5	66.2
iOS 平板电脑	57.9	64.3
iOS 系统手机	52.6	58.4
其他阅读器	21.7	20.8
其他	19.7	14.3

资料来源：台湾文化事务主管部门发布的《2013 年暨 2014 年台湾出版产业调查报告》，第 80 页。

第三节　出版物发行之比较

一、大陆出版物发行

大陆和台湾在图书发行渠道上大同小异。除散布在不同市场的个体零售店铺、出版社、邮政系统外，还有供销社、新华书店以及网络销售。其中，和台湾类似，受线上图书销售影响，大陆图书实体发行网点数量呈逐年下降的趋势（见表 4-10）。

表 4-10 2010~2014 年大陆出版物实体发行网点数

单位：个

年份	2010	2011	2012	2013	2014
新华书店及其发行网点	9985	9513	9403	9255	8922
供销社	1520	997	748	839	700
出版社	462	447	446	447	444
邮政系统	39264	36445	37821	38062	37785
其他批发网点	6483	7141	7505	7984	8462
其他零售网点	110168	114033	116710	115860	113306
合计	167882	168586	172633	172447	169619

资料来源：国家统计局社会科技和文化产业统计司，中宣部文化体制改革和发展办公室. 2015 年中国文化及相关产业统计年鉴［M］. 北京：中国统计出版社，2015：129.

新华书店仍是大陆图书实体发行的重要渠道。新华书店在数量上逐年缓慢下降，从 2010 年的 9985 个减少到 2014 年的 8922 个，年均下降率为 2.86%。从销售额看，新华书店图书销售占实体图书市场总额的比重出现了下滑，从 2001 年的 68.5%下降到了 2011 年的 53.2%，但它的龙头地位仍不可动摇[①]，新华书店仍是实体图书销售的老大，占有 50%以上的市场规模。

此外，大陆独有的图书发行网点供销社从 2009 年的 1520 个减少到 2014 年的 700 个，降幅最大；邮政系统图书发行网点也有所减少。

另外，大陆民营连锁书店已开始在百货商店、超市或便利店布局图书市场。较有代表性的例子有：上海少年儿童图书连锁有限公司已经在 20 家大百货商店和 10 家超市内建立起自己的卖场，年销售额超过 2000 万元；广州市金榜图书销售有限公司和广州如茶文化传播公司共有 700 余个便利店网点。

和台湾相比，网络销售是大陆图书发行的一大亮点，并且大陆读者在网络图书零售方面也有更多的选择。除了当当、亚马逊、京东、豆瓣等图书在线销售平台，大陆读者还有孔夫子旧书网等垂直图书销售平台。

《2016 年中国图书零售市场报告》显示，2016 年大陆图书零售市场总码洋[②]规模为 701 亿元，图书网上零售市场总码洋规模就达到 365 亿元，网店图

---

① 左健，田雁. 中日图书销售市场比较［J］. 中国出版，2013（6）：66-69.
② "码洋"是图书出版发行部门用于指全部图书定价总额的术语。

书销售首次超过了实体书店。① 调查表明，2016 年，大陆网上书店依然保持 30%左右的增长率，其增长的主要推动力来自于第三方平台，第三方平台图书业务同比增速达 60%左右。从网上书店产业结构看，大陆图书的网络销售基本被京东、当当以及亚马逊控制，三足鼎立之势已然形成。在线图书平台通过图书的销售带动网上人流，采用打折销售的方法在网上积聚人气，拉动其他商品的销售。这一策略对实体书店尤其对民营书店的影响较大。

另外，调查发现，网络图书销售商已开始尝试线下业务。以当当网为例，和台湾金石堂书店着手发展线上图书销售业务相反，大陆在线图书销售商当当网则发展线下图书销售业务。据统计，截至 2016 年底，当当网已经开设了 143 个线下实体书店，根据其 2015 年计划，未来三年内将在大陆开设 1000 家线下实体书店，其中约 85%要开在县城里，其余 15%的书店主要是 Mall 店或超市店，从而与线上图书销售形成优势互补。

二、台湾出版物发行

台湾图书较有代表性的发行渠道有个体零售店铺销售、连锁店销售、出版社直销、综合性文化场所以及网络销售等。

（1）个体零售店铺销售。个体零售店铺销售主要依赖出版社及中间发行商（台湾称"中盘"）的供货，它是台湾出版业最重要的销售渠道。由于书店云集，台湾形成了三条闻名全岛的图书销售街道，即牯岭街旧书区、重庆南路书街和中山北路西书街，这三个书街的市场定位具有一定的差异性。其中，牯岭街主要销售旧书，鼎盛时期能容纳五六十家书店，场面颇为壮观。重庆南路书街以书局所开设的书店为主，除了拥有最早的东方出版社、台湾书店外，还吸引了大陆的一些出版公司在此开店。中山北路西书街主要贩卖翻印的西方书籍。进入 20 世纪 70 年代后，店铺销售出现了新的形式——书城，如远景书城等。

（2）连锁店销售。较知名的有金石堂书店。受日本连锁书店的启发，在 20 世纪 80 年代初，台湾高砂纺织公司董事长周涂树创立了金石堂书店。随后又相继开设了多家分店，这些书店外观风格一致、经营方式大体相同，且完全一体

---

① 王志艳. 2016年图书零售网店超实体店　新书定价连涨三年破70元［EB/OL］. 新华网, http://news.xinhuanet.com/politics/2017-01/12/c_129443786.htm, 2017-01-12.

化。这一类型书店成为了当时图书发行领域的新景观。目前，金石堂书店在中国台湾有91家分店，在加拿大有2家分店。此外，统一企业在其所属的全台1500余家连锁便利店（7-ELEVEN）也销售书刊，新学友书局也在台湾客运站沿线设立了书香亭。同时，全台湾很多书店开始注重自己店内的装饰风格，纷纷重新装修，改换门庭，致使台湾的连锁书店呈现出了新的规模和新的特色。

（3）出版社直销。随着出版业的竞争日益激烈，20世纪80年代初期出现了书店倒闭风潮，从而促使一些有实力的出版社开始着手建设自己的发行网络。例如，联经出版事业公司的发行网络就在此时迅速覆盖全岛，直销由此开始成为了图书发行的一种重要手段，逐渐被出版社所采用。

（4）综合性文化场所。以台湾诚品书店最具代表性。20世纪80年代末诞生的台湾诚品书店将发行场所的内涵全面扩大，其开设的书店成为集销售、学习、资讯、休闲、娱乐于一体的综合性文化场所，不仅代表着台湾书店的新水准，更成为了台湾现代社会中一道新的文化景观。

（5）网络销售。台湾最早销售进口外国图书的网上书店是山麦书店，它汇集了台湾各书局进口的外国图书资讯。台湾网络书店从20世纪90年代中期开始进入了快速发展时期，这主要得益于台湾当局对网络资讯的重视。1996年台湾推出了书香文化广场资讯网，内容包括书香电子期刊、新书查询、书香艺文活动、畅销书排行榜和出版商连线等。目前影响较大的台湾网络书店有远流博识、博客来、金石堂等。现在台湾图书最大的销售渠道是网络书店"博客来"，该平台零售的常规图书折扣为七折至九五折。据书展基金会董事长赵政岷介绍，各家出版社因为发行渠道不同，通过"博客来"渠道销售的图书占各家出版社销售总额的比例不太一致，有些出版社达三到六成，有的甚至达到七成。

第四节　市场推广与营销模式

一、市场推广

大陆出版物市场推广除利用传统的市场推广方式如读书沙龙、读者见面会、新书发布会等之外，还通过企业网站、微信公众号以及和非出版企业合作进行市场推广。

（1）传统的市场推广方式。不少出版社利用各种机会组织读书沙龙、新书发布会、作者座谈会、签名售书等活动，与读者直接交流。此外，有些出版社还经常召开各种类型的经销商会议，推介新产品。

（2）通过企业官方网站进行出版物的宣传推广。许多出版社通过完善自身入口网站的建设加强出版物宣传和营销的功能，通过开设官方博客和微网志，直接针对终端读者，发布新书信息、书评、封面，同时通过网络互动了解读者的回馈。

（3）微信公众号。考虑到读者尤其是越来越多的年轻读者使用微信，很多出版社还注册了企业公众号，通过企业公众号实时发布新书咨询、书评、读者反馈等与读者形成互动，以达到推广和宣传出版物的目的。

（4）充分利用非出版企业的优势，与非出版企业进行合作宣传推广出版物。例如，在出版《史蒂夫·乔布斯传》一书之前，中信出版社就利用苏宁电器旗下1440余家门店进行大力宣传；中信银行信用卡部在北京、深圳等城市机场高速道路两旁制作了该书的巨幅宣传广告；京东商城也在北京地铁投放宣传广告；在北京的公交网站，可以看到凡客诚品以"乔布斯"为主题的户外广告。这些非出版行业的大量介入，显然有利于提升该书的影响力。[①]

和大陆类似，除采用诸如读书沙龙、读者见面会、新书发布会和签名售书等传统的宣传推广方式外，台湾出版社同样也借助官方网站宣传推广新书并发布图书促销等信息以吸引读者。

此外，自20世纪90年代以来，台湾出版市场还出现了版权经纪人，版权经纪人可以代表图书作者和出版社进行谈判以及为图书进行宣传推广，同时还协助台湾出版社将台湾图书推向世界。

二、市场营销模式之比较

（一）体验营销模式

1995年，美国管理学家詹姆斯·钱皮（James Champy）在《再造管理》

---

① 严霞淇. 乔布斯传国内混战：40种版本传记源自一本书［N］. 华夏时报，2011-11-05.

一书中介绍了美国第一大超级连锁书店巴诺书店（Barnes & Noble）的经营理念，书店股东雷吉奥认为，人们去书店的原因和去电影院一样，都是为了寻找社交体验，他还为书店设立了一个主题，就是"舞台"。围绕这个主题，雷吉奥对书店进行了彻底改造，包括整个建筑结构、销售员的行为方式以及店内的装潢和各种设施，并增加了咖啡厅。① 这是体验营销第一次和书店联系起来，通过为人们搭建起社交体验的"舞台"，巴诺书店在当时获得了极大的成功。2004 年，吴建峰在《把图书卖场经营成读者的"心灵家园"》一文中首次以星巴克、宜家等全球体验营销典范为例，从分析顾客的消费心理、消费行为出发，探讨如何通过实施对整体营销环境、产品规划与陈列以及促销策略的系统设计，构建以读者为中心的富有竞争力的零售管理模式，使书店卖场真正成为读者的情感家园、精神家园、心灵家园。② 林元添（2006）将当时正在规划建设的厦门书城定位于"新生活休闲阅读广场"，并围绕文化休闲与"一站式"文化消费相组合的经营理念，从产品、价格、分销、促销、人员、有形展示和过程七个方面，设计了一整套书城的服务营销策略。③ 广州市联合书店经理罗志强（2012）在一个名为"走向消亡、还是涅槃重生？——实体书店前景大讨论"的沙龙上提出，实体书店是三个层次的消费，即产品消费、空间消费和精神消费。他认为，实体书店的产品消费无法与网络书店竞争，因此实体书店有必要在空间消费和精神消费上多做文章，要让"读者来到这里，要享受到空间的体验"。可以说，实体书店以体验营销来谋求转型发展，已经基本成为业界的共识。

  大陆方面，实体书店通过体验营销度过"寒冬"。从 2004 年开始，网上书店就进入了发展的黄金时期，网上购书除了方便快捷的特点外，网上书店图书品种丰富、价格低廉、配送方便及时且费用低廉，有时甚至只要达到一定消费金额就可以免费运送等，这些无疑对实体书店造成了极大的冲击。在此市场营销环境下，不少著名的大型书城、民营书店在网上书店的冲击下都纷纷倒闭，幸存下来的实体书店也举步维艰。在这种情况下，书城管理人员才开始越来越重视读者网上购书无法直接获取的体验感受，书城作为文化休闲场所的功能日益凸显并逐渐引起管理层的重视。特别是国有新华书店，它们纷纷在原地

---

① James Champy. Reengineering Management [M]. New York: Harper Business, 1995: 56-57.
② 吴建峰. 把图书卖场经营成读者的"心灵家园" [J]. 出版经济, 2004 (7): 78-80.
③ 林元添. 厦门书城服务营销策略研究 [D]. 厦门: 厦门大学硕士学位论文, 2006: 41-75.

进行升级改造，打造突出体验性、互动性的"一站式"、综合化的文化业态。例如，江西新华发行集团在2014年就计划推进终端渠道转型升级，逐渐完成南昌两家重点门市以及全省30家县级中心门店的改造，把书店门店打造成读书人的"温馨港湾"，其目标是为读者带来更好的购书、阅读和相互交流的体验。重庆新华书店集团公司在其2014年制定的战略规划中，提出要稳步推进解放碑时尚文化城、重庆中心书城等重大产业项目建设，为渠道升级和业态转型提供硬件支撑；继续深化卖场经营结构调整，推动零售卖场向体验式、智能化文化综合体转型；进一步优化联营项目，向规范化、品牌化、规模化集中，培育形成核心产业链。这些例子从侧面反映出大陆图书发行商开始越来越重视消费者各方面的体验需求。

综上所述，从大陆大型发行集团频繁的动作来看，未来大陆实体书店的发展趋势是，连锁单一的传统书店将升级改造为综合型、复合式集文化、娱乐、休闲为一体的大型文化商场（Book Mall）。

台湾方面，小型书店以特色化和专业化为读者提供了独特的购书体验。小型民营书店因受到资金财力、售书场地以及图书品种的限制，在价格上无法与网上书店抗衡，在综合性方面又无法和大型书城、大型文化卖场一较高低，于是就只能对图书市场进行细分，朝着特色化、专业化的方向发展。大型书店如台湾诚品书店则为读者带来了"文化+美学"的体验模式。"那就诚品见吧"已经成为台湾的文化地标。诚品书店通过对空间的设计、对氛围的打造以及对相关文化事业的拓展，成功地成为了各种文化服务的提供商。事实上，在台湾逛诚品书店，不再仅仅是一种购书方式，更是一种休闲方式、生活方式。

（二）社会网络营销模式

大陆方面，随着各类社交平台的盛行，出版社已经通过微博、微信、朋友圈以及豆瓣读书进行图书营销，并且已经产生了良好的效益。以中国纺织出版社为例，六个分社的"团博"（即组团开微博），互相借势，既突出分社特色，又彰显出版社品牌凝聚力；不但大幅度节约了营销成本，而且以其较强的互动性在第一时间获得读者的回馈和关注，甚至实现了即时销售和选题资源开发的功能。

除了出版发行商、作家、编辑团队在微博、微信上进行图书营销外，消费者（读者）在网上进行的购书评价、在豆瓣发表的书评等也不自觉地利用社交媒体或网络平台充当了中间人的角色。研究表明，大陆很多图书购买者对待图书网络的评论往往并不重视顾客评论的质量，只看图书的评论数；图书购买者更加信任和偏好网络负面书评,并不关心发表书评的用户评论等级和声望。图书购买者的这些喜好无疑不利于企业进行网络营销。

台湾方面,图书的中间人营销和社会网络营销也和大陆的情况类似,只是进行得比大陆要早一些。通常是由出版社的编辑(或作家)团队负责新书的营销,编辑们将新书的特点或主题提炼出来,通过一段文字展现出来并附上图书的图片再在这些社交媒体上发布,或者发起一些类似有奖评论、评论赠书、一句话简评图书的活动,使新书信息在读者中广泛传播。

第五节 经典案例

一、大陆:广州购书中心

(一) 概述

被誉为"神州第一书城"的广州购书中心有限公司,是中国图书发行行业中率先以现代企业制度模式建立的大型图书零售企业。广州购书中心已经成为广州市一张具有影响力的文化名片。1994年11月23日开业至今,已逐步发展成为以图书经营为主,系列文化用品经营并举的大型文化企业。年销售额达3.8亿元,位居全国大型书城第二。

广州购书中心楼高十层,营业面积达1.8万平方米,经营图书、音像制品、电子出版物及配套文化用品30多万种,是华南地区最大的书城,影响力已辐射到整个华南地区及港澳地区乃至东南亚地区。大楼内数十家经营品种及风格迥异的民营书店同场经营,快餐厅、咖啡屋、眼镜廊、钢琴城、画廊、艺坊、文化体育用品等配套经营,相互补充,各显其能;书市、人才招聘市场、职业培训等形成内涵统一的业态合力,兼容并蓄,多元并存,迎合并满足了现代人购物休闲相融合的多元化文化消费需求。[①] 除广州购书中心总店外,目前广州购书中心还在肇庆市时代广场开设了分店。

---

① 资料来源于广州购书中心有限公司官方网站,http://www.gzbookcenter.com/。

广州购书中心成立以来获得了众多荣誉，主要包括：2008年被广州市企业评价协会评为"中国广州最具诚信企业100强"、中共广东省省委广东省人民政府授予"广东省文明窗口单位"等共十个省市级奖项；人事部/新闻出版总署授予"全国新华书店系统先进集体"称号等五个国家级奖项。

（二）网络书店经营内容

广州购书中心开设了网络书店，与诚品网络书店不一样，广州购书中心网络书店仅销售各类图书，其中包括：小说（青春、职场、科幻和武侠等）；文学/艺术（传记、漫画、设计、摄影）；经济/管理（会计、金融、营销、企管）；人文/社科（哲学、宗教、政治、历史、法律、军事、国学、励志）；少儿（文学、益智、卡通、科普、启蒙、亲子、百科）；生活（养生、两性、旅游、收藏、居家、孕育、装扮、美食）；语言/教育（外语、方言、口才、教育、家教、小学、初中、高中）；计算机/科技（科普、自然科学、计算机、医学、建筑、农林、工业）；进口书（英文、港台）；电子书；杂志/期刊；等等。

（三）促销活动

广州购书中心的促销活动以会员促销为主。目前广州购书中心的促销活动主要包括以下五种策略：①会员专享活动。例如，会员每月23日购书享受八五折。②会员购物积分兑换活动。例如，500购物积分可换1张10元GG券，1000购物积分可换2张10元GG券，以此类推；积分商品兑换；促销活动兑换赠品；参与各种活动抽奖等；2017年推出3月会员专享权益包括：会员图书专享，即购买指定图书享受八五折优惠；有料专享，即德国诗坦表、OBAG女包全线专享七五折；会员免费活动专享，即参加艺术沙龙；商户优惠专享，即在商城的指定商户内购买指定产品可享会员专属优惠；会员特权专享，即八八折会员可享免消费不限时休息特权以及九五折会员可享2小时休息特权等。③满减促销活动。如2017年5月10日至6月6日期间满99元减20元、满199元减50元。④节日促销。如2017年1月推出"过大年万元红包提前派"，即注册成会员后除享受每月会员日购书八五折优惠外，还有机会在购物后在服务台参与抽奖赢得万元书券；母亲节促销，如2017年推出满49元即送精美手账笔记本一个。⑤特定图书折扣。例如，《小岛经济学》原价48元现价37元。

二、台湾：诚品书店

（一）概述

诚品书店（Eslite）由台湾商人吴清友于 1989 年在台湾台北市创办，现在是诚品经营中最重要的一个板块（除诚品书店外，诚品经营内容还包括诚品展演、诚品居所、诚品生活文创平台、诚品生活餐旅事业、诚品行旅、诚品开发物流、诚品文化艺术基金会七大板块）。创立之初，诚品就不只是单纯的书店，而是一个复合式文化场域，兼容艺术书店、专业画廊、艺文空间、人文咖啡、设计商品。诚品经营方将文化意涵注入不同的产业和空间。每年有超过 5000 场艺文表演活动在台湾地区、香港地区、大陆地区 45 处诚品场域内发生，来自世界各地逾 2 亿人次汇聚于此，与诚品共同创作了正能量、有气质的独特场所精神。历经 30 年，诚品始终实践"人文、艺术、创意、生活"的核心价值，以及"与人为善、分享幸福、兼具内容创意"的创立初衷。

诚品的经营以阅读为核心，渐次开展扩及生活的所有方面，逐步成为涵盖书店、通路、画廊、展演、餐旅、生活品牌、网络、物流、住宅、旅馆等以文化活动为基底的复合式文创平台。

未来，诚品致力于成为"文化内容的提供者"，诚品生活则为"创意经济的全平台"，持续迈向"文创产业平台的整合性经营之路"，在公益性的文化事业与经营性的文创产业领域并进发展，落实专业经营，深化专业内涵。

诚品（Eslite）的由来：诚，是一份诚恳的心意，一份执着的关怀；品，是一份专业的素养，一份严谨的选择。eslite 是由法文古字引用而来，为"菁英"之意，意指努力活出自己生命中精彩的每一个人；"诚品"代表该企业对美好社会的追求与实践。

诚品核心价值：人文、艺术、创意、生活；善、爱、美、终身学习。诚品愿景：诚品期许成为华人社会最具影响力且独具一格的文创领先品牌，并对提升人文气质积极贡献。诚品使命：对华人当代的人民与土地具有实质的贡献；对华人社会的未来发展注入创新的启发；对华人未来愿景的实现孕育新价值的典范。

诚品成立以来获得了众多荣誉。例如，1998 年诚品董事长吴清友被台湾《天下》杂志选为"影响200 飞越2000"人物；2003 年吴清友被北京《中国图书商报》评选为"2003年两岸最值得关注产业人物";2004年被《时代》杂志亚洲版评选为"亚洲最佳书店"、诚品高雄远百店荣获香港设计中心"亚洲最具影响力设计大奖";2006年诚品获台湾《远见》杂志"第一线服务品质大调查,杰出服务奖"第一名;2011年"台湾百大品牌"文创服务类别企业。此外,诚品还连续三年(2012~2014年)荣获台湾《工商时报》"台湾服务业大评鉴"连锁书店金牌奖以及台湾《天下杂志》"金牌服务大赏 百货公司类别"第1名;2015年被CNN评选为"全球最酷书店"。

(二) 诚品书店及其经营内容

诚品书店坚持"人文、艺术、创意、生活"的经营理念,凭借着专业、独到的选书、选品能力,以及多元渠道和文创平台的整合经营经验,丰富人们的阅读和生活方式,渐次发展为以文化创意为核心的复合式经营模式。其代表性分店诚品敦南店于1999年成为创新经营的24小时不打烊书店,开启民众零时差的城市阅读生活。目前,诚品共有43家营业店,其中台湾地区有39家、香港地区3家、大陆地区1家。

除诚品书店实体店销售常规性图书外,诚品书店有的分店还开设了"店中店":①诚品儿童书店。书店的书品包括儿童刊物、绘本、青少年读物、影音、益智玩具等,书店内定期举办多元面向的儿童书展、"说故事"时间、亲子讲座、童书达人分享会、DIY体验和艺文生活教育,从而推动社区和家庭阅读,为儿童阅读世界开创宽阔视野。②诚品风格文具馆。馆中品项涵盖"诚品设计、礼品、文具"三大主轴,引进全球独具创意的特色商品,展示传达当季流行信息。文具馆以精致优雅的办公文具用品为主,引进国际知名、历史悠久的品牌;并和硕联科技共同推出"Eslite×PEGACASA"联名品牌。③诚品音乐馆。该馆至今引进超过23万种影音出版品,商品涵盖全球各地音乐、后摇滚、前卫创作以及台湾地下乐团等音乐形态;同时也邀请各类不同风格的音乐表演者演出。④诚品音乐黑胶馆。该馆坐落在诚品生活松烟店,为全台首家黑胶主题专卖店,超过8000片不同的乐种选择,每月策划侧重台湾音乐、彰显当地精神的黑胶主题展。⑤诚品COOKING STUDIO。该店位于信义旗舰店三楼的生活风格书区,固定于每周五下午推出"阅读现场·寻味玩食"特色食谱推荐、烹饪实演活动。COOKING STUDIO的创办源自诚品曾举办的"我心目中的理想书店"征文活动,读者提出厨房与书店结合的灵感,从而使诚品团队再次打破书与非书的界线,实践了这个创意。⑥诚品知味。创办于2008

年，希望通过对台湾食材的推荐，表达对土地的敬意，传达饮食所蕴含的文化与故事。除了强调当地特色，更将古人"当令"的饮食概念融入，悉心拣选、推荐兼具"文化、健康、季节、精致、环保"特色的食材。⑦诚品设计。诚品设计是由诚品设计部门所开创、研发，以阅读为核心，结合多年市场经验，镕铸诚品自阅读淬炼的艺文精神，注入人们日常阅读和生活之中，年度手账、读书笔记、书袋、书签，是诚品为"悦读者"打造的独具诚品精神与风格的设计对象。⑧Living Project。以"美好生活提案"为定位，采用"家"的概念规划空间和商品组合，通过"拣选价值"诠释诚品生活主张。⑨Blackpages CAFÉ。Blackpages CAFÉ 是诚品专设于书店、音乐馆的品牌咖啡馆，强调将文学、音乐与咖啡融为一体，让阅读体验从视觉转化成味蕾的丰富享受。因此，在 Blackpages CAFÉ 不只是品尝一杯咖啡，更提供读者品尝一本书册、一首曲目的可能。

顺应时代发展，诚品书店还开设了诚品网络书店。诚品网络书店除拥有与实体门店相同的多元化书籍、诚品设计商品、各国创意文具、会员服务外，更提供多元的在线服务平台，让阅读超越时空，实时开启与世界沟通的窗口。

（三）诚品网络书店经营产品类别

诚品网络书店网站不仅销售图书杂志，还销售其他非图书产品如杯子等生活用品以及诚品原创产品，是一个以图书销售为主、日常生活用品为辅的综合性购物网站。从大类看，诚品网络书店将产品分为中文书、外文书、杂志、儿童类图书、CD、DVD、生活杂货、风格文具、预购/排行榜/书展、主题馆等。其中，中文书包括文学、青少年文学、艺术、生活、图文漫画、科普、人文、社会科学、商业财经、语言考试应用、电脑、简体中文书；外文书包括文学、青少年文学、建筑、艺术、设计、生活、人文、社科、商业行销、语言学习、日文馆；杂志包括中文杂志、日文杂志、MOOK、英语杂志和其他语言杂志；儿童类图书包括婴幼儿读物、学龄前幼儿读物、图画书、文学类、知识类、语言学习、亲子音乐、玩具、教具、儿童外文图书馆；CD 类包括流行、电子、摇滚、爵士、古典、新世纪/世界、原声配乐、有声 CD、LP、SACD/其他；DVD 类包括电影 DVD、光盘/其他、蓝光 BD；生活杂货包括 3C 周边类产品如手机周边、耳机、相机/配件、电脑周边（电脑包、鼠标、鼠标垫等），居家生活（如家饰家具、生活百货、餐饮用品、户外休闲、香氛保养），设计品牌包、饰品配件、流行服饰、模型玩偶、桌上游戏、玩具教具；风格文具包括各类型笔、笔记本、纸制品、事务用品、收纳整理、纸胶带、儿童美术课用具；预购/排行榜/书展包括预购商品区、书店排行榜、网络排行榜、诚品选书、精品书展等；主题馆包括诚品设计商品、阅读游戏起步走、儿童外文图书馆、日文馆、CAMBRIDGE 剑桥馆。

（四）诚品网络书店促销活动

诚品网络书店开展了多种促销活动。①满折促销活动，即凡是购买网络书店商品价格满 1499 元可享受最低七九折优惠。②满赠促销活动，如手机版下单金额满 888 元送 100 元。③特定商品促销活动，如 MT 纸胶带五折加购，新品《月球背面的逃难场景》七九折优惠并限量赠送独家摄影师纪念海报。④限时抽奖，如 2017 年 5 月推出"滑滑乐试手气，天天送 E-coupon"，人人有奖，最低 30 元，最高 500 元。⑤节日特定产品促销活动，如母亲节 Slim Fit 系列 iPhone 7/iPhone 7 plus/iPhone 6s 手机背夹全面八五折，中信日满 888 元送 100 元 E-coupon，满 1288 元送 150 元 E-coupon。

三、小结与思考

广州购书中心和诚品书店分别是大陆和台湾较有代表性的大型图书零售书店。但从上可以看出，两者在书店经营方面存在较大差异。

（1）运营模式方面，广州购书中心仍旧采用传统图书零售模式，消费者仅仅把它当作图书出售的场所。虽然公司拥有十多层高的大楼，除留下少数楼层自营销售图书外，大多数楼层出租给其他文化用品零售企业，中心收取一定的租金；反观诚品书店，该书店通过租赁方式获取所选商场空间后通过精心设计打造具有深厚文化气息而不失时尚的书城，并且开设各类与图书有关的店中店，更像是休闲与文化体验消费的场所。除经营图书外，还向产品设计、旅游、餐饮、展览、艺廊等行业拓展。

（2）产品经营方面，广州购书中心网络书店仅以图书销售为主，而诚品网络书店不仅销售图书，同时还销售其他产品，更像是一个综合性网络购物平台。

（3）促销方面，广州购书中心和诚品书店的促销手段基本类似，主要是满减/赠活动、节日促销、特定产品折扣等。但稍有不同的是，广州购书中心为了吸引新客户和增加老客户转换成本，采用会员制，并针对会员实施一系列活动。需要指出的是，广州购书中心网络书店图书虽然也有价格折扣，但折扣幅度远低于其他网络书店如京东商城的力度，从而消费者极有可能放弃在该网店购书。

作为图书零售实体店的楷模，广州购书中心和诚品书店均获得了较大成功，在业内产生了广泛影响。但在互联网背景下，有些问题仍值得图书零售业者思考。具体而言：

（1）互联网背景下两岸读者的数量都呈现下降趋势，面对读者规模日趋萎缩的市场态势，包括网络销售图书在内的图书零售业者需要深入思考采用哪些经营策略来吸引更多读者，或者干脆采用多元化经营战略来化解这一危机。

（2）互联网背景下实体书店面临网络图书零售平台的挑战，实体书店是否有必要也顺应这一潮流而开设网络书店，或者即使开设网络书店但如何应对图书网络零售巨头的价格折扣战（例如，《小岛经济学》在京东自营店的售价为28.8元，比广州购书中心网络书店价格便宜8.2元），需要零售图书从业人员认真思考。

（3）互联网背景下，实体书店是否有必要重新进行市场定位，仅服务某一个利基市场的消费者，值得图书零售从业人员思考。

第五章 两岸电影产品比较分析

第一节 两岸电影市场概况

依照电影产业的产销环节,电影产业链可分成四大部分:创意与制作、后制、发行/代理及上映。

一、大陆电影市场概况

2010~2015年,大陆电影故事片厂的数量维持不变,但实际上很多电影的生产制作是由众多私营影视制作公司完成的;电影院线稳步缓慢增长,由2010年的37条增加到2015年的48条,年均增长率为5.34%;院线内影院的数量也呈增加趋势,2015年达到6000多家,是2010年的3倍多;院线银幕数量由2010年的6256块猛增到2015年的3万多块,年平均增长率达到38.28%(见表5-1)。

表5-1 2010~2015年大陆电影企业数量

年份		2010	2011	2012	2013	2014	2015
电影故事片厂	数量(家)	31	31	31	31	31	31
	增长率(%)	0	0	0	0	0	0
电影院线	数量(条)	37	39	40	42	45	48
	增长率(%)	0	5.41	2.56	5.00	7.14	6.67

续表

年份		2010	2011	2012	2013	2014	2015
院线内影院	数量（家）	2000	2800	3000	3903	4918	6118
	增长率（%）	19	40	7	30	26	24
院线银幕	数量（块）	6256	9286	13118	18199	23592	31627
	增长率（%）	32	48	41	39	30	34

资料来源：广电总局，智研咨询整理。

2009~2015年，大陆影片总产量呈现先减再增再减的态势；从各类影片看，故事片是影片的主流，其比重最少时也达到了六成以上，2015年的比重更达到90%以上；动画影片数量总体呈增加趋势，特别是近年来以动画连续剧为创作源头的动画影片更成为动画影片的主要类型（见表5-2）。

表5-2　2009~2015年大陆各类影片产量

单位：部

年份	故事片	动画影片	纪录影片	科教影片	特种影片	合计
2009	456	27	198	52	4	737
2010	526	16	16	54	9	621
2011	558	24	26	76	5	689
2012	745	33	15	74	26	893
2013	638	29	18	121	18	824
2014	618	40	25	52	23	758
2015	686	51	—	—	—	737

资料来源：2015年度中国电影产业报告，https://wenku.baidu.com/view/bd4c0b355ef7ba0d4b733bbf.html。

2011~2015年，大陆上映的影片呈现了先增加后减少的态势。就国产影片和进口影片的对比看，国产影片的上映数远远高于进口影片的上映数，这与大陆电影规制有关（见表5-3）。

2010~2015年，虽然增幅不稳定，但总体来说，大陆上映电影票房呈快速增长的态势，2015年达到440.7亿元；就国产影片票房总收入看，这六年期间的票房也呈快速增长之势，并且所占比重接近或超过50%，最高时占总票房

表5-3 2011~2014年大陆电影上映影片数量

年份		2011	2012	2013	2014	2015
国产影片	绝对数量（部）	163	227	326	308	278
	占比（%）	72.12	74.92	85.12	79.38	77.65
进口影片	绝对数量（部）	63	76	57	80	80
	占比（%）	27.88	25.08	14.88	20.62	22.35
合计		226	303	383	388	358

资料来源：2015年度中国电影产业报告，https://wenku.baidu.com/view/bd4c0b355ef7ba0d4b733bbf.html。

收入的62%（见表5-4）。但对比表5-3可以看出，虽然数量上国产影片远远超过进口影片，但国产影片的平均票房收入要远远低于进口影片，最多时低于进口影片约1.18亿元，台湾电影市场更是如此。

表5-4 2010~2015年大陆上映电影票房

年份		2010	2011	2012	2013	2014	2015
国产影片票房	数量（亿元）	57	70	83	128	162	271.36
	占比（%）	56	53	49	59	55	62
	增长率（%）	62.86	22.81	18.57	54.22	26.56	67.51
大陆电影票房合计	数量（亿元）	101.7	131.7	170.7	217.7	296.0	440.7
	增长率（%）	64	29	30	28	36	49

资料来源：广电总局，智研咨询整理。

2010~2014年，大陆国产影片海外销售收入在经过两年的连续剧烈下滑之后呈上升的态势，并且增速比较高，达到30%以上（见表5-5）。

表5-5 2010~2014年大陆国产影片海外销售收入

年份	2010	2011	2012	2013	2014	2015
绝对数量（亿元）	35.17	20.46	10.63	14.14	18.7	27.7
增长率（%）	—	-41.83	-48.05	33.02	32.25	48.13

资料来源：广电总局。

二、台湾电影市场概况

总体来说,2010~2014年,台湾电影企业数量呈上升态势,电影企业数量从2010年的660家上升到2014年的923家,年均增长率8.75%。如表5-6所示,电影制作企业增长比较快,特别是在2011~2013年,年均增长率超过20%,2014年有所放缓,但也达到14%以上;电影后制企业数量相对平稳,在80家左右;电影发行企业数量呈现下降趋势,从2010年的220家下降到2014年的182家;电影放映企业数量在经过两年的下降后基本维持不变。

表5-6 2010~2014年台湾电影企业数量

年份		2010	2011	2012	2013	2014
电影制作企业	绝对数量(家)	262	326	392	489	559
	增长率(%)	—	24.43	20.25	24.74	14.31
电影后制企业	绝对数量(家)	79	75	79	82	82
	增长率(%)	—	-5.06	5.33	3.80	0.00
电影发行企业	绝对数量(家)	220	203	214	194	182
	增长率(%)	—	-7.73	5.42	-9.35	-6.19
电影放映企业	绝对数量(家)	99	97	95	98	100
	增长率(%)	—	-2.02	-2.06	3.16	2.04
合计	绝对数量(家)	660	701	780	863	923
	增长率(%)	—	6.21	11.27	10.64	6.95

资料来源:台湾文化事务主管部门发布的《影视广播产业趋势研究调查报告——电影产业》,第5页。

2010~2014年,台湾电影企业产值呈增长趋势,但增长速度趋缓,电影企业产值从2010年的124.69亿元新台币增加到2014年的210.51亿元新台币(见表5-7)。其中,电影制作企业的产值呈增长趋势,从2010年的16.64亿元新台币增长到2014年的27.56亿元新台币;电影后制企业产值从2010年开始缓慢增长,2013年达到最高产值,达6.43亿元新台币;电影发行企业产值增长相对较快,2012年的增长率达到26.66%;电影放映企业产值增长也较快,从2010年的64.83亿元新台币增长到2014年的115.5亿元新台币(见表5-7)。在这些企业中,电影放映企业产值比重较高,其次是电影发行企业,电影后制企业产值比重最低。

表5-7 2010~2014年台湾电影企业产值

	年份	2010	2011	2012	2013	2014
电影制作企业	绝对数量（亿元新台币）	16.64	24.91	26.34	25.93	27.56
	增长率（%）	—	49.70	5.74	-1.56	6.29
电影后制企业	绝对数量（亿元新台币）	5.40	5.72	6.18	6.43	6.03
	增长率（%）	—	5.93	8.04	4.05	-6.22
电影发行企业	绝对数量（亿元新台币）	37.82	42.12	53.35	60.61	61.41
	增长率（%）	—	11.37	26.66	13.61	1.32
电影放映企业	绝对数量（亿元新台币）	64.83	84.45	101.05	108.77	115.50
	增长率（%）	—	30.26	19.66	7.64	6.19
合计	绝对数量（亿元新台币）	124.69	157.20	186.92	201.74	210.51
	增长率（%）	—	26.07	18.91	7.93	4.35

资料来源：台湾文化事务主管部门发布的《影视广播产业趋势研究调查报告——电影产业》，第5页。

2010~2014年，台湾电影企业出口呈现较快增长趋势，特别是2014年，增长率达到65.50%，但从绝对值看，台湾电影企业出口额并不高，2014年最高才为2.590亿元新台币（见表5-8）。

表5-8 2010~2014年台湾电影企业出口值

年份	2010	2011	2012	2013	2014
绝对数量（亿元新台币）	0.86	0.904	1.280	1.565	2.590
增长率（%）	—	5.12	41.59	22.27	65.50

资料来源：台湾文化事务主管部门发布的《影视广播产业趋势研究调查报告——电影产业》，第6页。

如表5-9所示，相较于2013年，2014年台湾"本土"影片制作投入较为缓和，台湾"本土"影片核准上映数量为76部。台湾电影市场以外国影片数量占比最高，近七年外国电影核准上映数量逐年增加，显示出市场竞争日趋激烈。

表5-9 2010~2014年台湾电影核准上映数

	年份	2010	2011	2012	2013	2014
中国台湾"本土"影片	绝对数量（部）	50	65	77	101	76
	占比（%）	10.42	13.18	14.93	16.19	11.55

续表

年份		2010	2011	2012	2013	2014
中国香港影片	绝对数量（部）	29	27	32	42	21
	占比（%）	6.04	5.48	6.29	6.73	3.19
中国大陆影片	绝对数量（部）	10	10	10	8	10
	占比（%）	2.08	2.03	1.96	1.28	1.52
其他国外影片	绝对数量（部）	391	391	391	473	551
	占比（%）	81.46	79.31	76.82	75.80	83.74

资料来源：台湾文化事务主管部门发布的《影视广播产业趋势研究调查报告——电影产业》，第12页。

2010~2014年，台湾电影市场总票房呈现增长趋势，从2010年的3086967千元新台币增长到2014年3707663千元新台币；从影片产地看，总的来说，国外影片票房收入比重较大，具有较强的竞争力，国外影片票房呈逐渐增长趋势，从2010年的2696736千元新台币增加到2014年3188665千元新台币；台湾台北"本土"电影票房起伏较大，2011年是台湾"本土"电影票房最好的一年，票房达到712507千元新台币；中国大陆、中国香港影片票房呈下降趋势，从2010年的164648千元新台币下降到2014年91164千元新台币（见表5-10）。

表5-10 2010~2014年台湾台北电影票房

年份		2010	2011	2012	2013	2014
中国台湾"本土"影片	绝对数量（千元新台币）	225583	712507	430434	529863	427833
	增长率（%）	—	215.85	-39.59	23.10	-19.26
中国大陆、中国香港影片	绝对数量（千元新台币）	164648	100550	152531	131789	91164
	增长率（%）	—	-38.93	51.70	-13.60	-30.83
国外影片	绝对数量（千元新台币）	2696736	3006442	3035001	3134963	3188665
	增长率（%）	—	11.48	0.95	3.29	1.71
合计	绝对数量（千元新台币）	3086967	3819498	3617966	3796616	3707663
	增长率（%）	—	23.73	-5.28	4.94	-2.34

资料来源：台湾文化事务主管部门发布的《影视广播产业趋势研究调查报告——电影产业》，第6页。

第二节 电影创作与制作

一、影片题材类型

以2015~2016年大陆电影年度票房TOP25国产（含合作）影片为样本（样本量=27），经统计发现，票房取得较大成功的大陆国产（含合作）影片，其题材以动作和喜剧为主，以奇幻、爱情、冒险和悬疑为题材的影片也能得到电影市场的青睐；并且，绝大多数影片题材并非单一，如影片除了有爱情元素外还包含了喜剧成分（见表5-11）。

表5-11 2015~2016年大陆电影年度票房TOP25国产（含合作）影片题材类型

类型	动作	喜剧	奇幻	爱情	冒险	悬疑	警匪	动画	怀旧	犯罪	战争	惊悚	其他
数量（部）	17	14	6	6	6	4	3	3	2	2	2	2	3
占比（%）	62.96	51.86	22.22	22.22	22.22	14.81	11.11	11.11	7.41	7.41	7.41	7.41	11.11

注：本表影片样本量为27。
资料来源：根据中国票房网站信息由作者整理所得。

以2015~2016年台北电影年度票房TOP100台湾"本土"（含合作）影片为样本（样本量=20），经统计发现，和大陆不太一致，票房比较高的台湾"本土"（含合作）影片，其题材以爱情为主，同时喜剧和剧情片同样能获得观众的认可，同一部影片的题材并非单一；这两年没有台湾票房TOP100的犯罪、战争或动画类影片（见表5-12）。

表 5-12　2015~2016 年台北电影年度票房 TOP100"本土"（含合作）影片题材类型

类型	动作	喜剧	奇幻	爱情	冒险	悬疑	剧情	亲情	怀旧	友情	纪录片	惊悚
数量（部）	2	7	1	10	1	1	6	2	1	1	1	2
占比（%）	10.00	35.00	5.00	50.00	5.00	5.00	30.00	10.00	5.00	5.00	5.00	10.00

注：本表影片样本量为 20；台湾年度电影票房的电影难以收集，考虑到台北占台湾电影票房的比重比较高，因此用台北电影票房排行中的电影代表台湾电影票房的电影；年度票房 TOP25 和 TOP50 的台湾（含合作）"本土"影片的数量极少，因此选择台北电影票房 TOP100 中的电影作为样本。

资料来源：2015 年度台北电影票房排行榜-广告牌 boxoffice-批踢踢实业坊，https：//www.ptt.cc/bbs/boxoffice/M.1454516192.A.8A5.html；2016 年度台北电影票房排行榜-广告牌 boxoffice-批踢踢实业坊，https：//www.ptt.cc/bbs/boxoffice/M.1488555315.A.870.html。若没有特别提到，本章台湾方面原始数据均来源于上述两网站，表中数据由笔者整理所得。

二、影片创作源头

除编剧原创剧本外，版权改编、热度电影元素再开发和神话故事等是近年来大陆影片创作的主要源头。其中，版权改编可进一步分为小说版权改编、电视剧版权改编、游戏版权改编、电影版权改编等。当下流行的 IP 影片很多是小说特别是网络小说版权改编成的电影，如《盗墓笔记》《九层妖塔》等。电视剧版权改编是由热度电视剧改编成电影，其故事情节大致一样或者在原电视剧剧情背景下为主要人物设定新的故事，从而最终借电视剧的热度打开电影市场。如 2016 年上映的《使徒行者》《湄公河行动》等就是根据同名电视剧改编而成。热度电影元素再开发是指对观众口碑较好、票房较高的电影进行再次创作。一类是新电影完全或部分使用原电影名称，在电影主题不变的情况下创作全新的故事，电影情节、电影人物丝毫没有原电影的烙印。实际上这类电影完全可以采用新的电影名称，现在沿用原电影名称只是借力营销。如徐峥导演的《囧》系列，以及《杀破狼 2》等。另一类是新电影沿用原电影名称和主要人物，是原电影人物的新故事，如《澳门风云》系列、《寒战》系列等。神话故事是大陆电影另一个重要的取材来源。借助中国众多神话故事的主要人物或人物关系，以全新视角进行创作，通过电影名称与神话故事联系在一起，以便吸引观影者，如《西游记之孙悟空三打白骨精》《西游记之大圣归来》等。

以 2015~2016 年大陆年度票房 TOP25 国产（含合作）影片为例，这 27 部影片中（见表 5-13），以版权改编和热度电影元素为影片创作源头的电影数量均为 9 部，比重为 33.33%，其次是编剧原创影片，占 22.22%。

表 5-13　2015~2016 年大陆电影年度票房 TOP25 国产（含合作）影片创作源头分布

创作源头类别	编剧原创	版权改编	热度电影元素	神话故事	其他
数量（部）	6	9	9	2	1
占比（%）	22.22	33.33	33.33	7.41	3.70

注：本表影片样本量为 27。
资料来源：根据电影票房网站信息由笔者整理所得。

以 2015~2016 年台北电影年度票房 TOP100"本土"（含合作）影片为样本（样本量=20），经统计发现，作者原创的电影占一半，其次是版权改编特别是网络小说改编的电影（见表 5-14）。

表 5-14　2015~2016 年台北电影年度票房 TOP100"本土"（含合作）影片创作源头分布

创作源头类别	编剧原创	版权改编	热度电影元素	故事/事件改编	历史人物
数量（部）	10	4	3	2	1
占比（%）	50.00	20.00	15.00	10.00	5.00

注：本表影片样本量=20。

三、影片制式

从影片制式看，无论是大陆还是台湾，电影的制式均以 2D 为主；不同的是，3D 或 IMAX 也占据了大陆电影市场很大份额，并且还有一些电影同时采用了三种制式，而台湾卖座的电影采用 3D 或 IMAX 制式的极少，特别是几乎没有电影同时采用三种制式（见表 5-15 和表 5-16）。

表 5-15 2015~2016 年大陆电影年度票房 TOP25 国产（含合作）影片制式

制式	2D	3D	IMAX	2D/3D	3D/IMAX	2D/IMAX	2D/3D/IMAX
数量（部）	8	3	0	5	3	1	7
占比（%）	29.63	11.11	0.00	18.52	11.11	3.70	25.93

注：本表影片样本量为 27。

资料来源：根据电影票房网站信息由笔者整理所得。

表 5-16 2015~2016 年台北电影年度票房 TOP100"本土"（含合作）影片制式

制式	2D	3D	IMAX	2D/3D	3D/IMAX	2D/IMAX	2D/3D/IMAX
数量（部）	18	1	0	1	0	0	0
占比（%）	90.00	5.00	0	5.00	0	0	0

注：本表影片样本量为 20。

四、数字技术在电影制作中的应用

数字电影是未来电影发展的方向，数字电影的发展离不开政府政策的支持。在政策引导之下，两岸电影导演和制片人都十分注重数字技术在电影中的应用并积极探寻数字电影的生产方式。[①]

大陆方面，从 1990 年开始，很多导演尝试在电影制作中使用数字技术。如 1996 年由周晓文导演的《秦颂》中的"血染长河"和"登基大典"两个大场面均使用了数字技术来制作完成；1999 年由陈国兴导演的《横空出世》中有长达 12 分钟的镜头利用数字特效技术完成；2000 年由王瑞导演的《冲天飞豹》使用了计算机动画与实拍素材相结合的数字合成技术。近年来，几乎每部影片在后期制作时多多少少都利用了数字合成技术或数字特效技术或两者兼而有之。

与大陆相比较，数字技术在台湾电影中的应用更晚一些，在经验方面略逊于大陆。台湾在应用数字技术方面较知名的影片是李安的《卧虎藏龙》。该影片中竹林打斗（取景于四川蜀南竹海）及杨紫琼饰演的俞秀莲和章子怡饰演

---

① 邓文华. 海峡两岸数字艺术产业比较研究 [M]. 上海：学林出版社，2008：164-168.

的玉娇龙在城墙相互追逐的那场戏（取景于北京古城墙），都是由数字合成技术完成的。2004年，台湾无论在数字电影产量还是票房收入上都获得了较大成功，数字技术也日渐成熟，加上台湾当局加大对数字电影的支持力度，数字技术逐渐成为影片制作的主流。2008年台湾"国语"片影史上第一卖座的影片《海角七号》有些场景就应用了数字特效技术，如影片开场时航行的"高砂丸号"中，有一幕1945年日本战败后日侨撤退的场面通过数字动画技术制作特效呈现了当时离别时凄美的画面。

五、影片的投融资

为分担电影市场风险，越来越多的影片往往由多家机构特别是电影企业投资制作完成，这已成为大陆和台湾电影市场的主流；并且合作企业并不局限于大陆或台湾"本土"企业。例如，大陆电影《美人鱼》投资合作的企业达到19家，香港地区企业也参与其中，台湾电影《大喜临门》的投资方也达到18家之多，华谊兄弟传媒股份有限公司、北京三维投资基金管理有限公司等多家大陆企业也参与其中。

大陆方面，2015~2016年大陆电影年度票房TOP25影片中均至少有2家企业投资（见表5-17），其中，表现比较活跃的出品公司共有14家。中国电影集团公司参与了6部电影的制作，其次是北京光线影业有限公司、深圳市腾讯视频文化传播有限公司、万达影视传媒有限公司等，参与制作了4部影片；上海电影（集团）有限公司、乐视影业（北京）有限公司参与了3部影片的制作；山南光线影业有限公司、安乐（北京）电影发行有限公司等8家企业参与了2部影片的制作（见表5-18）。

表5-17 2015~2016年大陆电影年度票房TOP25国产（含合作）影片的投资方数量

影片名称	合作方数量
《美人鱼》	19
《西游记之孙悟空三打白骨精》	14
《绝地逃亡》	13
《九层妖塔》《西游记之大圣归来》《捉妖记》	11

续表

影片名称	合作方数量
《使徒行者》《北京遇上西雅图之不二情书》《狼图腾》《天将雄师》	10
《唐人街探案》《寻龙诀》	9
《湄公河行动》《叶问3》	8
《澳门风云3》	7
《盗墓笔记》《澳门风云2》	6
《长城》《寒战2》	5
《功夫熊猫3》《杀破狼2》《煎饼侠》《夏洛特烦恼》《港囧》	4
《战狼》	3
《恶棍天使》	2

资料来源：根据电影票房网站信息由笔者整理所得。

表5-18 2015~2016年大陆电影年度票房TOP25国产（含合作）影片投资公司分布

企业名称	参与制作影片数（部）	企业名称	参与制作影片数（部）
中国电影集团公司	6	黑蚂蚁（上海）影业有限公司	2
北京光线影业有限公司	4	上海新文化传媒集团股份有限公司	2
深圳市腾讯视频文化传播有限公司	4	上海腾讯企鹅影视文化传播有限公司	2
万达影视传媒有限公司	4	天津猫眼文化传媒有限公司	2
上海电影（集团）有限公司	3	和和（上海）影业有限公司	2
乐视影业（北京）有限公司	3	横店影视制作有限公司	2
山南光线影业有限公司	2	其他公司	1
安乐（北京）电影发行有限公司	2		

资料来源：根据电影票房网站信息由笔者整理所得。

从电影资金来源看，目前，中国大陆电影企业的资金来源主要有四种：

（1）充分利用国家对文化产业的金融政策支持。随着国家对文化产业投融资机制的重视，商业银行对文化产业的信贷政策放宽，信托、产权交易和证券等金融部门以及政府专项扶持基金纷纷有所举动，这一渠道有得到扩展的可能。中影集团早在 2004 年就获得 1.5 亿元国债资金支持，2007 年更率先发行 5 亿元企业债券。

（2）私募股权投资在大陆电影产业中日益活跃。2010 年 9 月，由中国建设银行与国家有关部门共同倡导发起设立中国影视出版产业投资基金。2011 年 5 月，腾讯公司宣布设立影视投资基金；凤凰卫视宣布设立凤凰文化产业基金；由马云、虞锋和史玉柱等联合建立的"云锋"基金的主要投资领域也集中在文化产业。

（3）多方合作分担风险的制片模式。政府资金以新的形式介入电影产业，以求塑造、推广城市品牌。2004 年，丽江市政府与张艺谋合作拍摄《千里走单骑》；2008 年，杭州市政府与冯小刚合作拍摄《非诚勿扰》；2010 年的《唐山大地震》《赵氏孤儿》以及《西风烈》分别得到唐山、阳泉和敦煌市政府不同形式的资金注入。境外融资增多的趋势也较为明显。英国、德国、美国、加拿大以及中国香港、中国台湾等近 30 个国家和地区与中国大陆制片公司建立影片合作项目，影片国际化水平显著提高。

（4）上市融资。如中视传媒股份有限公司、华谊兄弟传媒股份有限公司、湖南电广传媒股份有限公司、浙江华策影视股份有限公司、陕西广电网络传媒（集团）股份有限公司早已获得股票市场的青睐。

台湾方面，2015~2016 年台北电影年度票房 TOP100"本土"（含合作）影片中，投资方数量多于 1 家的影片数量占大多数，具体如表 5-19 所示。台湾电影总体投资与制作成本都较为有限。台湾"本土"片市场萎缩与投资回报低下、投资不足形成恶性循环。长期以来，导演自筹资金和政府辅导金成为"本土"片的主要启动资金。而于 1989 年推出的"制作辅导金"制度则毁誉参半。它保存并培育了"本土"电影的文化理念和人才，曾对岛内电影产业发展起过积极作用，但由于其定位主要在于推介台湾文化，致使"本土"片在影展获奖数量增加的同时，"本土"片市场出现萎缩，使市场与艺术严重脱节。但是近年来，台湾开始重视制片人制度，这意味着主要依靠导演筹措资金的状况会有所改善，资金来源更加充足。此外，由于成功的台湾"本土"片往往带动了拍摄地的旅游观光业，地方政府也开始积极介入，支持电影产业的发展。另外，近几年台湾也开始出现"众筹"这一互动融资方式为影片筹集资金，不过，以这种方式融资的影片以纪录片居多，其中又以社会相关议题的纪录片最为成功。电影通过群募平台虽无法获得完整资金或补足资金缺口，但借由网络平台除能增加影片曝光机会、扩大宣传效益外，通过赞助与多样化的回馈方式也可提升民众的参与感，达到话题性。

表 5-19 2015~2016 年台北电影年度票房 TOP100 "本土"（含合作）影片的投资方数量

影片名称	合作方数量
《大喜临门》	18
《我的蛋男情人》	8
《尸忆》	6
《刺客聂隐娘》《楼下的房客》《大尾鲈鳗2》	5
《我的少女时代》《落跑吧爱情》《六弄咖啡馆》	4
《念念》	3
《杜拉拉升职记2》《角头》《铁狮玉玲珑》《老鹰想飞》	2
《奇人密码》《百日告别》《红衣小女孩》《234说爱你》《人生按个赞》	1

资料来源：根据网络信息由作者整理所得。

第三节　电影发行与营销

一、电影发行

电影发行是指在取得影片发行权的基础上，将电影版本在规定的地区和期限内进行有偿传播的活动，或代理许可他人使用该电影版本的活动。[①] 电影发行的主要职责是从电影制作公司那里购买或代理其影片的区域发行权，然后与电影放映单位合作，通过对节目拷贝的调度与投放实现电影的公开放映，在影片的发行过程中制定并实施影片营销宣传方案。由此可见，发行环节在整个电

---

① 许南明，富澜，崔君衍. 电影艺术词典（修订版）[M]. 北京：中国电影出版社，2005：476.

影产业链条中主要承载着三种主要责任：①与制片方和放映方的洽谈与结算；②负责节目拷贝的调度与发放；③承担影片的宣传推广工作。[①]

在胶片电影时期，电影的发行模式是点到点的传播，一个胶片拷贝要从一个影院流动到另一个影院进行播放，能否正常协调拷贝、能否按时发放拷贝主要依赖于电影发行方；而数字化时期，影片是以数字形式通过硬盘、光盘、网络甚至卫星直接传送到影院等放映终端，电影发行可能通过简单的数字信息操作平台和发行订购互联网来完成，因此，电影发行方的控制权利大大被削弱了。与此同时，电影发行的洽谈与结算业务以及宣传推广业务在整个发行环节的权重在大幅提高。

不管是大陆还是台湾，大多数影片不止一个发行商。在2015~2016年大陆电影年度票房TOP25国产（含合作）影片中，除《狼图腾》《澳门风云2》和《战狼》外，其他影片的发行商均为两个或两个以上，其中影片《美人鱼》的发行企业达到10个，影片《寻龙诀》《盗墓笔记》的发行企业均有8个；中国电影集团公司、北京微影时代科技有限公司、华夏电影发行有限公司、五洲电影发行有限公司、天津联瑞影业有限公司、天津猫眼文化传媒有限公司、安乐（北京）电影发行有限公司、百度在线网络技术（北京）有限公司、北京光线传媒股份有限公司、乐视影业（北京）有限公司等参与发行的影片数量最少达3部，最多达到7部。

台湾方面，整体电影票房市场占有率主要集中在前四大发行商，分别为博伟、华纳、福斯、派拉蒙，2014年这前四名发行商票房的市场占有率合计达54.46%。而就每部电影的发行商而言，与大陆相比，2015~2016年台北电影年度票房TOP100"本土"（含合作）影片的发行商数量相对较少，电影《刺客聂隐娘》《念念》等影片的发行商数量有4个，其他影片的发行商均少于4个；有些影片大陆电影发行企业也参与其中，这可能是为了更方便更有效地进入大陆竞争激烈的电影市场。

二、电影营销

电影营销是"电影产品与消费者完成价值交换的过程"，这一过程是"通

---

① 刘扬. 互联网化电影发行的现状与发展分析 [J]. 当代电影, 2015 (1).

过对电影价值的传播,以及电影上映周期、空间安排,借助媒体和联合营销活动,使观众完成电影消费行为"①。目前,新媒体的出现改变了电影营销的手段,由过去的单向营销变成了互动营销,并且有意识地吸引目标受众参与电影营销;营销方式也变得更加多元化。

大陆方面,以2015~2016年大陆电影年度票房TOP25国产(含合作)电影营销为例,电影海报、预告片、剧照、特辑、首映礼、见面会、MV或主题曲、定档、专访、发布会等是电影营销的主要方式,并且通常多种营销方式相结合,而且有时是同一种营销方式多次采用;此外绝大多数电影不仅在正式上映之前,在上映之后也会展开一系列的营销活动。以影片《天将雄狮》为例,该影片营销活动在影片正式上映前308天就在"Mtime时光网"发布电影定档消息,之后每隔一段时间就进行一次营销活动,持续到最后七天,营销时间跨度达300多天,营销方式多种多样,从而持续吸引目标受众的眼球。其营销方式主要包括:曝光如人物造型海报、林鹏和王若心的双姝造型海报、以"6+1"形式呈现的角色海报、国际版海报、群像海报、漫画海报等各类海报;发布筷子兄弟剧照、成龙率众修建雁门关剧照、BOSS对决剧照、成龙护送"黄金圣衣"剧照、生死兄弟剧照、成龙与众兄弟雁门关内痛饮狂歌剧照等不同故事情节不同人物(特别是热度演员)海报;曝光制作特辑、"成龙功式"特辑、天工开物特辑、"三头六臂"特辑、群星贺岁特辑、IMAX特辑、"群星云集"特辑等众多特辑;发布剧情版预告片、新款剧情预告片等;发布影片主题曲和插曲MV;举行年味十足的全球首映礼;影片主演好莱坞大咖阿德里安·布洛迪和约翰·库萨克专访;票房破5亿元媒体答谢会;等等。此外,还在"豆瓣电影"网上专门开辟影评,与电影观众形成互动。

台湾方面,以2015~2016年台北电影年度票房TOP100"本土"(含合作)电影营销为例,台湾影片营销的主要方式包括预告片、首映礼、见面会、综艺节目、MV或主题曲、影片Facebook专页等多种。据调查,台湾"本土"影片利用Facebook粉丝团作为宣传工具的比例,从2011年的72.22%上升至2014年的88.89%,也有业内人士开始使用通信软件LINE的官方账号,作为营销传播的工具之一;此外,影片众筹目前虽无法完全达到

---

① 王大勇,艾兰. 电影营销实务[M]. 北京:中国民主法制出版社,2011.

电影制作的资金金额,但具有一定的营销效果;民众的电影口碑营销和网络讨论比例比较高,显示出社群媒体与新媒体平台的普及与应用,可提供互动性更高的宣传方式。

第四节　经典案例

一、大陆:影片《湄公河行动》

(一) 概述

《湄公河行动》是一部片长 120 分钟的 2D 制式动作/剧情/犯罪类型影片。该影片由中国香港知名导演林超贤导演,知名演员张涵予、彭于晏、陈宝国等主演,博纳影业集团有限公司、博纳影视娱乐有限公司、华夏电影发行有限责任公司、蓝色星空影业有限公司、北京华鸣星空国际文化传媒发展有限公司、北京云图影视文化传媒有限公司、太阳娱乐文化有限公司、一壹国际影视文化传媒(北京)有限公司联合制作,以及天津博纳文化传媒有限公司、北京百度糯米信息技术有限公司联合发行。该影片分别于 2016 年 9 月 30 日和 10 月 3 日在中国大陆和中国香港上映,票房合计 118923 万元,位列大陆上映电影年度排名第 6。其中,大陆地区 66 天票房累计 118373 万元,香港地区 14 天票房累计 550 万元。网络评分为 8.7 分。

(二) 内容创意源头

《湄公河行动》改编自 2011 年 10 月 5 日发生在湄公河金三角流域的中国商船遇袭案,当时 13 名中国船员全部遇难,船上却发现 90 万粒毒品这一真实案件。影片讲述,为了还遇难同胞一个清白,中国公安集结警队精英组成了此次案件的特别行动小组,企图揪出案件幕后黑手的故事。在该影片之前,这一案件(2011 年湄公河"10·5"案件)就已经被改编成了电视剧《湄公河大案》,该剧由公安部宣传局、公安部禁毒局、云南省公安厅和中国电视剧制作中心有限责任公司联合拍摄,西双版纳州公安局协助拍摄,由安战军、游达志执导，陈宝国、李修贤、李立群、尤勇等主演，并于 2014 年 7 月 15 日开始在央视一套黄金档首播，之后在央视八套、CNTV 网络平台播出；该电视剧在优酷视频网的评分达 9.4 分。从中可以看出，这一电视剧获得了观众的广泛认同。这也为《湄公河行动》影片奠定了坚实的观影基础。

(三) 生产与制作

为确保影片品质，出品公司请具有丰富警匪片导演经验的中国香港著名导演林超贤担任该影片导演。生于 1965 年的林超贤所执导的电影大多是警匪或黑帮题材，他善于在警匪对峙中挖掘人物内心世界，令角色丰满而有深度，能在情理上说服观众、在感情上牵动观众，在观众中拥有良好的口碑。凭借精湛的专业水准，林超贤凭借 1998 年与陈嘉上联合执导的警匪片《野兽刑警》获得了第 18 届香港电影金像奖最佳导演奖；2000 年，执导了黑色幽默电影《江湖告急》，影片获得第 20 届香港电影金像奖最佳影片、最佳男主角等四项提名；2008 年，拍摄了警匪片《证人》，该片在中国内地、中国香港、中国台湾都收获了好评；2010 年，执导了警匪片《线人》，该片获得第 30 届香港电影金像奖最佳影片、最佳导演提名；2013 年，因拍摄动作电影《激战》，获得第 33 届香港电影金像奖最佳导演提名；2014 年，执导了犯罪电影《魔警》，该片入围第 64 届柏林国际电影节全景单元。

在演员选取上，除邀请在热播电视剧《湄公河大案》中饰演公安部禁毒局局长、专案组组长的国内知名实力派演员陈宝国[①]饰演影片公安部部长总警监以达到强化该影片与《湄公河大案》的联系外，还邀请近年来出镜率

---

① 1956 年出生的陈宝国于 1977 年毕业于中央戏剧学院表演系，国家一级演员，中国电视艺术家协会演员工作委员会荣誉会长、中国广播电视协会电视剧演员委员会副会长，大陆实力派影视演员。1982 年，主演个人首部电视剧《赤橙黄绿青蓝紫》，并凭借该剧获得首届中国电视金鹰奖最佳男主角奖；1990 年，在剧情片《老店》中扮演全聚德掌柜杨明全，获得第 3 届中国电影表演艺术学会金凤凰奖表演学会奖；2001 年，因在家族剧《大宅门》中饰演白景琦一角而获得 2001 年度中央电视台黄金时间观众最喜爱的优秀电视剧演员奖，同年凭借警匪剧《公安局长》获得第 21 届中国电视金鹰奖观众喜爱的男演员奖；2005 年，凭借历史剧《汉武大帝》获得第 25 届中国电视剧飞天奖优秀男演员奖；2011 年，凭借电视剧《茶馆》《钢铁年代》再次获得第 28 届中国电视剧飞天奖优秀男演员奖；2013 年，凭借《大宅门 1912》获得第 13 届华鼎奖最佳男主角奖，同年，第二次获得"全国德艺双馨电视艺术工作者"称号；2015 年，凭借农民史诗剧《老农民》获得第 21 届上海电视节白玉兰奖最佳男主角奖，同年，第 5 次获得中国电视剧飞天奖优秀男演员奖。

高并且拥有较高人气的大陆知名实力派演员张涵予①、台湾演员彭于晏②担任主演。

为了筹集电影资金并降低电影制作风险，影片由博纳影业集团有限公司等八家影视企业联合制作出品，并由两家经验比较丰富的电影发行公司共同发行。

（四）影片宣传与推广

从影片首次上映前 382 天发布曼谷开机新闻稿开始直至电影上映后 28 天为止，《湄公河行动》影片制作方每隔一段时间就通过新闻发布会、剧照、海报、特辑、预告片、首映礼以及专访等一种或多种方式在影视宣传推广专门平台"Mtime 时光网"上曝光与该影片相关的一系列事件，并通过搜狐、网易、新浪、腾讯、凤凰网、优酷、土豆、爱奇艺、花瓣网、瓜田网、微博、微信、百度贴吧等十余家网络媒体转载以吸引观众的注意，并且距离电影正式上映时间越近，曝光的频率越高（见图 5-1）。

二、台湾：影片《大尾鲈鳗 2》

（一）概述

《大尾鲈鳗 2》是一部于 2016 年 2 月 5 日上映的台湾喜剧影片。该影片讲述的是，朱大尾厌倦了刀光剑影，金盆洗手，归隐乡间，经营民宿；不过，虽然他要退出江湖，但江湖却离不开他，道上兄弟如影随形；另一方面爱女小芹

---

① 1964 年出生的张涵予是大陆实力派演员，于 1988 年毕业于中央戏剧学院表演系，是中国文学艺术界联合会第十届全委会委员，2002 年首次参演冯小刚电影《大腕》。2008 年凭借《集结号》获得北京大学生电影节最佳男主角、大众电影百花奖最佳男主角、台湾电影金马奖最佳男主角、华语电影传媒大奖最佳男主角、中国电影华表奖优秀男演员等多个奖项，2010 年凭借《风声》获得第一届纽约中国电影节最杰出演员奖，2015 年凭借《老炮儿》获得第七届澳门国际电影节最佳男配角奖提名，2015 年凭借《智取威虎山》获得中国电影金鸡奖最佳男主角。此外，凭借《集结号》于 2008 年获得电影盛典年度男演员和年度最受欢迎男演员奖；还荣获中国魅力 50 人奖（2008）、年度时尚先生 30 人奖（2008）、中国最美 50 人奖（2009）、第 12 届微博年度男神奖（2015）等多个奖项。

② 1982 年出生的彭于晏是台湾地区影视男演员、歌手，毕业于加拿大英属哥伦比亚大学，主修经济学，是导演林超贤的御用演员。2002 年出演首部电视剧《爱情白皮书》而踏入演艺圈。2005 年因出演《仙剑奇侠传》中唐钰一角而受到关注。2011 年彭于晏凭借励志片《翻滚吧！阿信》提名第 48 届台湾电影金马奖最佳男主角。2012 年起，相继主演了动作片《寒战》、爱情片《分手合约》等，并凭借动作片《激战》提名第 50 届台湾电影金马奖及第 33 届香港电影金像奖最佳男配角。2014 年主演动作片《黄飞鸿之英雄有梦》并凭借该片提名第 34 届香港电影金像奖最佳男主角，同年其主演的校园爱情电影《匆匆那年》在中国大陆收获 5.9 亿元票房，在大陆拥有众多粉丝。

图 5-1　《湄公河行动》营销事件

资料来源：根据网站信息由笔者整理所得。

与义子小贺虽然有情人终成眷属，也结婚生子，却误会不断，小芹决定离家出走，又遭到绑架，内忧外患交缠的朱大尾只好"大尾甩尾"，重出江湖。

《大尾鲈鳗2》是 2016 年最卖座的台湾"本土"影片，虽然比《大尾鲈鳗》票房少 2.43 亿元新台币，但全台累计票房仍达到 1.7 亿元新台币。2016 年 9 月 22 日，在唐山举行的第 25 届金鸡百花电影节台湾影展开幕片上，影片监制朱延平、导演邱瓈宽携影片部分演员出席了媒体见面会。

(二) 内容创意源头

《大尾鲈鳗2》是《大尾鲈鳗》的续集。《大尾鲈鳗》是一部于 2013 年上映的台湾"本土"喜剧电影，影片上映 30 天票房就达到 4.1 亿元新台币，挤下九把刀导演的《那些年，我们一起追的女孩》登上台湾"本土"影片史最卖座电影第三名。① 可见《大尾鲈鳗》获得了台湾观众的高度认可。基于此，制片商柏合丽影业股份有限公司、宽银幕制作有限公司决定由原编剧邱瓈宽为主的编剧团队开发延续《大尾鲈鳗》剧情的《大尾鲈鳗 2》。

(三) 生产与制作

为保持《大尾鲈鳗 2》的延续性，该影片由台湾知名导演朱延平②等担任监制，由华人演艺圈知名经纪人和电影制片人邱瓈宽③执导，主要演员仍由主演《大尾鲈鳗》的台湾艺人猪哥亮④、郭采洁⑤、杨佑宁⑥等担任。制片商和发行商也没有改变，由柏合丽影业股份有限公司和宽银幕制作有限公司联合制作，并由美商华纳兄弟公司台湾分公司发行。

(四) 影片宣传与推广

《大尾鲈鳗 2》除注册 Facebook 官方网站外，还从正式上映前 149 天开始主要通过 Yahoo 奇摩电影平台、YouTube、中时电子报、世界电影杂志等媒体不定期曝光与电影有关的事件，主要包括开机仪式、杀青酒、海报、剧照、各类预告片、影片花絮以及影评等，以吸引电影观众的注意（见图 5-2）。

---

① 目前台湾"本土"片史的冠军影片和亚军影片都是魏德圣导演的电影，分别是《海角七号》和《赛德克·巴莱》(上集)。

② 毕业于台湾东吴大学英语系的朱延平是台湾知名导演、编剧、电影策划人。代表作包括《新乌龙院》《大灌篮》《房东老爸》《刺陵》《大笑江湖》《新天生一对》等。2002 年获得第 52 届德国柏林影展 IFFC 所颁发的堂吉诃德奖项和第 47 届亚太影展评审团特别奖。

③ 1963 年出生的邱瓈宽，人称宽姐，是华人演艺圈知名的经纪人和电影制片人，旗下的公司包括银鱼音乐、宽银幕电影。

④ 1946 年出生的猪哥亮原名谢新达，是台湾著名的节目主持人和演员，台湾早期秀场天王、秀场巨星。20 世纪 80 年代与张菲、邢峰齐名，并称"南猪、北张、中邢峰"。除在台湾走红外，猪哥亮在中国大陆、东南亚的闽南人之间也很有知名度。2010 年 10 月 22 日，猪哥亮与侯怡君以民视综艺节目《猪哥会社》荣获第 45 届金钟奖"综艺节目主持人奖"。

⑤ 1986 年出生的郭采洁是台湾平面和广告模特、影视女演员、流行乐歌手。2007 年，发行首张音乐专辑《隐形超人》正式出道；2008 年，出演个人首部电视剧《无敌珊宝妹》受到关注，并获得台湾偶像剧年度最佳新人奖；2009 年，主演偶像剧《那一年的幸福时光》，并凭该片提名第 45 届台湾电视金钟奖戏剧节目女主角奖；2010 年，出演首部电影作品《一页台北》，并凭该片获得第 12 届台北电影节最佳新演员奖；2012 年，郭采洁因在《小时代》中饰演顾里受到广泛关注，并凭该片提名第 16 届上海国际电影节电影频道传媒大奖最佳女主角。

⑥ 1982 年出生的杨佑宁是台湾男演员。2004 年，参演首部电影《十七岁的天空》，获得第 41 届金马奖最佳新人奖和第 5 华语电影传媒大奖"最佳新演员""最佳男演员"提名；2006 年，凭借《圣棱的星光》获得第 41 届台湾电视金钟奖"戏剧节目最佳男主角奖"提名；2011 年，参演电视剧《前男友》获得第 47 届台湾电视金钟奖戏剧节目最佳男主角奖提名。

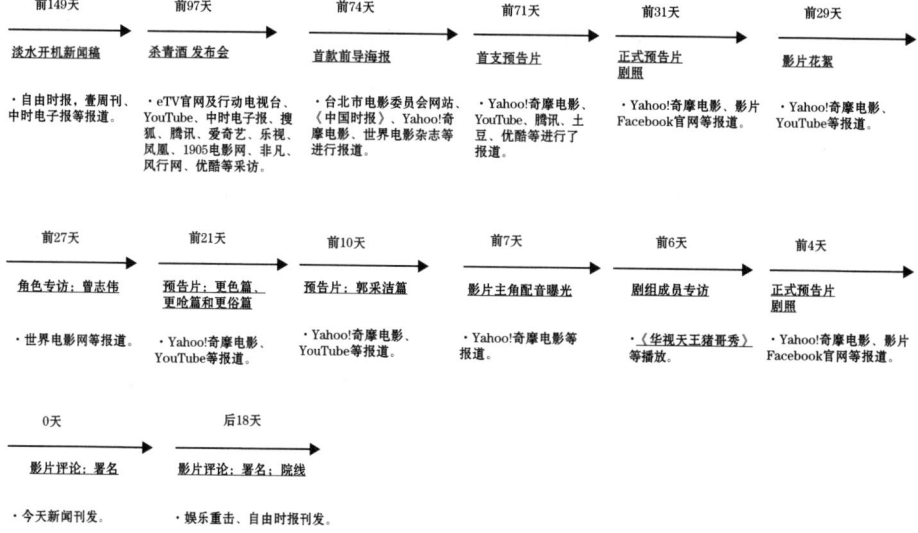

图 5-2 《大尾鲈鳗 2》营销事件

资料来源：根据网站信息由笔者整理所得。

三、小结与思考

《湄公河行动》和《大尾鲈鳗 2》分别作为 2016 年大陆和台湾"本土"商业影片，在竞争激烈的两岸电影市场上都取得了不俗成绩，值得其他电影企业借鉴。

（1）在影片内容创意方面，两部影片都源自获得众多影视观众认可的素材，并以此为基础由编剧进行二次创作，创造全新的故事情节。

（2）在影片制作上，为减少市场风险采用联合制作的方式，或原班人马出演，或邀请原影视剧观众认可度比较高的演员饰演电影主角。此外，通过联合发行的方式将电影推向市场。

（3）在影片宣传上，两部影片主要采取了以下四种策略：①为增加影片曝光率，持续激发观众观影兴趣，电影企业不间断地通过各类媒体特别是网络媒体发布与电影有关的各类消息，包括开机仪式发布会、电影杀青发布会、各类剧照、各类海报、各类专访、影片花絮等；②宣传时间跨度较长，一般从电影开机就已经开始宣传；③宣传强度呈逐步增强态势，临近上映时间的强度尤其更大；④上映前和上映后均通过炒作话题来吸引犹豫不决的观众；⑤参加各类活动，如综艺节目、较有影响力的开幕式等。

虽然这两部影片获得了较高的票房成绩，但和国外同期在两岸上映的影片相比，包括这两部影片在内，两岸"本土"影片特别是台湾影片仍存在着较大差距，需要引起电影从业人员的注意。

（1）众所周知，电影是典型的、以"内容为王"的创意产品。目前两岸电影特别是大陆票房不错的影片的"内容"更多是 IP 改编或口碑较好的影视作品二次创作。这说明两岸电影内容原创比较薄弱。

（2）电影是满足精神消费的创意产品，电影表达的文化价值观会潜移默化地影响观众。包括好莱坞影片在内的影片实际上都会向观众传递本国认同、倡导的价值观，但当下两岸较少有能够反映中华民族内在精神的影片，更多影片只是为了娱乐而娱乐甚至是低俗的娱乐，这需要引起影视编剧的注意。

（3）在电影制作上，现代科学技术越来越多地应用于电影拍摄和后期制作过程中，这提高了电影的观赏性，但同时也带来了电影成本的上升。由于电影是一种高风险的产品，因此有必要在投入成本和潜在收益之间做出理性判断。

（4）在演员选择上，是否一定要邀请时下当红演员主演电影值得电影出品方思考。

（5）在互联网背景下，除在影院上映外，其他视频传播平台也不失为一个比较好的播映渠道。为了有效覆盖各类群体，影片发行公司有必要深入了解影片的可能潜在观众的消费习惯，择机选择合适的在线视频平台。

（6）除了利用传统媒体，电影企业可以充分利用自媒体宣传影片，提高影片的曝光率。

第六章 两岸表演艺术产品比较分析

第一节 两岸表演艺术市场概况

本章的表演艺术产业主要是指除流行音乐之外的音乐、戏剧、传统戏曲、舞蹈的创作、训练、表演等相关业务,表演艺术软硬件(舞台、灯光、音响、道具、服装、造型等)设计服务,经纪,艺术节经营等行业。根据表演形态,表演艺术产品大致可分为现代戏剧、传统戏曲、舞蹈、音乐演出四大类型。

一、大陆表演艺术市场概况

总的来说,大陆表演艺术市场正处于蓬勃发展的时期。以音乐演出为例,根据《2016年音乐产业发展报告》,2015年音乐类演出市场规模达到150亿元,同比增长4.8%。票房总收入为45.55亿元。其中,各类大中小型演唱会的票房总收入为29.72亿元,音乐节票房总收入为3.48亿元,Livehouse票房总收入为6341万元,剧院音乐类演出票房总收入为11.72亿元。大型演唱会仍然占据音乐类演出市场中的最大份额,但小型场馆的演出也开始受到重视和青睐。同时,互联网资本的介入、线上直播的常态化以及国际化程度的提升,正改变着音乐演出市场的运作机制和模式,资金和人才的持续涌入也将使音乐类演出市场的未来生机勃勃、发展潜力巨大。

尽管如此,大陆表演艺术市场仍处于由政府主导向市场主导转换的阶段,市场需求与作品的制作经常沟通不畅。大陆演出企业市场观念相对薄弱，演出团体运作能力比较薄弱。虽然据统计国内演出市场已达上千亿元的规模，但有业内人士估算，其中70%都以各类政府活动为主。目前，还有很多演出机构尤其是地方院团，无视市场信息和消费需求变化，不注重市场营销和运作，仅靠地方政府包办演出批文为生，导致社会资源浪费、自身经营能力薄弱和行业竞争不公。充满活力的民营文艺演出机构则由于资金匮乏导致创新投入少，产品吸引力不够，经营艰难。①

当前，大陆表演艺术的市场化理念依然难以适应快速发展的产业态势。新组建的国有文化集团行政色彩依然浓重；新生的民营力量弱小。此外，很多转型的文化企业推出的项目缺乏甚至忽视前期调研和市场分析，将决策权交予领导定夺。这种决策方式或许有存在的合理性，然而对于长期、稳定、健康发展的文化演出市场而言，弊端明显，不仅不利于演出创作市场化土壤的培育，而且加剧了演出机构在经营上缺乏市场意识和运作能力的状况，不能充分发挥市场的资源配置功能，更不要谈与国际市场接轨。

从机构数看，2009~2014年大陆表演艺术机构数呈稳定增长的态势，从2009年的6139家增加到2014年的8769家，年均增长率为7.39%（见表6-1）。

表6-1 2009~2014年大陆表演艺术机构数量及增长率

年份	2009	2010	2011	2012	2013	2014
机构数量（家）	6139	6864	7055	7321	8180	8769
增长率（%）	—	11.81	2.78	3.77	11.73	7.20

资料来源：国家统计局社会科技和文化产业统计司，中宣部文化体制改革和发展办公室. 2015年中国文化及相关产业统计年鉴［M］. 北京：中国统计出版社，2015：183.

从从业人员看，2009~2014年大陆表演艺术机构从业人员数呈稳定增长的态势，从2009年的184678人增加到2014年的262887人，年均增长率为7.32%（见表6-2）。

---

① 毛修炳. 中国演出市场变化态势与演艺产业的发展对策［J］. 中外企业文化，2014（2）.

表6-2　2009~2014年大陆表演艺术机构从业人员

年份	2009	2010	2011	2012	2013	2014
从业人员数（个）	184678	185413	226599	242047	260865	262887
增长率（%）	—	0.40	22.21	6.82	7.77	0.78

资料来源：国家统计局社会科技和文化产业统计司，中宣部文化体制改革和发展办公室．2015年中国文化及相关产业统计年鉴［M］．北京：中国统计出版社，2015：183．

从收入看，2009~2014年大陆表演艺术机构总收入在经过四年的增长后于2014年出现下滑，并且幅度较大，达到19.15%。但从演出收入看，大陆表演艺术机构演出收入虽然在2014年有所放缓，但仍呈增长态势，五年间年均表演收入增长率高达21.31%（见表6-3）。大陆表演艺术机构总收入在2014年出现下滑的原因可能是它们获得的国家补贴减少。

表6-3　2009~2014年大陆表演艺术机构收入

年份		2009	2010	2011	2012	2013	2014
总收入	绝对值（万元）	1121559	1239255	1540263	2310460	2800266	2264046
	增长率（%）	—	10.49	24.29	50.00	21.20	-19.15
演出收入	绝对值（万元）	288214	342696	526745	641480	735533	757028
	增长率（%）	—	18.90	53.71	21.78	14.66	2.92

资料来源：国家统计局社会科技和文化产业统计司，中宣部文化体制改革和发展办公室．2015年中国文化及相关产业统计年鉴［M］．北京：中国统计出版社，2015：183．

从需求层面看，大陆城市居民文化娱乐消费在不断增长，休闲时间观看文艺演出、欣赏音乐舞蹈等表演艺术已成为人们精神文化生活中不可缺少的内容。这为表演艺术市场的发展创造了巨大的市场空间。

二、台湾表演艺术市场概况

台湾表演艺术体裁、风格各异，形式、内容不同的表演艺术活动在台湾舞台上百花齐放，台湾表演艺术产品不仅有话剧、戏曲、歌剧、舞剧、木偶戏等，还有传统与现代、复演与创新的舞台艺术产品。传统的中国剧种与剧目在台湾舞台上也占有重要的和特殊的地位，除京剧、评剧、越剧和黄梅戏等主要剧种外，还有诸如湖南花鼓戏、川剧、闽剧、粤剧、昆曲、秦腔、江淮戏以及其他一些目前大陆都不经常演出的剧种。

台湾的表演艺术不仅在民间有着雄厚的基础，同时也得到了政府方面的支持。台湾各地区都有本地不同形式、种类的表演艺术团体。它们每年都要举办各种表演艺术活动，丰富多彩的艺术演出使台湾的文艺生活趋于多样化。在此基础上，自1982年以来，台湾当局创办了每年一度的"文艺季"，即每年的9~12月为文艺会演的季节，这为台湾表演艺术机构提供了广阔的舞台，有利于提高台湾表演艺术机构的创新能力和扩大其品牌知名度。

从机构数量看，2009~2014年台湾表演艺术机构数量呈快速增长趋势，从2009年的1607家增加到2014年的3005家，年均增长率达13.34%（见表6-4）。对比大陆，台湾机构数量的年均增长速度略高。

表6-4　2009~2014年台湾表演艺术机构数量及其增长率

年份	2009	2010	2011	2012	2013	2014
表演机构数量（家）	1607	1895	2139	2353	2671	3005
增长率（%）	—	17.92	12.88	10.00	13.51	12.50

资料来源：台湾文化事务主管部门发布的《2015年台湾文化创意产业发展年报》，第51页。

从营业额看，2009~2014年台湾表演艺术机构营业额呈逐年稳定增长的态势，增长速度时快时慢，营业额从2009年的8491078千元新台币增加到2014年的15854748千元新台币，年均增长率为13.30%（见表6-5）。其中，剧团营业额从2009年的636059千元新台币增加到2014年的754130千元新台币，年均增长率为3.46%，但和2013年相比，2014年营业额下降幅度达到30.80%；舞团营业额除2011年外呈增长态势，从2009年的42944千元新台币增加到2014年的55327千元新台币，年均增长率为5.20%；音乐表演营业额下降幅度较大，从2004年的961629千元新台币下降到2014年的468732千元新台币，年均减幅达6.93%；民俗表演艺术营业额绝对数最少，但增长较快，从2009年的3304千元新台币增加到2014年的8730千元新台币，年均增长率21.45%（见表6-5）。和大陆相比，台湾表演艺术机构营业额也实现了高速增长，但幅度相对较小。

表6-5 2009~2014年台湾表演艺术机构营业额概况

年份		2009	2010	2011	2012	2013	2014
营业额（千元新台币）		8491078	10365385	11257448	12825424	14703424	15854748
增长率（%）		—	22.07	8.61	13.93	14.64	7.83
其中：							
剧团	营业额（千元新台币）	636059	843834	837974	924546	1089821	754130
	增长率（%）	—	32.67	-0.69	10.33	17.88	-30.80
舞团	营业额（千元新台币）	42944	48018	39782	43292	50369	55327
	增长率（%）	—	11.81	-17.15	8.82	16.35	9.84
音乐表演	营业额（千元新台币）	961629	940491	714403	670243	821526	468732
	增长率（%）	—	-2.20	--24.04	-6.18	22.57	-42.94
民俗艺术表演	营业额（千元新台币）	3304	3777	4628	5079	6194	8730
	增长率（%）	—	14.34	22.52	9.75	21.95	40.94
其他艺术表演	营业额（千元新台币）	1798170	2110858	2533336	2591262	2659157	2877827
	增长率（%）	—	17.39	20.01	2.29	2.62	8.22
其他	营业额（千元新台币）	5048972	6418407	7127325	108591002	10076357	11690002
	增长率（%）	—	27.12	11.05	20.54	17.29	16.01

资料来源：台湾文化事务主管部门发布的《2015年台湾文化创意产业发展年报》，第51页。

从表演艺术市场需求看，2009~2014年台湾表演艺术机构仍以台湾"本土"市场为主，近几年台湾"本土"市场营业额占比一直维持在98%左右（见表6-6）。

表6-6 2009~2014年台湾表演艺术机构"本土"市场营业额

年份	2009	2010	2011	2012	2013	2014
内销额（千元新台币）	839518	10254185	11134357	12592791	14455595	15526433
内销占比（%）	89.21	98.93	98.91	98.19	98.31	97.93

资料来源：台湾文化事务主管部门发布的《2015年台湾文化创意产业发展年报》，第52页。

第二节 表演艺术产品创作比较分析

下面从两个方面对表演艺术产品创作进行比较分析。

一、文化萃取之比较

大陆方面,大陆表演艺术产品创作人员通过对中国历史文化、地理资源等进行实地调研的方式进行文化萃取。我国丰富的传统文化资源构成了大陆表演艺术产品最重要的创作素材。一是众多的历史文化资源,包括与历史人物有关的故事、遗迹等;二是众多神话故事和传说;三是众多与历史事件有关的书籍;四是各地风俗、习俗、歌舞、服饰等沉淀下来的民间文化资源;五是独特的自然资源;等等。大陆表演艺术产品创作者充分利用这些文化资源,基于创作者的创造性活动,将这些文化资源进行重新组合进而嵌入在自己的创作之中,创造出全新的表演艺术产品或者对"旧"的表演艺术产品进行改良升级,获得观众的认可。可以说,以我国传统文化元素为源泉的"中国创意"构成了大陆表演艺术产品的核心竞争力。例如,说唱剧《解放》的成功就胜在截取民族文化切片进行二度创作,而大型山水实景音乐剧《天门狐仙·新刘海砍樵》则赢在直接向中国民间传说"要素材"。对我国传统文化元素的充分挖掘、对民间传奇的完整演绎,是大陆表演艺术产品在创作过程中进行文化萃取最常用的方式。和台湾相比,大陆创作人员更注重选择大陆本土文化资源,从而使表演艺术产品更具浓郁的地域文化特色和传统性,这显然没有充分考虑更广阔地域消费者的文化认识和认同感,从而也导致表演艺术产品的市场适应范围相对较窄。这样,一旦这类表演艺术产品离开其文化资源属地,极有可能难以生存。例如,陕西华县的皮影戏,虽然历史价值、艺术价值和民俗价值都比较高,但因其表现内容、表演方式、艺术表现方式和审美特征的地域特征特别明显,因此这一产品的排他性比较强,市场适应性差,从而不宜做成跨区域推广的特色创意产品。

台湾与大陆文化虽然同宗同源,但是由于长期的殖民统治和代工经历使台湾与大陆的政治背景和经济背景并不一样。台湾长期受到西方文化与日本文化的熏陶，文化资源更加多样化和国际化，不光拥有中华传统的文化资源，还具有西方和日本等各个国家传递过来的文化资源。与此同时，台湾当局官员、学者、企业家、艺术家等也普遍受到西方文化的熏陶。例如，文学家白先勇（1965年取得爱荷华大学硕士学位后在加州大学圣塔芭芭拉分校教授中国语文及文学）、戏剧界的赖声川（出生于美国并且获得了美国加州伯克利大学戏剧博士）以及享誉国际的舞蹈家林怀民（留美期间，一面攻读学位一面研习现代舞；1972年从美国爱荷华大学英文系小说创作班毕业，获得艺术硕士学位。）等，他们都有到国外进行交流与学习的经历，在思想上开始将中西文化进行交融，视野更加开阔。因此，表演艺术产品的创作者在文化萃取方面往往将我国传统文化资源和西方文化资源进行有机融合，将传统文化元素与时尚文化元素进行有机融合。例如，赖声川创作的《那一夜，我们说相声》就采用了中国传统的曲艺相声和舞台剧相结合的独创手法。类似的还有台湾著名的表演团体云门舞集，也是从中国传统的书法、太极等与西方的舞蹈中取材。这些表演艺术产品演出后均获得了表演艺术市场的高度认可，吸引了众多观众的目光，获得了巨大的成功。因此，这一中西、传统与时尚的"文化双融合"的文化萃取模式成为了台湾表演艺术产品最常见的文化萃取方式。

不过，和大陆相比，台湾在文化资源萃取方面过多依赖一个剧团的主要负责人，以及有时没有充分了解所利用的文化资源。这样，虽然台湾在表演艺术产品创作上追求中西文化融合，但由于不能够充分了解每一种文化，极有可能导致只是简单地借鉴他国艺术形式，造成表演艺术产品虽多但缺乏丰富的文化内涵。例如，台湾话剧演出的剧目花样繁多，经常演出一些改编的西洋名剧、默剧、肢体语言剧，表现形式有希腊戏剧的合唱、朗诵，有仿效叙事诗剧场的说书人上台，也戴着各种各样的面具上台，在表现手法上花样很多，但却不能够吸引观众。

二、内容创意之比较

大陆方面，内容创意越来越提倡"中国元素，中国制作；中国故事，中国表达"。创意设计阶段往往利用文化萃取阶段提取的中国元素、中国故事再结合符合国人思维的观点，来表达创作人员传承传统文化的思想。例如，近年来内地兴起的实景演出。以真山真水为演出舞台，以当地文化、民俗为主要内容，融合演艺界、商业界大师为创作团队的独特文化模式，是中国人的独创。《鼎盛王朝·康熙大典》《中华泰山·封禅大典》以及《天门狐仙——新刘海砍樵》都是将旅游资源与民俗等以演出的形式转化出来，这就是典型的中国元素、中国表达方式。但要注意的是，大陆表演艺术的内容创意存在大量同质化和品质不高的现象。同质化的主要原因是，很多制作团队在某一个作品获得观众认可后，往往只是对一个作品进行表面上的改动，他们并没有深入了解目标消费者需求的差异性。显然，这种同质化的表演艺术产品会带来审美疲劳。而高质量的原创作品匮乏的原因有很多。例如，由于表演艺术市场是小众市场，对大多数创作人员的吸引力有限，从而导致这些创作人才流向诸如电视、广告业等获利更大的行业之中；知识产权保护不力、文化经济政策落实不够等。但是，引致表演艺术产品质量不高的根本原因恐怕是创作观念和管理制度不适应市场经济。

台湾方面，内容创意体现了"国际元素，国际制作；国际故事，国际表达"。由于台湾"本土"市场规模有限，台湾"本土"表演艺术机构为了争取更多的市场，在文化元素转化过程中更加注重从国际化角度进行创作。例如，赖声川的表演工作坊提取传统的中国相声中的元素，并将它与外国舞台剧元素结合起来转化形成了独特的演出形式，以及白先勇将传统的昆曲进行青春版的改造，添加了许多时尚元素，这些都是国际元素转化与表达的形式。

不过，和大陆相比，台湾的表演团队并非大型国有团体而是民营小剧团，它们的资金有限。因此，由于资金的不足，往往会使内容创意的最终呈现不能够真正表现出创作人员的最初设想。

三、典型案例

台湾与大陆在发展舞蹈的基本思想上极其相似，都在寻求东西方结合以发展中华当代舞蹈之路。但因客观环境的不同，其形式又有所差异。大陆舞蹈家受传统影响较深、民族基础较厚、严谨规范性较强；刘凤学、林怀民、游好彦等台湾舞蹈家受到西方现代舞的熏染较多，更注重抽象与自由，但基于他们对民族、对舞蹈的赤诚，所以他们更重视东西方舞蹈文化结合上的个性化发展，由此形成了他们各自现代感、民族性与个人风格都较突出的艺术风格。

(一) 大陆典型案例:《云南映象》

《云南映像》是一部大型的关于云南当地风土人情的"原生态"舞集。从2004年开始,这部登上昆明舞台并且斩获各大奖项的歌舞走出昆明为全国观众甚至全世界观众所熟知。这一大型舞蹈的总编导杨丽萍女士于1958年11月出生在云南,白族人,以"孔雀舞"而出名,是第一位先后在国内外举办了多场个人舞蹈晚会的青年舞蹈家,同时也成为继刀美兰之后的"中国第二代孔雀王"。

在文化萃取阶段,通过实地走访的形式,对当地的文化资源与风土人情进行文化元素的提取。

云南是我国少数民族种类最多、跨境民族最多的边疆省份,其中仅人口在5000人以上的少数民族就有25个,云南独有的少数民族有15个,16个民族跨国境而居。在长期的历史发展进程和生产生活实践中,云南各少数民族形成了丰富多彩、独具特色的语言文字、音乐舞蹈、民间文学、风俗习惯、宗教信仰、民族医药以及人文典故等文化遗产,成为中华文化的重要组成部分,为我国乃至世界的文化多样性做出了非常重要的贡献。

杨丽萍通过在云南各地走访,采集了云南丰富的文化资源,其中包括了方方面面的文化元素,既有对宇宙万物的元素利用如孔雀的特点,又有当地原始民俗宗教仪式的元素、民族服饰、当地居民"泛神论"思想的运用如对太阳的崇拜、生殖崇拜和土地崇拜等;收集了许多可以运用在舞蹈上的音乐元素,既有老人们口传心授的"长诗",也有生活劳作、情感交流的"对歌",还有对自然赞叹的"海菜腔"。总结来说,杨丽萍本着保护云南当地的民族文化资源、传承民族文化以及发掘与创造唯美舞姿的目的,充分挖掘这些民族文化资源并对其进行有机融合。

创意设计阶段,通过在舞蹈中选取如宗教仪式中的舞蹈元素等文化符号结合现代舞台美术、灯光、服饰的修饰,把民间文化用现代的手法呈现在了观众的面前。在文化元素转化这一过程中,我们可以看到这支舞蹈更多的是"沉淀了人类原始的自然特性"和"人类进化的印迹",这些特性和印迹,是少数民族的重要印记,同时也成为了识别某一民族的重要"标记"。即可以在某种程度上表明这部舞集更多的是侧重于其"原生态"性。在这台"原生态"的舞剧中,观众可以看到祖祖辈辈的生命在舞台上的还原,看到烟盒舞、甩发舞、鼓舞和打歌舞,听到少女们的海菜腔,还有"朝圣"一场中名叫阿布的小女孩的领唱。所有这一切都会让观众感到心灵上的震撼,甚至流泪。

《云南映象》最新颖也最可贵的艺术价值在于创作表演过程本身就具有可贵的市场意识。也就是说,在《云南映象》的编创和表演中,创作人员将艺术思维与市场思维创造性地融合在一起。《云南映象》的创作过程和演出过程是艺术创作和文化生产的统一体。此外,《云南映象》在整台歌舞的编创表演中,大量设计和使用了吸引当代观众视听审美感受的民族民间歌舞元素、民族文化的原生态以及现代舞美灯光等科技手段。

(二) 台湾典型案例:"云门舞集"

"云门舞集"由舞蹈家林怀民先生创办于1973年,截至云门成立30周年,云门共走过了20多个国家,登上了200多个不同的舞台,完成了近1600场演出,使台湾文化在世界舞台获得认可和尊重。云门舞集的创办人林怀民先生是一位拥有中西方教育背景的传奇人物。他出身于书香门第,祖父是清末的秀才,父母都是留学日本、毕业于东京大学的高才生。家中的背景和成长的环境,使中西方文化在林怀民先生身上融合,继而体现在云门的作品中。

在文化萃取阶段,云门舞集文化元素的萃取主要倚仗于创始人文化教育背景结合中西方文化来提取文化符号。

"云门舞集"自成立以来创作出了许多部著名的舞集。如《白蛇传》《流浪者之歌》《行草》《水月》《竹梦》等舞蹈作品相继都成为了舞台演出的传奇。在西方,云门的作品可以说已经成为东方现代舞蹈的代名词。在创作之时,林怀民对海内外华人的欣赏与认知习惯进行了仔细的分析,并且在后期的创作中也考虑到了世界其他观众的审美观,从观众的视角来提取中国传统文化符号。例如,《白蛇传》中的藤窝与竹帘,《红楼梦》中象征十二金钗的身着12种花卉披风的女子,以及中国传统书法的运用,云门舞集的舞蹈中出现了中国传统舞蹈中的舞蹈技巧,太极、书法、静坐等常见的中国文化元素也出现在云门舞集中,而且还提取了西方的文化元素,包括西方的现代舞蹈技巧(如芭蕾等)和西方的音乐。

创意设计阶段,打破了传统的舞蹈范式,在根源上将中西方文化融入到舞蹈文化之中。

有机整合所提取的中国和西方代表性文化元素,结合当下观众追求思想解放、自由奔放的消费观念,林怀民在创意设计阶段努力地打破传统舞蹈的范式。例如,林怀民在创作过程中并没有遵循西方已有的创作观念,停留在以西方的认知方式解读东方题材的层面上,而是在传统文化的本体中寻找创作动机赖以产生的思想根源和符合民族性的表达方式，逐渐形成了既具现代特征，又有独立文化品格的现代舞蹈观。传统文化通过现代性的演绎，被赋予了时代特征，使观众能够更深切地感悟到文化艺术本身的永恒与价值。这非常符合海内外华人的欣赏与认知习惯，获得了广泛的文化认同。

综合两个案例可以看出，《云南映像》作为内地具有代表性的演出作品，在整个内容创意的过程中体现出了创意主导的方式，主要是从创作人员视角出发，依照本地所拥有的文化资源来进行创作。而以"云门舞集"所创作的各种舞蹈作品为代表的台湾表演艺术产品则重视观众对文化价值的认同，期望通过这种方式使作品更加具有全球色彩，从而有效回避台湾"本土"表演艺术市场规模狭窄这一不足。

第三节 两岸表演艺术营销比较分析

表演艺术的营销与一般艺术产品有所不同。在营销中，表演艺术提供的产品基本上是一种服务，而非有形的产品。一般认为，表演艺术具有不可触及性、易逝性、不可分割性、异质性与顾客参与性。[①] 大陆和台湾表演艺术的营销大同小异，和台湾相比，大陆表演艺术机构更加注重通过官方网站宣传推广自己，以及通过第三方平台特别是微信公众号来向目标观众进行定向宣传推广。

一、大陆表演艺术营销

下面以国家京剧院为例探讨大陆表演艺术营销相关问题。

（一）国家京剧院概况

成立于 1955 年 1 月的国家京剧院是中华人民共和国文化部直属的国家艺术院团，首任院长是京剧艺术大师梅兰芳，剧院下设一团、二团、三团、梅兰芳大剧院及人民剧场等。[②]

[①] 陈亚萍. 台北市表演艺术观众之生活形态与营销研究 [D]. 中国台北："中央大学"艺术学研究所硕士学位论文，2005.

[②] 国家京剧院概况资料来源于其官方网站。

自建院以来，剧院汇集了一大批杰出的表演艺术家和剧作家、导演、作曲家、舞台美术家等，组成了精英荟萃、实力雄厚的京剧艺术表演团体。其中包括著名表演艺术家李少春、袁世海、叶盛兰、杜近芳等，著名导演阿甲等，著名剧作家翁偶虹、范钧宏等。

60多年来，国家京剧院继承、创编、上演了500多部不同题材、体裁的优秀传统剧、新编历史剧和现代京剧，基本形成了善于继承、精于借鉴、勇于创新、精于塑造人物形象的艺术精神，以及思想内容丰富、艺术严谨、舞台清新、流派纷呈、阵容齐整的艺术风格。常演代表剧目有《野猪林》《三打祝家庄》《吕布与貂蝉》《白蛇传》《柳荫记》《九江口》《谢瑶环》《三岔口》《穆桂英挂帅》《大闹天宫》《满江红》《杨门女将》《红灯记》《平原作战》《红色娘子军》《春草闯堂》《蝶恋花》《江姐》《文成公主》等，具有广泛影响，并赢得了观众的喜爱。

国家京剧院担负着重要的对外文化交流任务，不断派出艺术团到世界各地演出。曾先后出访50多个国家和地区，足迹遍及五大洲，赢得了良好的国际声誉。为促进中外文化交流，增进中国人民同世界各国人民的友谊，做出了积极的贡献。

(二) 营销策略

下面将从票务、宣传、公关、活动推广等方面阐述国家京剧院的营销策略。

在票价结构方面，根据不同剧目和剧场的不同位置采用差异化的定价策略。以梅兰芳剧院演出票价为例，最低票价分布在50~180元，以80元最为常见；最高票价分布在380元或以上，其高低和主要演出人员以及剧目高度相关，充分和市场接轨。根据梅兰芳剧院座位的布局，票价档次可分成5档或以上。以2017年4月30日晚场上演的《京剧名家名段演唱会》为例，其演出票价共有9个档次，最低票价位于剧院三层11~13排以及四层东、西两侧座位，票价为80元；最高票价位于二层黄金台包厢、雅观楼包厢以及麒麟阁包厢。此外，为促进销售，还推出了系列演出票务优惠方案或针对单场演出进行折扣的策略。

在宣传方面，除在官方网站发布演出节目和其他信息外，国家京剧院还通过媒体计划、新闻稿的撰写以及自媒体等进行宣传。例如，国家京剧院开通了官方微信公众号、官方微博、QQ号等和观众形成良性互动。

在公关方面，国家京剧院的主要工作是形象推广。国家京剧院通过官方网站推出最新的活动信息以及观众所关注的一些信息，同时也会在人民网、《中国文化报》等国内主流媒体上进行宣传。

在推广方面，国家京剧院主要通过官方网站、微博、微信公众号、报纸和第三方网站等媒体上推广剧目，介绍包括票价、演员专访等演出剧目信息。例如，观众可以通过官方网站浏览即将上演的剧目及其剧情简介、演出时间、演出票价、演出时长、演出地点以及主要演出人员、主创人员等。这样，观众可以更有效地评估这一剧目是否值得一看。

在销售渠道方面，目前国家京剧院开通了网上售票系统，观众不需要注册就可以提前至少近一个月通过其官方网站，根据自己对价格和座位的偏好直接购买门票和选定座位，然后采用国内银行卡、环迅支付或支付宝完成订票。此外，手机用户还可以通过关注其官方微信公众号，采用微信支付票价的方式进行订票。

二、台湾表演艺术营销

下面以云门舞集为例探讨台湾表演艺术营销相关问题。

（一）云门舞集概况

"云门舞集"是台湾编舞大家林怀民在 1973 年以"云门"这一中国最古老的舞蹈为名而创办的，它是台湾第一个职业舞团。云门舞集的舞者大多是舞蹈系的毕业生。除正式剧场的演出外，云门每年还在台湾不同城市举行大型户外演出；此外舞团还在欧、美、亚、澳各洲两百多个舞台上进行演出，获得了各地观众认可以及舞蹈评论家的高度赞赏。2003 年，台北市将云门三十周年特别演出的首演日 8 月 21 日订为"云门日"，并将云门办公室所在地复兴北路二三一巷定名为"云门巷"，肯定并感谢云门舞集 30 年来为台北带来的感动与荣耀。[①]

云门舞集在行政执行总监下分为舞团及基金会两部分。其中，舞团部分管理所有演出以及表演者的相关事务；基金会部分则处理公关行政以及云门教室的相关事务。云门舞集经营策略上的发展目标是"通过舞蹈创作及相关活动推广，丰厚台湾文化，充实人们精神生活，并拓展国际文化交流"。为了达成目标，以企业化精神经营专业舞团，吸收培训艺术人才，充实财源发展市场，

---

① 资料参见云门舞集官方网站，https://www.cloudgate.org.tw。

而舞蹈作品则呈现多元化的创作风格，成为一个创造力充沛的团体，具有"本土"与世界性，传统与前卫，兼容并蓄。厚植文化扎根台湾的理念，并促进国际文化交流。

云门舞集目前有两个演出团队即"云门舞集"和"云门舞集2"。其中，云门舞集2在创办之初由罗曼菲女士出任艺术总监，2006年罗曼菲病逝后由林怀民担任，2014年由郑宗龙接任艺术总监一职。云门舞集2的基本任务是前往台湾各乡镇、社区、学校，以灵活的工作方式与地方产生良性互动，并找出更有创意的方式，融入地方的需要。

根据《2015年财团法人云门文化艺术基金会年度报告》，2015年云门舞集在海内外巡演57场，观众超过16万人次；云门舞集2海内外巡演及教育推广活动共93场，吸引了6万人次参与。云门舞集的收入主要由业务性收入、民间捐助和政府补助三部分组成。年度报告显示，2015年财团法人云门文化艺术基金会总收入为227898960元新台币。其中，业务收入为78912716元新台币，占34.63%；民间捐助91046244元新台币，占39.95%；政府补助57940000元新台币，占25.42%。

（二）营销策略

云门舞集推出新舞蹈时，都会依照票务、宣传、公关、活动的推广，并且积极推广表演艺术至校园中，在校园发展义工；除了一般传统营销之外，云门会借助网络定期发送电子邮件给云门之友，在每场表演结束后，都会发送问卷以留下观众的基本信息，用以收集观众资料及建档，并且架设云门之友网站，为观众提供一个沟通交流的平台。

在票价结构方面，除了考虑演出制作成本因素之外，也会依据过去的情形定位。作为表演团体而言，观众的接受度较难突破，原则上最低票价皆维持固定；而最高票价则依单一出戏的制作费用而定，不同剧目的最高票价并不一样，一般会随着制作成本的提高而提升最高票价。在票价定位及分级上，每种票价依赖于座位数的规划，均基于制作费及剧团多年累积的经验而定（包括会员的购票情形或其他优惠制度等）。

在宣传方面，除在官方网站发布演出节目及其行程外，云门舞集还通过媒体计划、新闻稿的撰写以及记者会等进行宣传。例如，在剧目演出的前两个月，观众可以看到各大报纸以大篇幅报道云门舞集的演出活动，标题为演出的主题背景和首演日期。

在公关方面，云门舞集的主要工作是形象推广和企业演出接洽。通过官方网站，观众可以看见表演团队公开义演的足迹，而且民众不需要购票就可以观看到云门舞集的表演，从而在民众心中树立良好的正面形象，吸引企业和个人的赞助。此外，为了提升员工的艺术修养，有些企业也会和云门舞集进行接洽，在为企业打开知名度的同时，云门舞集也可以获得企业在资金上的支持。

在推广方面，云门舞集除借助其官方网站外，还通过第三方网络平台、报纸杂志、广播电视等进行推广。例如，2015年9月15日《纽约时报》以"云门舞集：一个流动跳跃的台湾象征"为标题，搭配云门在台东池上秋收稻穗艺术节演出的"稻禾"照片，以两个半版彩色图文，大幅度报道云门与"稻禾"的纽约首演。在 Discovery 人物志中，特别为林怀民的"狂草"做专题报道；在中天电视台"中天书坊"、TVBS101"高峰会"做谈话性质的节目；ETFM"周末大人物"杨照专访林怀民先生，请他谈"狂草"的创作灵感、编舞过程，以及在飞碟联播网之飞碟晚餐、爱乐电台之午餐音乐会等广播电台上宣传舞蹈作品。

在销售渠道方面，目前云门舞集除采用网络售票系统外，也会在各大书店现场售票。具体而言，云门的基本售票通路包括：①网络售票系统。如年代、宽宏或两厅院等[①]第三方网络售票系统。②人工售票网点。除文化中心，云门还会开发其他合适地点作为售票点。③电话、信用卡与传真订票。云门在1992年率先提供了信用卡订票服务，通过传真及电话，向云门办公室直接订票。据了解，在每一季度的售票中有60%~70%是由信用卡购票。

第四节　经典案例

一、歌仔戏概述

歌仔戏（芗剧）是流传于福建及台湾地区的地方传统戏曲之一。起源迄

[①] 年代、宽宏、两厅院均为台湾地区网络售票平台，主要出售音乐会、电影、舞蹈、戏剧、演唱会、讲座、节庆活动、展览、体育赛事、旅游景点等门票。

今有百余年历史,相传歌仔戏是由福建漳州地区的"歌仔"(锦歌),结合车鼓小戏的身段与地方歌谣小调发展而成。"歌仔"原为说唱艺术,自明代以来就流传于漳州地区,锦歌是每首四句的传统民间小调(以七言或五言为一句),原先仅是描述日常生活的歌谣,后来才发展成演唱地方故事的小调。"车鼓"则属歌舞小戏,盛行于福建民间,随着移民的迁徙传播,歌仔音乐与车鼓小戏才传入台湾。

歌仔戏乐器和其他戏曲一样,分文场戏和武场戏,武场戏的乐器同京剧相似,有通鼓、竖权、板鼓、木鱼、小钹、大钹、大锣、小锣、铜铃,还加上小叫、柳盏等。文场戏乐器,早期以壳仔弦、大广弦月琴、台湾笛为主,后来又采用二胡、洞萧、鸭母笛、唢呐,之后又发展成有琵琶、大唢呐及西洋乐器参与伴奏。

歌仔戏开始以一男一女的对唱为主,后发展为有生、旦、丑三行并兼备科、曲、白的成熟戏剧。其生行有小生、老生、文生、武生;旦行有苦旦、正旦;丑行有三花、老婆等角色。众角色都用"真嗓"演唱,其中以苦旦最具特色。

歌仔戏的内容以演唱民间故事为主,剧目有《陈三五娘》《刘秀复国》《八仙过海》《济公传》《梁山伯与祝英台》等,多强调忠孝节义,一般没有固定剧本,至今仍沿袭以"戏先生"讲戏并分配角色的方式演出。

二、大陆歌仔戏:以漳州市芗剧团为例[①]

(一) 概述

漳州市芗剧团最早可追溯到 1951 年,由台湾歌仔戏剧团霓光班和漳州改良戏(邵江海、林文祥等在台湾歌仔戏基础上发展出来的)剧团新春班共同组建的漳州实验(芗)剧团。1960 年,以龙溪地区芗剧团名称参加"重点剧团全国巡回演出",作为中华人民共和国文化部的重点剧团,曾到过汕头、韶关、广州、长沙、武汉、南京、苏州、无锡、上海、杭州等地巡回公演。剧团现有郑秀琴(中国国家一级演员)、吴兹明(中国国家一级导演)、陈彬(歌仔戏)(中国国家一级作曲)等多位获评正高级艺术系列职称的创作和演出人

---

① 本部分内容基于网络特别是漳州芗剧团官方博客和微博信息,由笔者整理得到。

员。1995年首度应邀到台湾巡回公演,并在台湾录制多张歌仔戏音乐光盘。2008年,剧团再次到台湾,在台南市等地公演了《李三娘》《雪梅教子》《沈园惊梦》。2008年,漳州市芗剧团被列为闽南文化保护示范点。目前,郑秀琴、吴兹明列进了中国文化部第二批国家级非物质文化遗产项目代表性传承人名录。

(二) 演出剧目及衍生产品

和台湾稍有不同,漳州市芗剧团以公演剧目为主。公演的主要剧目有:古装戏,主要包括《三家福》《水仙花》《卢梦仙》(邵江海编剧,又名《李妙惠》)、《黄道周》《逐荷志》《加令记》《四进士》《梁山伯祝英台》《李三娘》(《白兔记》)、《雪梅教子》《薛丁山樊梨花》《吕蒙正》(《彩楼记》)、《什细记》(《李连生》)、《西施与伍员》《保婴记》(新版)、《千里送京娘》《三关摆宴》《吴美娘挂帅》《讨学钱》19部剧目;现代戏,主要包括《渔岛民兵》《台民泪》《碧水赞》《台湾阿舅》《戏魂》五部剧目。

从上述剧目来看,漳州市芗剧团的剧目主要取材于闽南地区或台湾地区民间故事/传说、闽南地区或台湾地区历史传记/故事/史实、中华民间故事/传说/历史演义以及小说等。比如,古装芗剧目《保婴记》讲述了发生在古代闽南乡间的故事。现代戏芗剧目《台民泪》取材于1947年"二·二八"台湾人民抗议美军暴行爱国运动这一历史事实。

漳州市芗剧团的主要衍生产品是剧目音像制品,除此之外,目前没有以剧目为主题或知名演员为主题的其他衍生产品。

(三) 宣传推广与销售渠道

漳州市芗剧团宣传和推广的渠道主要包括依托互联网平台、申报奖项以及免费公演三种方式。具体而言:

(1) 依据互联网平台。主要通过官方博客、微博即时发布各类与剧团有关的信息,如发布演出日程、剧照等,并与粉丝形成互动。数据显示,截至2018年10月31日,其新浪官方微博有包括厦门卫视戏剧节目组、闽剧网在内的129人关注,粉丝数量为578个。除此之外,"戏剧屋"这一专门传播中国各类戏剧的网站也会发布其最新剧目信息。

(2) 申报奖项。例如,1992年,剧团改编自台湾洪醒夫原著小说《散戏》的现代戏《戏魂》获得了文化部第二届文华奖中的"文华新剧目奖",成为史上第一部得到文华奖的芗剧(歌仔戏);杨联源和方朝晖联合创作的《戏魂》剧本获得第二届文华奖"文华剧作奖";郑秀琴以饰演《戏魂》中"章月娇"一角获得第二届文华奖"文华表演奖";芗剧《保婴记》于2013年11月获第十三届中国戏剧节优秀剧目奖;2015年徐玉香获得第十二届福建省"水仙花"戏剧奖①专业组金奖。通过这些奖项向观众传递了该剧团的专业水准,提升了该剧团的知名度。

(3) 公益演出。和台湾歌仔剧团一样,漳州市芗剧团也会通过在社区免费公演以强化与社区的关系,扩大其知名度。例如,2015年在长泰上蔡"慢客村"公益演出改版后的经典剧目《保婴记》。

目前,漳州市芗剧团主要通过售票点销售门票。

(四) 促销策略

从网上信息看,除赠送特定剧目门票外,漳州市芗剧团没有采取任何促销策略促进剧团门票的销售。

三、台湾歌仔戏:以明华园天字戏剧团为例②

(一) 概述

明华园由陈明吉于1929年创立,是台湾地区规模最庞大也是最著名的殿堂级歌仔戏剧团,是台湾第一个以现代化、企业化、制度化手法经营的传统剧团。剧团足迹遍及欧洲、美洲、非洲多个国家,以及中国大陆成都、厦门、深圳、广州、苏州、浙江、上海、北京等各大都市以及台湾"本土"的小乡镇、外岛、校园等各个场所。

由总团长陈胜福领军的明华园戏剧总团,目前旗下共有8个子团(即天、地、玄、黄、日、月、星、辰)与4个协力团队(即绣花园、胜秋团、扬明园、艺华园),这些剧团平时散居在台湾各地,由明华园第三代年轻人经营且独立运作,只有在总团公演时才召集各子团人马配合演出。

天字戏剧团(以下简称"天字团")成立于1983年。由团长陈进兴先生领队,天王小生陈昭香、魅影小生陈丽巧、当家小旦孙诗雯、新生代小生吴奕

---

① "水仙花"戏剧奖是福建省级戏剧专业奖项,诞生于1986年,原为福建省"水仙花"戏剧比赛,从2007年开始规范为福建省"水仙花"戏剧奖,每两年举办一届,涵盖了京剧、越剧、闽剧、梨园戏、高甲戏、歌仔戏(芗剧)等多个剧种。

② 本部分内容基于明华园天字戏剧团博客、YouTube频道等网站信息,由笔者整理而成。

萱及众多优秀的团员组成。

（二）剧目及衍生产品

天字团演出分两类，即民戏和公演戏。① 其中，民戏剧目包括《五雷报》《姑娘庙》《阴阳错》《阴阳错》（奕萱小旦版）、《聚宝盆》《三宝大殿》《兄弟多情》《江山美人》（又名《南阳关》）、《霸王别姬》《魏征斩龙王》《观音收大鹏》《广泽尊王传奇》《周公法斗桃花女》（民戏版）、《大道公大战妈祖婆》14部。公演剧目包括《信》《宫变》《碎魔剑》《蓬莱大仙》《青阳大大爷》五部。

从上述近20部剧目来看，天字团戏剧的内容创意源头主要来自于民间神话故事/传说、历史故事、历史演义小说、神话小说、电影或普遍的社会现实，事件发生地并不局限于台湾或闽南地区，主要向观众传递忠、孝、礼、义、信、智、廉等一种或多种道德观和做人的道理。

除演出外，天字团还开发以剧目或知名团员为主题的衍生产品。例如，围绕《信》，戏团开发了《信》的DVD、剧照明信片、陈昭香人形偶系列等。

（三）宣传推广与销售渠道

天字团宣传和推广的渠道主要有以下三种：

（1）依托互联网平台。天字团通过博客、YouTube官方频道、Facebook（如明华园天字戏剧团粉丝页、陈昭香粉丝团、陈丽巧粉丝团）等网站适时向观众传递演出信息、各类活动、剧照、剧团演出精彩片段、剧团排演片段、衍生产品信息，并且通过网站和剧团粉丝形成互动。

（2）公益演出方式。天字团通过在台湾各个社区免费演出经典民戏剧目以提高剧团的知名度。

（3）举办特定活动。例如，在《信》正在排练还没有演出之际，戏团就通过举办"爱《信》征文有奖活动"，并定期通过网站公布获奖情况，从而有力地提升了《信》的知名度。

---

① 歌仔戏目前的演出可分为两大类，一是民戏，二是公演戏（戏班俗称这类演出为"文化场"）。其中，民戏演的是活戏，没有剧本，艺术性较低，但是即兴且具有活力，民戏又可分为下午场的古路戏（或称古册戏）与晚上场的胡撇仔戏。古路戏基于遵循传统戏曲服装与表演程序规范，而胡撇仔戏无论剧目、音乐、表演形式与演员装扮都异于古路，戏文走奇情路线，音乐可融入流行歌曲与日本歌曲，表演偏写实而非写意，服装更是多彩多姿，晚礼服、宝冢风格戏服、日本浴衣等皆是常见的服装风格。公演戏指向政府申请辅助的演出，或者是进入剧场的演出，需有固定剧本，也会有导演、音乐设计、舞台设计、灯光设计等专业制作群体参与，艺术性较高。

销售渠道分为网络平台、售票点和指定超市。其中，网络订票只能用信用卡支付，售票点可用现金和信用卡支付，超市只能用现金支付。

（四）促销策略

目前天字团主要有四种促销策略。具体而言：

（1）价格折扣。由四种构成：①观众身份价格折扣。例如，65岁以上老人及身心障碍人士及其必要陪同人员（限1人）5折。②团体数量等级价格折扣。例如，团体购票30张（含）以上享受八五折，团体购票20张（含）以上享受九折。③会员价格折扣。例如，城市舞台之友购票享受九折优惠。

（2）限时促销。例如，在规定时间之前购买《信》DVD只需要900元（其他时间售价1000元）。

（3）限量销售。例如，限量销售200组纸胶带。

（4）运费折扣。例如，购买DVD 1~2张运费65元，3~4张85元，从而有助于间接提高DVD产品的销量。

四、小结与思考

歌仔戏（芗剧）是两岸较有代表性的地方剧种。我们选取的两个案例均是两岸较有代表性的剧团。这两个案例在产品开发、宣传推广、销售渠道以及促销方面主要有以下四个方面的特点：

（1）在产品开发方面，两个剧团的歌仔剧的题材都主要取材于目标观众较为熟悉的民间故事/传说/神话故事、历史故事/演义、小说等。相比较而言，台湾地区的取材更加广泛，除公演剧目外，还有大量的民戏剧目，并且，天字团已经开始开发一些与剧目或剧团知名演员有关的戏剧衍生产品即创意产品；而大陆除本案例之外的其他歌仔戏剧团也都还没有重视这方面产品的开发，仅是专注于提供演出服务。

（2）在宣传推广方面，两岸歌仔戏剧团都主要依托互联网平台宣传推广剧团和剧团产品，相对而言台湾剧团的渠道更多一些，但两者都没有建立自己的官方网站而是借助第三方平台完成宣传推广活动。其次是通过公益演出以扩大和提升其知名度。

（3）在销售渠道方面，天字戏剧团采用了线上和线下相结合的销售渠道，而漳州市芗剧团仅通过现场售票的方式销售。

（4）在促销方面，漳州市芗剧团似乎没有采取任何促销措施销售其产品，而天宇戏剧团则采取了包括价格折扣在内的多种促销策略。

通过分析两岸代表性地方剧种歌仔戏，在以下五个方面值得戏剧剧团管理人思考。具体而言：

（1）面对可供选择的休闲活动种类日趋多样化，剧团在保留传统优秀剧目的同时，有必要集中创作人员开发适合当下消费者偏好题材的剧目。并且，不仅仅从作品题材、语言（目前，市场上演出的地方传统戏剧甚至现代剧目一般都采用本地方言）以及"唱念做打"的"四功"上，也可以考虑从服装、道具、化妆等形式上对戏剧进行革新或改良，并将现代科学技术融入舞台灯光设计、舞台绘景设计之中。

（2）除专注于演出服务外，有条件的地方剧团有必要开发与本剧团有关的创意产品，延长剧团的产品价值链。可以采取自主开发、授权开发或者两者相结合的方式。

（3）地方戏剧的知名度普遍不高，并且市场日趋萎缩。面对这种情况，地方剧团除要建设好官方网站外，还要充分利用第三方网站平台，如微信、微博、博客、Facebook、优酷等，即时向目标受众传递信息。并且通过定期在各个社区免费巡回公益演出的方式吸引更多社区居民的注意，提高消费者对该戏剧的认同，培育消费者偏好。

（4）在销售渠道上，除增设代理点外，剧团可以在官方网站开通网络销售平台，以及在第三方购物平台开通网络商店，这样既可以销售产品，同时还可以起到宣传作用。在支付方式上，除现金支付外，还可以采用诸如支付宝、微信、信用卡等多种支付方式组合，提高观众的便利性极有可能吸引更多的观众。

（5）剧团需要不定期地采取一些促销策略，如价格折扣、团购优惠、买送/买赠、节日促销等，一方面可以产生直接的短期效益，另一方面也可以通过促销活动促进人际传播提升其知名度以及培养潜在消费者的戏剧消费习惯。

第七章　两岸游戏产品比较分析

第一节　游戏产品及其分类与特征

随着互联网以及智能手机的普及，游戏产品的消费者群体日益壮大，游戏产品已经成为文化产业相当重要的组成部分。本章的游戏产品主要是指电子游戏，它是指玩家通过 PC 机、平板电脑、手机、游戏机等终端设备进行娱乐的一种形式的产品。

按照游戏运行平台的不同，电子游戏可分为 PC 游戏、移动终端游戏和专用设备游戏三大类。其中，PC 游戏是指玩家通过在电脑上运行游戏软件，并与其他玩家进行互动的娱乐方式。其中，根据对网络的需求状况不同，PC 游戏又可分为单机游戏和网络游戏。PC 单机游戏也称电子游戏出版物，指的是以独立的电脑软硬件设备为依托，主要供单人或利用 IPX/SPX 协议供有限数量的玩家在局域网中玩的游戏。网络游戏通常指以 PC 为游戏平台，以互联网络为数据传输介质，以游戏运营商服务器为处理器，通过广域网网络传输方式（Internet、移动互联网、广电网等）实现多个玩家同时参与的游戏产品，以通过对于游戏中人物角色或者场景的操作实现娱乐、交流为目的的游戏方式。移动终端游戏是运行在智能手机上的游戏软件，智能手机的操作系统多以 iOS、Android、Windows Phone 为主。移动终端游戏也可按照 PC 游戏细分模式，分为单机游戏和网络游戏。专用设备游戏是指玩家需要使用游戏产品提供者的专用设备如 Xbox、Wii 等才能玩的游戏。

不同运行平台的游戏产品的主要特征及其代表性企业如表 7-1 所示。

表 7-1 不同类型游戏产品的主要特征及其代表性企业概况

游戏类别	专用设备游戏	移动终端游戏	单机游戏	PC游戏		网络游戏	
				客户端	网页	网络游戏	网页
产品开发周期	较长	3~12个月不等	10~12个月为主	1~3年		相对较短	相对较短，几个月或几个季度
运行环境	专用设备，如Xbox、Wii等	平板电脑、智能手机等	PC	游戏客户端		浏览器	
平均运营周期	较长	移动单机游戏：3~5个月 大型移动网络游戏：1~2年	相对较长	较长，24~36个月		3~6个月，相对较短	
运营模式		联合式运营	代理运营，买断式运营	代理运营，买断式运营		联合式运营	
推广渠道		电信运营商游戏门户、Web/WAP门户、游戏网站、搜索引擎、移动终端	游戏网站、平面媒体、网络媒体、搜索引擎等	网吧、游戏网站、网络媒体、搜索引擎等		社交类Web/WAP门户、网站、搜索引擎等	
盈利模式	光盘销售、衍生品开发	套餐收费、下载收费、转激活费、虚拟道具收费、内置广告收入	光盘销售、嵌入式广告、周边衍生产品、泛网络游戏盈利	从时间收费转向道具收费再转向间接收费（交易手续费）、广告		虚拟商品收费、套餐收费、页面展示广告、内置广告	
支付方式	银行卡、现金	手机话费、话费充值卡、游戏点卡、银行卡等	银行卡、现金等	游戏点卡、银行卡等		游戏点卡、银行卡等	
代表性企业	微软、任天堂、动视等	网龙科技、斯凯网络、空中网等	暴雪等	网易、盛大游戏、完美世界等		博瑞传播、掌趣、顺网科技等	

根据游戏角色、内容的类型，游戏产品可以分为角色扮演游戏（Role-playing Game）、动作游戏（Action Game）、冒险游戏（Adventure Game）、策略游戏（Simulation Game）、即时战略游戏（Real-Time Strategy Game）、格斗游戏（Fighting Game）、射击类游戏（Shooting Game）、第一人称视角射击游戏（First Personal Shooting Game）、益智类游戏（Puzzle Game）、竞速游戏（Racing Game）、卡片类游戏（Card Game）、桌面游戏（Table Game）、音乐游戏（Music Game）、泥巴游戏（MUD）14类。

第二节 两岸游戏产品市场概况

一、大陆游戏市场概况

大陆约有14亿人口，是全球第一人口大国，中国互联网络信息中心（CNNIC）报告显示，截至2016年6月，中国网民规模达7.1亿人，互联网普及率达到51.7%，超过全球平均水平3.1个百分点，超过亚洲平均水平8.1个百分点，网民规模连续九年位居全球首位。当前，大陆智能手机普及率为58%，手机网民规模达6.56亿人。这无疑为游戏厂商提供了巨大的市场空间。

大陆互联网以及智能手机的普及极大地推动了大陆移动终端游戏市场的发展。大陆移动终端游戏市场在经历了2009~2011年的探索期、2012~2013年的启动期后，2014年起进入高速发展时期，到2015年稳定发展，再到2016年人口红利逐步消失，游戏市场增长开始放缓。当下中国的游戏市场已经由增量市场逐步转入存量市场，整个游戏市场的竞争也愈演愈烈，大陆本土游戏两大巨头腾讯和网易几乎垄断整个游戏市场。相关数据表明，2015年，腾讯和网易两家企业的游戏总收入占据了国内游戏市场的半壁江山，达到了52.3%。在2016年上半年，腾讯和网易两大巨头的游戏收入已经占据超过60%的市场份额。另外，移动终端游戏市场的进入门槛提高，大批中小游戏企业面临倒闭，中小游戏企业与大企业合作共生或将成为市场常态。

截至 2016 年末，大陆上市游戏企业共 158 家，其中 A 股上市游戏企业占 81.6%，港股上市游戏企业占 10.8%，美股上市游戏企业占 7.6%。在中国上市游戏企业中，北京占 24.1%，上海占 10.1%，广东占 20.2%，其他地区占 45.6%，北京、上海和广东三地上市游戏企业数量超过了一半。①

随着互联网的普及，目前大陆已经是全球第一游戏大国。有关部门调查表明，2016 年大陆游戏实际收入 1655.7 亿元，同比增长近 250 亿元。海外市场销售收入达 72.3 亿美元，同比增长 36.2%。2016 年大陆游戏用户规模达到 5.66 亿人，同比增长 5.9%，其中游戏付费玩家约 2 亿人。其中，2016 年大陆移动终端游戏玩家约有 4 亿人，移动游戏付费用户约 1.6 亿人。

从收入看，2016 年大陆移动终端游戏市场实际销售收入为 819.2 亿元，同比增长 59.2%。此外，网页游戏市场实际销售额为 187.1 亿元，同比下降 14.8%，首次出现负增长，主要是受限于成本投入、运营模式、市场竞争格局等因素。

二、台湾游戏市场概况

台湾游戏产业有几十年的发展历史，早期的单机、网游较为出名。目前，台湾是全球排名第五的游戏消费地区，仅次于中国大陆、日本、韩国、德国。相比于大陆而言，台湾游戏市场规模并不大。台湾地区市场虽小，却聚集了大量拥有良好付费习惯和黏性的重度玩家，有很高的商业价值，游戏 ARPU 一般可以达到大陆的 3 倍。

和大陆相比，虽然台湾游戏公司拥有足够的经验和积累，但在移动游戏刚兴起时，由于很多公司选择观望（保守）以至于错失先机。这样，大陆游戏公司经过快速发展后转而向台湾地区输入产品。以手机游戏为例，目前台湾手机游戏在研发上与大陆还存在一定的差距，尤其在商业化方面更是如此。②

根据台湾资策会当年对台湾游戏产值的预估，2016 年台湾游戏为 572.4 亿元新台币，年增长率为 7.6%。业内人士认为，台湾游戏市场还有一定的成

---

① 没有特别注明，本章大陆游戏市场的数据均来源于《2016 年中国游戏产业年度报告》。
② 罗伊. 台湾游戏市场的困局与变化 [EB/OL]. https://read01.com/dDa6JQ.html, 2016-06-19.

长空间，2017 年台湾游戏产值可以达到 630 亿元新台币左右。

从网页游戏时代开始，台湾大部分游戏公司就开始转型，现在还在制作开发的公司越来越少（商业化公司），很多在做棋牌。在移动终端游戏方面，台湾游戏公司开发较晚，其产品多是代理日本和中国大陆的游戏在台湾发行销售。2014 年开始，台湾出现了大量独立的游戏团队。需要注意的是，由于政策原因，大陆并不能直接在台湾开设公司，更多需要合资或是以参股的形式。

近年来，虽然台湾移动终端游戏发展较快，但整个台湾游戏市场的格局并没有发生太大的改变。老牌游戏上市公司如智冠科技、昱泉国际、游戏橘子、铱象电子、欧买尬、台哥大等仍旧占据了台湾大部分游戏市场份额。

从玩家游戏类型看，移动终端游戏是台湾最为重要的游戏类型之一。据台湾有关机构调查，仅有 5% 的游戏玩家表示不会玩移动终端游戏。最新调查显示在台湾市场中"智能手机游戏（70.9%）"为最多台湾玩家游戏的平台，高于"PC 在线游戏（54.3%）、主机游戏（47.5%）、PC 单机游戏（42.2%）"，PC 网页游戏与平板电脑游戏皆不超过 30%。在付费玩家比例方面，主机游戏（84.7%）、PC 在线游戏（74.9%）为最多，而智能手机游戏为 46.9%，PC 网页游戏为 41.3%。[①]

从玩家性别和年龄看，台湾游戏玩家大多以男性为主，占总游戏人数的比例超过 80%；接近八成的游戏用户年龄分布在 16~35 岁，是游戏市场的主力军（见表 7-2）。

表 7-2　台湾游戏玩家年龄分布

年龄	0~15 岁	16~20 岁	21~25 岁	26~30 岁	31~35 岁	36~40 岁	41~45 岁	46 岁及以上
比例（%）	2.5	14	24	20.8	18.9	11.3	4.6	3.9

从玩家游戏题材偏好看，对于游戏玩家而言，不同题材的游戏有不同的吸引点，因为兴趣点不同，所以游戏玩家对题材的选择也不一样。其中欧洲奇幻题材类的游戏比较受到台湾游戏玩家的喜爱（见表 7-3）。

---

① 有关台湾游戏玩家的数据来源于 2015 年 4 月 24 日至 5 月 26 日台湾资策产业情报研究所与台湾当地众多游戏媒体对台湾当地民众采取抽样调查的方式对台湾当时的游戏市场的发展状况进行的一个全方位的调查。

表 7-3　台湾玩家的游戏题材偏好分布

题材类型	没有特别喜欢的	东方幻想	惊悚武侠	惊悚恐怖	未来科幻	现代	历史相关	欧洲奇幻
比例（%）	24.5	6.8	7.6	9.7	10.2	10.4	11.7	19.2

从玩家游戏风格偏好看，这里的游戏风格是指游戏所表现出来的视觉呈现风格。受日本动漫文化的深刻影响，类似于日系动漫风格的游戏在台湾比较受欢迎，其次则是相对来说比较写实的风格。当然，也有很多人表示对游戏风格没有特别的要求（见表7-4）。

表 7-4　台湾玩家的游戏风格偏好分布

游戏风格	没有特别喜欢的	日系动漫	写实风格	华丽风格	可爱型风格	美式漫画
比例（%）	18	26	22	18	12	4

手机游戏是台湾目前主流的游戏类型。台湾手游玩家最喜爱宝石方块类（消除类）、角色扮演类和策略模拟类游戏；相对PC网络游戏而言，手机游戏玩家的付费比率较低，约46.9%的手机游戏玩家是付费玩家，并且男性玩家的比例远高于女性玩家；在这些付费玩家中，一般玩家会采用多种支付方式。其中，线上信用卡付款是最主要的付款方式，比例达51.6%；其次是点卡付款，占35.4%；再次是手机小额付款，占26.4%；超市代码付款、ATM机付款以及电话付款的比例分别占15.1%、9.8%和4.3%。

在游戏支付方面，由于政策方面等原因，台湾第三方支付的发展就目前来说是远远不及大陆的。例如，因为相关的金融政策，在全世界其他很多地方都所向披靡的Paypal因难以在台湾立足而只能退出台湾市场。目前，台湾比较主流的支付方式有信用卡、ATM转账、便利店（全家、7-ELEVEN等）、手机小额支付等。

第三节　游戏产品文化源头之比较[①]

一、大陆游戏产品的文化源头

作为文化产品的游戏产品在开发过程中同样需要经过文化萃取这一阶段，从而最终将以服装、人物形象、游戏背景、游戏道具、场景、声音等有形表现形式以及以故事、价值观等无形表现形式呈现在玩家面前。

大陆方面，在所收集到的186个游戏样本中，约37.63%的游戏产品在游戏介绍中明确提到该游戏的创作源头。游戏创作人员基于目标玩家的消费偏好，充分消化、吸收不同的文化资源，创作出嵌入独特文化符号的游戏产品。三国文化、《西游记》、武侠小说、中外神话故事特别是我国古代神话故事，以及当时受观众喜爱的电影或电视剧等构成了大陆"本土"游戏开发商创作游戏的主要文化源泉。源自三国文化的游戏包括格美时空创作的《乱世无双》、巨人网络创作的《三国战魂》、目标在线创作的《傲世》等。以四大名著《西游记》为蓝本的游戏产品包括广州多益网络科技创作的《逍遥传说》及《神武逍遥外传》、完美世界创作的《口袋西游》、网易创作的《大话西游》系列、腾讯创作的《QQ西游》等。涉及武侠小说的游戏多以金庸、梁羽生、古龙、温瑞安等经典著作特别是金庸武侠小说为源头，如完美世界创作的《射雕英雄传》《神雕侠侣》等。以中外神话故事为创作源头的游戏包括源自北欧神话的《命运之轮》《希望之翼》。源自我国古代神话故事的游戏包括成都梦工厂创作的《寻龙记》、完美世界创作的《完美世界》、聚购网络创作的《笑闹天宫》等。改编自电影或电视剧的游戏包括完美世界创作的《武林外传》，这一游戏取材于当时热播的同名古装情景喜剧，其他如《投名状》《长江七号》等。

[①] 本节及下一节大陆和台湾的游戏企业及其产品的原始信息主要从"游戏大陆官网"（http://ucland.cn/）和17173网站（http://www.17173.com/）以及在Google网站输入一些关键词获得，并参考咨询资深玩家意见最终完成；大陆只收集了包括盛大、网易和腾讯在内的46家企业的186个原创游戏（代理游戏除外），台湾只收集了包括中华网龙、智冠科技、游戏橘子、宇峻奥汀、华宇国际、昱泉国际等在内的15家企业的47个原创游戏（代理游戏除外）；此外，这里的游戏主要是指PC游戏。

二、台湾游戏产品的文化源头

台湾方面,在所收集的 47 个样本中,有超过 60% 的游戏产品在游戏介绍中提到该游戏的创作源头即文化资源的出处,比重远超过大陆。三国文化、神话故事、经典漫画、知名小说(特别是武侠小说)以及流行街机游戏是台湾"本土"游戏厂商开发游戏的主要创作源泉。通过分析可以发现,有些游戏产品以三国文化为创作源泉,如中华网龙开发的《吞食天地》系列是以三国故事为背景,叙述了三国时代各个英雄人物的真实故事和经典战役,《风火三国》《三国群英传》等也类似。有些游戏产品改编自某一知名著作或由多部著作人物融合或漫画等,如《金庸群侠传》是以金庸笔下的 14 部武侠小说所改编,玩家可以与部分金庸小说人物共同冒险,类似的有《黄易群侠传》系列,而《中华英雄》《天子传奇》等则改编自同名漫画。有些游戏产品以东方或西方神话或中国民间故事为创作源头,如《风色群英传》是以北欧神话"诸神黄昏"时期为背景,而《Q 群仙传》则融入了我国众多民间故事。有些游戏产品则直接改编自之前比较流行的街机游戏,如在获得原游戏开发商的授权后,由鈊象电子开发的线上游戏《西游释厄传》、由游戏橘子开发的《兰格利萨战纪》等。这些网页游戏获得市场成功后,它们又有可能作为其他类型游戏的创作源头,如由亿启数位开发的《精灵乐章》在 2017 年改编成了手机游戏。

综上所述可以看出,三国文化、经典武侠小说或漫画、中外神话故事或传说、《西游记》构成了两岸游戏创作最主要的文化源头,并且大陆为了满足影视忠实粉丝的娱乐需要也会以当时流行的影视作品为其创作源头。

第四节 游戏产品生产制作之比较

一、游戏类型与题材之比较

从游戏类型看,无论是大陆还是台湾,角色扮演类游戏是主流游戏,样本中几乎所有游戏都可以归为这一类游戏；其次是运动休闲类游戏，如棋牌；第三是策略经营类游戏。

从游戏题材看，大陆方面，奇幻类题材的游戏比重相对最高，为37.63%；其次是武侠类题材的游戏，占26.88%；排在第三的是玄幻类题材的游戏，比重为16.67%；其他如历史、科幻等题材的游戏比重相对较低（见表7-5）。

表7-5 大陆游戏题材分布

游戏题材	奇幻	武侠	玄幻	历史	科幻	现代	魔幻	体育	格斗
比重（%）	37.63	26.88	16.67	6.45	4.30	3.23	3.23	1.08	0.54

资料来源：数据由笔者统计所得，下同；其中，大陆样本量为186，台湾样本量为47。

台湾方面，和大陆类似，奇幻类题材的游戏最多，比重达到55.31%；其次是武侠类题材的游戏，比重为23.40%；排在第三的是历史类题材的游戏但比重不大，不到10%；样本中没有现代、体育或格斗类题材的游戏，估计这类游戏在台湾较少。不同游戏题材的分布比重如表7-6所示。

表7-6 台湾游戏题材分布

游戏题材	奇幻	武侠	玄幻	历史	科幻	现代	魔幻	体育	格斗
比重（%）	55.31	23.40	4.26	8.51	2.13	0.00	6.38	0.00	0.00

二、游戏风格之比较

从游戏画风看，大陆游戏画风以半写实居多，有一半以上是这类画风的游戏；其次是Q版游戏（即一种刻意装作可爱的包装手法，主要为头大身体短的头身设计），占20.97%，半Q版和写实的画风游戏比例相当（见表7-7）。

表7-7 大陆游戏画风分布

游戏画风	Q版	半Q版	写实	半写实
比重（%）	20.97	11.29	13.44	54.30

与大陆略有不同，台湾游戏 Q 版画风最多，略高于半写实画风的游戏比重，两者比重分别占 34.04% 和 31.91%；和大陆类似，半 Q 版画风游戏比重也是最低（见表 7-8）。

表 7-8　台湾游戏画风分布

游戏画风	Q 版	半 Q 版	写实	半写实
比重（%）	34.04	14.89	19.15	31.91

从游戏画面看，大陆方面，3D 游戏居多，几乎接近一半，其次是 2.5D 游戏，也占了三成多，最少的是 2D 游戏（见表 7-9）。

表 7-9　大陆游戏画面分布

游戏画面	2D	2.5D	3D
比重（%）	18.28	33.87	47.85

和大陆类似，台湾 3D 游戏占比也是最多，比重高达 78.72%，但 2.5D 游戏比重最低（见表 7-10）。

表 7-10　台湾游戏画面分布

游戏画面	2D	2.5D	3D
比重（%）	19.15	2.13	78.72

可以预见，从游戏未来发展看，无论是大陆还是台湾，在今后一段时间游戏画面必然以 3D 为主导，因为 3D 画面更能让玩家产生强烈的视觉冲击，并使其身临其境，而随着 VR 游戏设备的成熟和价格变得便宜，3D 游戏将逐渐退出主流游戏市场，VR 游戏将逐渐主宰游戏市场。

三、游戏战斗模式与收费之比较

从游戏战斗模式看，无论是大陆还是台湾，游戏战斗模式均以即时模式为主导，回合制游戏模式相对偏少，还有一些游戏如《仙剑奇侠传6》则采用了"回合即时切换"双系统战斗模式，玩家可以根据自己的喜好在两者之中进行切换。

从游戏收费看，大陆和台湾设计的游戏中，绝大多数游戏本身不需要玩家付费，而是免费供玩家玩，但道具需要收费；而且游戏过程中玩家可以购买其他玩家的道具；有时游戏玩家还可以将赚得的道具卖给游戏运营商。

第五节 游戏产品的运营与推广

考虑到网络游戏是主流游戏，本节主要讨论这类游戏的运营与推广相关问题。

一、游戏产品的运营之比较

游戏产品的运营主要有两种模式，即"代理—运营"和"研发—运营"[1]。

代理—运营模式是指网络游戏的开发商将其开发的游戏产品的运营权授权给某一运营商，由该运营商独家负责游戏在某一地区的运行、营销收费、游戏维护和客户服务工作。为了取得游戏的运营权，运营商首先要向开发商支付一定的权利金和代理费，在游戏运营的过程中，运营商还须按事先约定的分成比例，将一部分游戏运营收入支付给游戏开发商。代理—运营模式最大的优势就是代理的网络游戏可以直接投入运营，降低了进入网络游戏产业的门槛，而且周期短、回报高。由于网络游戏代理企业可以集中精力去做好运营工作，有利于此类企业培养出较强的市场运作能力。代理—运营模式的劣势是，游戏运营商受制于游戏开发商，在游戏产品维护、升级和利益关系中，始终由游戏开发商控制着，而且较难达成充分协调。

研发—运营模式是指网络游戏开发和网络游戏运营两者合为一体，企业自主研发游戏产品，并负责游戏的推广、销售、运行与维护、售后服务等工作。

---

[1] 倪晓巍. 网络游戏运营策略研究：以网易公司为例 [D]. 杭州：浙江大学硕士学位论文，2015.

与代理—运营模式相比，研发—运营模式的优势是，企业不用支付高额的代理费和运营分成费，并且可以让网络游戏企业在整个产业链享受更多的主动权，但也有其明显的劣势，如前期投入巨大、开发周期长、市场风险较高。但随着网络游戏产业技术的发展，各种低门槛跨平台网络游戏开发引擎的推出，让很多个人开发者和小游戏工作室登上了网络游戏发展历史的舞台，使得研发—运营模式的这一劣势越来越小。

大陆方面，多数游戏产品是采用"研发—运营"模式，特别是一些大型游戏开发商更是如此。如腾讯、网易、网龙公司、盛大、完美世界等开发的游戏产品都是由自己运营。有的游戏开发商的游戏产品特别是早期上市的游戏产品交由他方运营，例如，飞越梦幻开发的《边缘》由数位工场运营，逸海情天开发的《梦幻群侠传》《东方故事》分别由火焰网络和极致游戏运营，而另一款游戏产品《新石头记》则由自己运营。大陆游戏在台湾主要由茂为欧买尬、游戏橘子等大型游戏代理企业负责运营。

与大陆类似，台湾多数游戏产品也是采用"研发—运营"模式，也有一些游戏产品特别是一些小型游戏厂商开发的产品采用的是"代理—运营"模式。例如，中华网龙不但在运营本公司开发的游戏产品，同时也代理大陆、韩国、日本等国家游戏开发商的一些游戏产品；启数位开发的《精灵乐章》由传奇网络代理运营，而《剑狐传奇》则是由自己负责运营。

总的来说，两岸游戏开发商在"本土"范围内更倾向于采用"研发—运营"模式，或者有选择性地使用"代理—运营"模式；而一些中小型游戏开发商受资源限制，为了迅速打开市场，利用知名运营商的丰富运营经验也会采用"代理—运营"模式。为了适应当地市场，两岸游戏开发商冲击"本土"外的游戏市场时均选择与当地知名游戏代理商合作，由它们负责运营。例如，中华网龙的两款游戏《女神》《吞食天地》在大陆由盛大游戏代理运营，智冠科技开发的《古龙争霸》在大陆由悠游网代理运营；而大陆游戏开发商进军台湾游戏市场则会考虑中华网龙、游戏橘子或茂为欧买尬等知名游戏代理企业。

二、游戏产品的推广

两岸游戏产品本身大多数永久免费，并且游戏运营商为了鼓励玩家，在其最初创建游戏账号时往往还会提供一些促销礼包。大陆方面，如《完美国际》，角色一开始就配备了"完美宝箱"，角色每升 5 级，宝箱就提供一些有时间限制的装备或道具；为了召回老玩家，《完美国际》在 2011 年 12 月 30 日推出黄金符回赠系统，只要在一定时间内能上线的用户都可以得到一百万的血符、蓝符，从而在打怪过程中不用另外吃药。① 台湾方面，如《中华英雄》，玩家创建角色达到 5 级时即可获得新手成长箱，人物角色从 10 级开始到 70 级，每 10 级均可获得一个成长箱，玩家双击打开成长箱获得奖励后，奖品与角色绑定。

为了持续吸引新玩家加入以及强化老玩家的忠诚度，游戏厂商或运营商都会定期或不定期地推出一些活动。

大陆方面的游戏产品推广活动包括试玩、奖励活动、原画、海报/宣传视频、人物专访、壁纸下载、表情包下载等，游戏厂商/运营商为了吸引新老玩家，往往综合使用多种推广活动。几乎所有游戏都有"试玩"活动。超过 90%的游戏产品会借各类节日（如元旦、国际劳动节、妇女节、情人节、清明节、春节、国庆节、圣诞节，愚人节等）、周年庆、高考结束季、新服上市、游戏封测等事件举行各类奖励促销活动，奖励包括现金、道具、装备、送实物（以 iPhone 常见）。例如，《仙界传 2》在 2012 年儿童节到来之际于 6 月 1~7 日推出"8090 童年动漫 Show 活动"，玩家只要根据《仙界传 2》五大门派 Q 版插画进行联想找出自己回忆起的动漫形象通过微博和论坛 Show 出来就有机会获得相关奖品如联通、移动 50 元充值卡。超过 80%的游戏会推出各类原画如角色原画、场景原画、装备原画等吸引玩家的注意。例如，《星球计划》推出了角色原画、场景原画、机甲原画；《问道外传》的原画包括角色原画、怪物原画、BOSS 原画等。70%的游戏产品有游戏壁纸供玩家下载，如《梦想世界 2》推出了具有古典气息的明月姬 cos 壁纸以吸引潜在新玩家。海报和宣传视频是游戏产品用得较多的另一种游戏推广方式，大多数游戏产品会在网吧、游戏信息专门平台（如 17173 网站）或官网上推出体现游戏特色的海报。有部分游戏会通过 CEO 专访、运营商专访、主创人员专访、代言人专访等方式宣传推广游戏产品，如《六脉神剑》等推出运营商专访；《问鼎》《海之梦》等推出 CEO 专访；《勇士》等推出主创专访。有小部分游戏还推出了表情包

---

① 宋亚谱. 网络游戏产品的市场营销 [D]. 西安：西安建筑科技大学硕士学位论文, 2012.

下载。

和大陆类似,台湾游戏开发商/运营商也使用诸如试玩、海报、宣传视频、主题曲、壁纸下载、原画、各类节日奖励活动等来吸引新玩家和留住老玩家。

第六节 经典案例

一、大陆游戏:以网易游戏为例

(一)概述

2001年,网易成立了在线游戏事业部,主要负责游戏研发与运营,同时代理其他游戏产品。网易游戏研发运营工作室目前是以项目组为单位的方式组建,网易旗下游戏工作室主要分布在广州、杭州、上海以及北京等一线城市(见表7-11)。此外,网易旗下还有一家专门负责在线游戏运营的全资子公司——上海网之易网络科技发展有限公司[①]。目前,网易在线游戏事业部自主研发了《梦幻西游2》《大话西游2》《天下3》《乱斗西游》《梦幻西游手游》等几十款备受玩家喜爱的客户端游戏和手机游戏,独家代理了《魔兽世界》《炉石传说》等多款风靡全球的游戏。

表7-11 网易游戏工作室

工作室名称	所在城市	代表作
梦幻工作室	广州	梦幻西游
大话工作室	广州	大话西游ONLINE 2、大话西游3、大话西游外传
创世工作室	广州	创世西游
方舟工作室	广州	大唐豪侠、大唐豪侠外传
倚天工作室	广州	大唐无双
香格里拉工作室	广州	天下贰

---

① 目前致力于暴雪旗下的《魔兽世界》《星际争霸Ⅱ》等在中国大陆的运营。

续表

工作室名称	所在城市	代表作
飞飞工作室	广州	新飞飞
G工作室	广州	精灵牧场
蚂蚁工作室	广州	易三国
登山工作室	广州	Itown、疯狂石头、篮球也疯狂、泡泡游戏
雷火工作室	杭州	倩女幽魂OL、战国风云
盘古工作室	杭州	天谕
不鸣工作室	杭州	战意
XTORM工作室	上海	宠物王国
01工作室	北京	三国天下

资料来源：笔者根据网络资料整理所得。

2015年，网易游戏正式开启"游戏热爱者"品牌战略，用自身行动传导热爱者价值，并全面启动"聚合精品，共享热爱"战略计划，以全球化视野为游戏热爱者创造和发现好玩的精品游戏，提高游戏准入门槛，降低用户选择门槛。

（二）网易的游戏产品类型及其特征

网易的游戏分为客户端游戏和手机游戏。其中，客户端游戏主要包括角色扮演和竞技休闲两类。较有代表性的角色扮演类游戏主要有自主研发游戏《梦幻西游（电脑版）》《大话西游2经典版》《天下3》《天谕》《西楚霸王》《新倩女幽魂》《大话西游2免费版》《新大话西游3经典版》《新大话西游3免费版》《镇魔曲》《大唐无双零》《龙魂时刻》《武魂2》《精灵传说》《斩魂》《新飞飞》等，以及代理暴雪娱乐[①]（Blizzard Entertainment）研发的游戏《魔兽世界》《暗黑破坏神3》等；竞技/休闲类游戏主要有自主研发游戏《突击英雄》《无尽战区》《战意》《秘境对决》《英雄三国》等，以及代理暴雪娱

---

① 暴雪娱乐（Blizzard Entertainment）前身是成立于1991年的Silicon & Synapse公司，由美国UCLA大学迈克·莫怀米（Mike Morhaime）、艾伦·阿德汗（Allen Adham）以及弗兰克·皮尔斯（Frank Pearce）三人在毕业后共同创建，1994年更名为暴雪娱乐。目前公司是全球深具影响力的娱乐软件研发商和发行商。较有代表性的游戏包括《魔兽世界》系列、《星海争霸》系列、《炉石战记》系列、《暗黑破坏神》系列等。除提供研发游戏产品外，暴雪娱乐还开发了游戏衍生产品，这些产品包括模型公仔、小说、漫画、桌上游戏、纸上角色扮演游戏、服饰以及同类产品中最畅销的《魔兽世界》集换式卡牌，以及与传奇电影公司（Legendary Pictures）共同创作真人演出的游戏电影产品，如《黑暗骑士：黎明升起》《全面启动》《守护者》《300壮士：斯巴达的逆袭》及《超人再起》。

乐研发的游戏《炉石传说》《守望先锋》《风暴英雄》《星际争霸Ⅱ》和西班牙游戏开发商 Virtual Toys 研发的游戏《夺宝联盟》等；较有代表性的手机游戏有自主研发的《梦幻西游手游》《大话西游手游》《倩女幽魂手游》《阴阳师》《率土之滨》《大唐无双手游》《乱斗西游2》《梦幻西游无双版》和梦工厂联合制作的《功夫熊猫3手游》，以及代理韩国 Netmarble 研发的游戏《Raven：掠夺者》等。

通过调查可以发现，在网易较有代表性的21类自主研发的客户端游戏中，从游戏题材来看，以玄幻类游戏最多，比例为42.86%，此外还有历史、武侠、科幻和魔幻类游戏；从游戏画面来看，3D游戏最多，约占47.62，2D和2.5D游戏比例相当；从游戏画风来看，以半写实为主，约占57.14%，其次是写实和半Q版，此外还有款Q版游戏；从战斗模式来看，以即时为主，恰好是回合制游戏的2倍（见表7-12）。从运营方式看，除《大话西游2经典版》《新大话西游3经典版》等游戏采用点卡计时外，其他游戏均采用游戏免费而道具收费这一目前主流的运营方式；从游戏内容创意源头看，网易绝大多数较有代表性的客户端游戏主要以我国古代经典小说《西游记》、唐朝或三国历史、电影等为主要源头。较有代表性的大多数手机游戏都是直接改编自热门客户端游戏，如《梦幻西游手游》《大话西游手游》《倩女幽魂手游》等。

表7-12 网易代表性自主研发的客户端游戏的主要特征

游戏名称	题材	画面	画风	战斗模式
《梦幻西游（电脑版）》	玄幻	2D	Q版	回合制
《大话西游2经典版/免费版》	玄幻	2D	半写实	回合制
《天下3》	玄幻	3D	半写实	即时
《天谕》	玄幻	3D	半写实	即时
《西楚霸王》	历史	3D	写实	即时
《新倩女幽魂》	玄幻	2.5D	半写实	即时
《新大话西游3经典版/免费版》	玄幻	2D	半写实	回合制
《镇魔曲》	玄幻	2.5D	半写实	即时
《大唐无双零》	武侠	2.5D	半写实	即时
《龙魂时刻》	魔幻	3D	写实	即时
《武魂2》	武侠	2.5D	半写实	即时
《精灵传说》	奇幻	2.5D	半Q版	回合制

续表

游戏名称	题材	画面	画风	战斗模式
《斩魂》	历史	2.5D	半写实	即时
《新飞飞》	奇幻	3D	半Q版	即时
《突击英雄》	科幻	3D	写实	即时
《无尽战区》	科幻	3D	半写实	即时
《战意》	历史	3D	写实	即时
《秘境对决》	魔幻	3D	半Q版	回合制
《英雄三国》	历史	3D	半Q版	即时

资料来源：由笔者基于网络资料整理所得。

（三）网易游戏产品的宣传及促销

在宣传推广方面，主要通过该游戏官方网站发布与该款游戏相关的一切资讯，如促销信息、宣传片、游戏人物介绍、游戏试玩视频、壁纸、道具曝光、游戏人物曝光、主题曲、代言人（一般请当下明星代言，如《梦幻西游（电脑版）》由大陆影视明星林更新代言，《镇魔曲》由大陆影视明星张一山代言，《大唐无双零》由甄子丹、林志玲代言等）、玩家见面会、大赛、主创人员专访、代言人见面会等。

在促销方面，主要借助诸如新春、元旦、情人节、愚人节、清明节、周年庆、世界地球日等各类节日，以及首测、封测、公测、新服开通等重要节点进行促销，以吸引游戏玩家，促销策略一般是充值返利、送道具、道具奖励、限时限量销售特定道具、免费领取激活码、免费试玩、特定玩法、经验、升级材料等一种或多种方式相结合。

以《斩魂》为例，在2013年新春活动中，开发组推出全新玩法，玩家以年兽为敌，击杀年兽即可获得大量荣誉以及经验、物品，也有机会获得套装和名将胸甲、腰带等升级材料；2月28日起推出全新"聚宝盘"充值套餐活动，充值可享受最高15000金券、950000银两的套餐优惠，大量门票、特殊打造材料等；春节限量版道具——"魂契"，4大契约，16种个性特权。2013年国际劳动节期间，推出落英缤纷套装、可增加24个物品栏的乾坤包裹；可提高攻击属性的"热火朝天称号"；复活币、杀戮药水、屠魔药水、劳动奖状、蓬莱琼脂等道具；玩家可任意扮演隋唐名将，通过"将星异闻""劳模变身"活动体验穿越变身，还可以获得经验、荣誉、劳动勋章、劳动奖状等奖励；"劳模评选活动"送大礼；"不劳而获"活动，即在线即可获奖励并争夺城镇宝箱；"劳有所得"活动，可击杀小妖刷宝箱；"劳动纠察"活动，探索关塞和草原新开放的隐藏要素。此外，玩家参与五一国际劳动节各种活动积攒的劳动勋章可兑换礼包，三大礼包内含劳动锦囊、银两、荣誉、玄铁、进场牌、酬功令。

二、台湾游戏：以中华网龙为例

（一）概述

中华网龙股份有限公司（简称"中华网龙"）是台湾智冠科技集团子公司之一。成立于1983年7月的智冠科技是台湾知名的游戏企业。该企业以代理、买卖计算机游戏起家，之后自主研发游戏，代理营运国际游戏，建构游戏营销渠道及数字内容点数服务平台，同时出版游戏相关丛书、杂志等。智冠科技在游戏产业由点、线、面逐一拓展，已形成了一个完整的产业链。2001年3月智冠科技挂牌上市，是台湾第一家，也是两岸首家股票上市的游戏公司。

在游戏产业领域中，智冠集团同时拥有研发、代理、营运和渠道营销能力，具备完整的垂直整合优势，同时，顺应现今信息数字化与电子商务的庞大需求，企业正在积极布局云端服务与第三方支付市场，集团年度营业收入占台湾游戏产业的40%以上，是台湾游戏业的领导者。

未来，智冠集团将运用并强化其数字内容营运实力，深入社群经营，提供多元化服务，以创造更大商机，并以"纵向多元化，横向多角化"经营模式，持续扩展港澳台地区营运规模。

智冠科技的经营理念：

（1）持续以"横纵多角化产品营运策略"，稳固港澳台市场游戏产品市场占有率。

（2）投入APP营销及Facebook广告多元服务应用，与合作伙伴创造双赢。

（3）知识产权IP（Intellectual Property）授权游戏开发，横向扩展中国及海外市场。

（4）全力发展电子支付领域，开拓电子商务虚实整合新版图。

（5）投资潜力创新网路应用服务团队，扶植数码内容及文化创意产业。

除游戏产品外，智冠科技还提供以下产品与服务：①MyCard。MyCard是港澳台地区应用最广泛的游戏点数卡,提供上千款国际数字内容服务,是国际性数字内容点数平台。②e-PLAY。e-PLAY 创立于 2010 年,目前是港澳台地区门市家数最多、分布密度最广的数字销售平台,网点涵盖 3C 计算机门市、通信行业、百货商场、文具书局、网吧、连锁超市等,现在还在持续扩展布局。③免费 MyCard。它是一种手机 APP,为手机玩家提供最新、最热门的游戏试玩体验,玩家通过执行任务可获取相应的免费点数。④网络整合营销。⑤mySafe。该平台建于 2012 年,旨在保证个人资料及交易安全。⑥音乐制作中心。该中心旨在提升游戏音乐品质进而提高线上游戏水准,中心是台湾首个结合 Merging Pyramix 系统、Euphonix System 5-MC 控制平台、DADman AX24 数字/模拟转换器等高规格软硬件音乐制作设备的数字录音室。目前中心拥有一大六小的独立录音室,共可容纳百人以上的大型交响乐团或合唱团使用,可将演唱、演奏、录音一次完成,是全台最先进、最专业的顶级数字录音室,也是游戏公司中唯一为游戏音乐专门打造的制作中心。⑦展会设计暨活动推广。

除中华网龙股份有限公司外,智冠科技旗下还有八家子公司,分别是游戏新干线科技股份有限公司、智凡迪科技股份有限公司、智乐堂网络股份有限公司、台湾淘米科技股份有限公司、智云科技股份有限公司、照盛科技股份有限公司、智付宝股份有限公司以及爱就赢股份有限公司。

(二) 中华网龙的游戏产品类型及其特征

下面重点分析中华网龙自主开发的热门客户端游戏(不含海外游戏)。

中华网龙除自主研发了《吞食天地 5》《中华英雄》《我国三国人》等近 30 款热门的手机游戏外,还主要研发客户端游戏,由免费和收费两类组成。客户端免费的热门游戏包括《钻石俱乐部》《女神光速版》《金庸群侠传(经典)》《天子传奇》《中华英雄》《黄易群侠传 2》《黄易群侠传》《吞食天地 2》《武林群侠传》《勇者之歌》《女神》《飘流幻境》《三国鼎立》《金庸群侠传(免费)》《金庸群侠传(究极)》《金庸群侠传 2(免费)》《吞食天地(免费)》《新蜀山剑侠》《恋爱盒子(免费)》《三国演义(免费)》20 款;客户端收费游戏包括《金庸群侠传 2》《恋爱盒子》《吞食天地》《三国演义》《金庸群侠传》《网络三国》6 款。

进一步调查可以发现,在中华网龙较有代表性的这 26 类自主研发的客户端游戏中,绝大多数游戏采用"免费+道具收费"的运营模式;从题材来看,中华网龙游戏以武侠为主,占比 42.31%,其次是历史,占比 26.92%;从画面来看，2D 游戏略高于 3D 游戏，前者比例为 53.85%；从画风来看，半写实的游戏占了一半以上，比例为 53.85%，其次是写实类游戏，占 23.08%，也有 Q 版/半 Q 版游戏；从战斗模式来看，即时模式游戏是其游戏主要的战斗模式，比例为 73.08%（见表 7-13）。从游戏内容创意源头来看，中华网龙偏好于小说（特别是武侠小说如金庸和黄易的小说）、三国历史以及漫画（如《天子传奇》《中华英雄》）等。此外，中华网龙也有多款游戏通过代理运营的方式进入了大陆游戏市场，获得了玩家的广泛认同。例如，畅玩游戏代理运营《吞食天地 2》《中华英雄》，龙图智库代理运营《飘流幻境》《金庸群侠传（经典）》《黄易群侠传》，目标在线代理运营《三国鼎立》，中广网代理运营《天子传奇》《武林群侠传》，等等。

表 7-13 中华网龙代表性自主研发的客户端游戏主要特征

客户端游戏		题材	画面	画风	战斗模式
免费，道具收费	钻石俱乐部	现代	3D	写实	回合制
	女神光速版	现代	2D	Q 版	回合制
	金庸群侠传（经典）	武侠	2D	半写实	即时
	天子传奇	武侠	3D	半写实	即时
	中华英雄	武侠	3D	写实	即时
	黄易群侠传 2	武侠	3D	半写实	即时
	黄易群侠传	武侠	3D	半写实	即时
	吞食天地 2	历史	2D	半 Q 版	回合制
	武林群侠传	武侠	3D	写实	即时
	勇者之歌	奇幻	2D	半写实	即时
	女神	奇幻	3D	半写实	回合制
	飘流幻境	奇幻	2D	Q 版	即时
	三国鼎立	历史	2D	半写实	回合制
	金庸群侠传	武侠	2D	半写实	即时
	金庸群侠传（究极）	武侠	2D	半写实	即时
	金庸群侠传 2	武侠	3D	半写实	即时
	吞食天地	历史	2D	半 Q 版	回合制
	新蜀山剑侠	奇幻	2D	Q 版	即时
	恋爱盒子	现代	2D	半写实	即时
	三国演义	历史	3D	写实	即时

续表

客户端游戏		题材	画面	画风	战斗模式
收费	金庸群侠传2	武侠	3D	半写实	即时
	恋爱盒子	现代	2D	半写实	即时
	吞食天地	历史	2D	Q版	回合制
	三国演义	历史	3D	写实	即时
	金庸群侠传	武侠	2D	半写实	即时
	网络三国	历史	3D	写实	即时

资料来源：由笔者基于网络资料整理所得。

（三）中华网龙游戏产品的宣传及促销

在宣传推广方面，和网易游戏一样，中华网龙也主要通过该游戏官方网站发布与该款游戏相关的一切资讯，这些资讯包括游戏公告、各类促销活动、游戏促销信息、宣传片、游戏人物介绍、新手指南、各类视频、壁纸、道具曝光、游戏人物曝光、主题曲、代言人等。

在促销方面，和大多数游戏一样，中华网龙游戏也是在各类节日、周年庆、特定时间段以及首测、封测、公测、新服开通等不同重点节点上推出吸引玩家的各类促销活动。这些促销活动主要包括参与活动送奖品、消费满额回馈、道具优惠或免费送、累积储值送礼包、购物兑物品、凭购物单免费领取道具、ATM购点八折优惠等。

以《中华英雄》为例。仅2017年5月中上旬，该游戏就相继不间断地举办了四次促销活动，活动覆盖了每一天，这意味着玩家每天都可以参与促销活动。具体而言：

（1）5月1日劳动节当天，玩家在点数商城的每笔购物消费（不含转转乐、界面消费），不限金额，皆享有（商品全面买一送一）奖励。例如，小乖在劳动节当天至商城购物单笔消费了3个免死金牌，则该笔消费有概率额外再获得3个免死金牌。

（2）5月2~8日又推出了"温馨五月感慈恩，储值消费都有礼"活动。活动期间：①累计储值达400点或400点的倍数，可立即获得"真武全制霸礼盒×1"；②累计消费达400点或400点的倍数（含转转乐和界面消费点数），可立即获得"真武全制霸礼盒×1"。

(3) 5月9~15日推出了"幸福五月感慈恩，储耗满额大FUN送"。活动期间：①小额储值回馈送（不限领取次数）①；②每日消费满额送（每个账号限领一次）②；③消费满额加码送③。

(4) 5月15推出"五月夏阳回馈活动"，活动时间是5月16~22日，活动期间：①储值满额送，即玩家只要累积储值达400点及400点的倍数，都可立即获得"神电天寒礼盒×1"一个；②消费达标送（含接口＆转转乐消费，但不包含金币买卖消费）④。

三、小结与反思

网易和中华网龙分别是大陆和台湾较有代表性的游戏企业。除代理其他公司游戏产品外，这两个企业均自主研发了客户端游戏产品和手机游戏产品。这两个企业具有以下五大主要特点：

（1）网易和中华网龙自主研发的游戏产品绝大多数采用"免费+道具收费"的运营方式，少数游戏采用收费方式运营。

（2）网易和中华网龙的手游产品绝大多数改编自本企业较为热门的客户端游戏产品，也有极小部分手游产品是另灶起炉的产品。

---

① 规定：活动期间，储值累计达100点，可获得回馈点数5点；储值累计达300点，可获得回馈点数20点；储值累计达500点，可获得回馈点数35点；储值累计达1000点，可获得回馈点数90点；储值累计达2000点，可获得回馈点数200点；储值累计达3000点，可获得回馈点数400点（总回馈点数750点，回馈率25%）；若超过3000点，将清除满额点数，并重新计算。

② 活动方式：5月9日（二）维护后至5月9日（二）23:59，可获得"一日千里丹×50+龙腾虎跃丹×24"；5月10日（三）0:00至5月10日（三）23:59，可获得"天煞孤星丹×50+龙腾虎跃丹×24"；5月11日（四）0:00至5月11日（四）23:59，可获得"终极天书兑换卡×50+龙腾虎跃丹×24"；5月12日（五）0:00至5月12日（五）23:59，可获得"神掌醉拳丹×50+龙腾虎跃丹×24"；5月13日（六）0:00至5月13日（六）23:59，可获得"灵力顺转丹×50+龙腾虎跃丹×24"；5月14日（日）0:00至5月14日（日）23:59，可获得"灵力逆转丹×50+龙腾虎跃丹×24"；5月15日（一）0:00至5月15日（一）23:59，可获得"祝福强化滚动条×50+龙腾虎跃丹×24"。

③ 活动方式：累计消费金额达以下条件，即可获得相对应的奖励。①累计消费总额达2999点，可立即获得"绿斗士（神兽）×1+英雄祝福丹×50"；②累计消费总额达4999点，可立即获得"千山我独行（坐骑）×1+英雄祝福丹×100"。

④ 规定：活动期间内，累计消费满1000点，可获得额外加赠"神电天寒礼盒×1"；累计消费满2000点，可获得额外加赠"神电天寒礼盒×2"；累计消费满3000点，可获得额外加赠"神电天寒礼盒×5"；累计消费满5000点，可获得额外加赠"神电天寒礼盒×10"；若超过5000点，将清除满额点数，并重新计算。

(3) 从游戏类型看，网易和中华网龙都以大型角色扮演类游戏为主。从游戏战斗模式看，以即时游戏为主。从游戏题材看，网易以玄幻/奇幻为主，而中华网龙以武侠为主。从游戏风格来看，就画面而言，中华网龙 2D 游戏略高于 3D 游戏，网易以 3D 画面游戏为主，并且网易还有小部分 2.5D 游戏；就画风而言，网易和中华网龙都以半写实为主，分别占各自游戏总数的 57.14% 和 53.85%。从游戏内容创意源头看，网易更偏好我国古典小说《西游记》、唐朝人物故事或三国人物故事，而中华网龙则更偏好小说尤其是武侠小说以金庸小说为甚以及三国人物故事。

(4) 从游戏宣传看，网易和中华网龙都主要通过其游戏官方网站发布与该游戏相关的一切信息，包括游戏介绍、新手入门指导手册、系统公告、促销活动等。

(5) 从游戏促销看，网易和中华网龙都充分利用了节日、自创特定日期（如夏日酷暑大酬宾、寒假学子优惠大放送等）、游戏首测、公测、封测等重要节点推出各类促销活动，这些促销活动大多数是以道具礼品等与游戏密切相关的奖励为主，目的是"取之于游戏，用之于游戏"。

作为两岸游戏界领导者，网易和中华网龙都是业内标杆，它们开发的绝大多数游戏都获得了广大玩家的认可，值得游戏从业人员借鉴。但与国外游戏业相比较，两岸游戏从业者还需要就以下三个问题进行思考：

(1) 游戏产品市场定位。游戏产品市场竞争日趋激烈，因此游戏企业特别是规模实力不足的企业在研发游戏产品之前应善于发现可进入的目标游戏市场（从地理区域角度甚至可以关注一些欠发达国家市场），在确定游戏产品的目标市场之后根据目标市场消费群体的偏好来研发游戏产品。

(2) 游戏产品内容创意源头。游戏研发人员目前利用最多的是《三国演义》小说特别是《西游记》和当代武侠小说，但实际上除此以外还有很多可供利用的文化资源特别是我国传统文化资源。更重要的是，有必要让我国游戏玩家在娱乐之中受到中华优秀传统文化的熏陶。

(3) 游戏衍生产品开发。两岸游戏企业在游戏衍生产品开发方面还有巨大的拓展空间。在游戏产品有了一定规模的玩家之后，游戏企业完全可以围绕该款游戏产品开发系列衍生产品，或者授权其他企业开发其衍生产品。

第八章 两岸创意人才培养比较分析

第一节 创意人才的界定与内涵

创意产品要具有国际竞争力离不开好的"创意",而影响好的"创意"的一个重要因素是人力资本。人力资本是当前测量"创意"的重要指标之一(林思玲、林炎旦,2013)。香港大学文化政策研究中心提出的创意指数即"5Cs模型"中除文化资本、社会资本、结构或制度资本外,还有一个重要的资本就是"人力资本"。在欧盟所构建的"欧盟创意指数"(European Creative Index)中,人力资本也是其中一项重要的分类项目(林炎旦,2011)。由于人力资本是由投资形成并固化在劳动者身上,因此,为提升创意产品国际竞争力,国家有必要对从事管理和创造"创意产品"的劳动者即创意人才进行培养。

和创意产业概念一样,各个国家和学者对"创意人才"的界定也不一致(李兆翔、林玟伶,2011)。

学术层面,较有代表性的有:Banks 和 Hesmondhalgh(2009)认为从事文化产业的工作者包括主要创意人员、技术人员、创意经理、所有人及主管。Florida(2002)则认为创意人员,即"创意阶级"是指所从事的工作要创造有意义的新形式(Create Meaningful Newforms)。这个新兴阶级的超级创意核心(Super-creative Core)包含科学家、工程师、大学教授、诗人与小说家、艺术家等以及现代社会的思想领导者,如编辑、文化人士、分析师等,他们负责从事创造出可迅速流通或广泛采用的新观念或设计。另一类创意阶级包含在知识密集产业（Knowledge-intensive Industry）工作的创意专业人士，如从事高科技、金融服务、法律、医疗、企业等工作的创意人士，他们以创意解决问题，或运用许多复杂知识找出创新的解决方案。向勇（2006）认为，文化产业人才由七大类构成：一是文化产业创意人才（如艺术家、设计师、导演等）；二是文化产业技术人才（如音乐制作人、录音师、摄影师等）；三是文化产业经营人才（如社长、团长、经理人等）；四是文化产业营销人才（营销总监、市场推广主管等）；五是文化产业渠道平台经营人才（剧院经营者、拍卖经销商等）；六是文化产业管理人才（经理、总编、总监等）；七是文化产业研究人才（教授、研究员、咨询顾问等）。李兆翔和林玟伶（2011）依据工作性质，将创意人才分为：一是在文化创意部门中从事文化创意工作的人员，如歌剧产业中的歌手。二是在非文化创意部门中从事文化创意工作的人员，如汽车产业中的设计师。三是文化创意部门中从事非文化创意工作的人员，如电影产业中的会计或助理。

实践层面，澳大利亚研究委员会（ARC）所属的创意产业与创新卓越中心（CCI）依据工作者所从事的职业性质以及工作者所处的产业环境，将创意工作者分为三个类型：一是专业型工作者，在创意产业中从事创意性职业；二是镶嵌型工作者，在其他产业中从事创意性职业；三是辅助型工作者，在创意产业中从事其他职业（林炎旦、李兆翔，2010）。联合国教科文组织（UNESCO）在《2009年文化统计框架》（2009 UNESCO Framework for Cultural Statistics）中以澳大利亚和新西兰标准职业分类（ANZSCO）和加拿大文化统计架构为基础，进一步定义文化工作包含涉及创造性和艺术生产、文物的收藏和保存。这些工作的内涵有：一是产生、发展、保存或反映文化和精神意义或象征；二是创作、生产和传播具有知识产权保障的文化产品和服务；三是具有艺术表现力（如视觉、音乐、写作、舞蹈或戏剧艺术）。此外，更加广泛的定义还包括上述工作的相关领域，如体育和旅游等休闲活动。

本书的创意人才包括两类：一是创意产品开发人才。主要包括：创意产品研发人才，如设计师、艺术家、编剧等，这些人才是创意产品开发的关键人才，他们能够创造出新颖且能够商业化的"新点子"；创意产品生产制造人才，如影视摄影师、后期制作人员、导演等，这些人才是文化创意转化成创意产品的关键。二是创意管理人才。主要是为创意产品价值实现服务的营销人才和创意企业管理人才。

第二节 创意人才的培养方式

一般地,创意人才可以通过学校正规教育、培训、资格认证或师徒传承等一种或多种方式相结合加以培养(厉无畏,2006;杨永忠、林明华,2015)。

一、学校正规教育

学校正规教育是创意人才最为重要的培养方式。创意人才普遍需要具备系统的专业知识和技能、人文素养、开阔的视野以及良好的思维习惯等综合文化素质,这些只能在学校正规教育中通过系统地学习和训练才能获取。因为高等院校普遍围绕特定专业开设了门类齐全的课程。例如,围绕艺术人才的培养,学校通常除设置系列专业课程外,还会开设文化学、传播学、新闻学、艺术学、管理学、营销学、经济学、计算机等学科的课程,从而提升学生的综合文化素养。又如,为培养创意人才,英国伯明翰艺术设计学院、格拉斯哥艺术学校、东伦敦大学、爱丁堡艺术学院、肯特艺术与设计学院、伦敦学院、利兹城市大学、雷文斯本设计与传播学院、威尔士大学等高等院校都相继开设了创意类专业,在全英国范围内开设的创意类专业学位课程高达37000多个。

二、培训

创意人才需要持续更新自身的知识。除了自学外,还有一个重要途径就是参加特定的专业知识/技能的培训。开展培训的主体主要包括高校院所、政府劳动主管部门以及相关企业等。

高等院校和科研院所一般拥有理论丰富的人力资源,完全能够承担创意人才的继续教育任务。文化企业和高等院校应该建立培训合作机制和相应的人才培训计划,定期派出员工参加培训或者请高校教师来企业培训员工。高等院校也可以主动搭建培训平台,开发各类适合不同类型创意人才的项目,通过项目制来运作,吸引个人或组织参加培训。

政府相关部门如文化部（局）可以根据国家或地方创意产业发展的需要，有针对性地组织培训各类创意人才，提升相应创意人才的综合素养。例如，某市劳动部门针对创意人才短缺这一现状启动了"创意型人才培养工程"，这一项目的培养对象为广告业、建筑业、数码媒体业、工艺品产业、文化产业和设计业六大类行业中从事创意工作的人员，培训项目初步定为视觉设计、工业设计等七大类专业，共涉及近40个具体职业工种（模块）（杨永忠、林明华，2015）。

三、资格认证

为了培养创意人才、规范创意人才市场，采用资格认证也可以促进创意人才自觉努力提升自己的知识和技能。政府部门通过资格认证，一方面可以规范对从业人员专业素质的要求，理顺人才市场的运作，另一方面也可以提高从业人员的素质和自我学习的积极性。例如，我国部分地方的劳动部门推出了包括游戏美术设计师、游戏程序设计师、颜色管理技术、摄影师、数码影像技术工、服装制版师等在内的职业技能鉴定，鉴定级别分为五级，各级别标准各不相同（杨永忠、林明华，2015）。但由于这种资格认证极有可能演变成劳动部门赚钱的工具并间接增加从业人员的经济负担。因此，在操作层面需要规范化或者慎重使用这一方式。

四、师徒传承

师徒传承是我国自古以来最为重要的人才培养方式。[①] 师徒传承方式主要是师傅个人把自己的专业技能传授给学徒从而完成对创意人才的培养。尤其是在传统工艺方面更是如此。传统工艺的传承，大多为父传子、母传女以及通过师徒制度的传习，是点点滴滴的连续性过程，一套一套累积起来。传统技术层面较高的工艺传承，是师徒之间的"口述心传"或"口传身授"，这样的传承生态不仅是技艺的延续，还包括专业知识、敬业精神，甚至是生命和情感的世

---

① 除村寨地域传承和家族传承外，大陆在非物质文化遗产方面尤其重视通过师徒传承的方式培养后备人才。例如，北京绢花"花儿金"第六代传人金阳在2007年大学毕业后正式拜父亲金铁铃为师学习制作绢花；三级唐卡画师索朗生于唐卡世家，13岁时师从罗布斯达画师；等等。师徒传承在台湾手工艺尤其是少数民族手工艺方面也是其培养后备人才的重要方式。

代交替,才能维系师徒伦理(江韶莹,2009)。

师徒传承是全方位的传承体制,不仅在于技与艺的传授,还有在朝夕相处之间学到、听到、看到的传统题材、故事、传说、俗信和凶吉术数的一切民间知识及应用的手法,知道如何善待工具,了解材料、来源、施作的过程与情境、仪式、禁忌,待人接物应对的礼仪、工序与估价,人际脉络等,更重要的是"伦理"的尊重与维系师徒、师兄弟、师门之间的亲情,才有可能产生"一日为师,终生如父"的情、义、爱的深刻体验。因此,师徒传承在精神上仍以"人"为"人师",同时也才可能维持"师门"技艺风格的独特性与系统性,以及维持地域的集团性格。①

总之,师徒传承主要是师傅以个人知识和经验传授并指导学徒,以个人魅力来感染学徒。师徒传承的优点是,学徒通过这种方式可以成功地获取隐性知识;缺点是,受师傅技艺水平的限制,学徒不能系统地学习知识和技能,内容单一,效率较低,并且因为这种培养方式往往是长期潜移默化的熏陶,师傅的缺点也可能会被学徒一并继承。此外,学徒可能会因为盲目崇拜师傅而形而上地学习或者排斥其他新事物。

第三节 大陆创意人才的培养[②]

因为学校正规教育特别是高校教育是创意人才培养最为重要的方式。因此,本章主要侧重于研究两岸学校正规教育特别是高等院校的相关问题。

一、基础教育:学前教育+九年义务教育+高中阶段教育

基础教育是创意人才培养的基石,为创意人才全面提升自身竞争力奠定了基础。大陆基础教育形成了学前教育、义务教育和高中阶段教育以及高等教育这一体系。

---

① 江韶莹. 台湾工艺发展脉络 [EB/OL]. http://iic2.thu.edu.tw/download_course/1262576443.doc, 2009-09-05.

② 本章大陆相关数据若没有特别说明均来源于中华人民共和国教育部或各地方教育厅/局。

大陆学前教育通常是家长自费教育，不过这丝毫没有影响家长对孩子教育的投入。2015年，全国共有幼儿园22.4万所，比上年增加1.4万所。入园幼儿2008.9万人，比上年增加21.1万人，增长1.1%；在园（班）幼儿4264.8万人，比上年增加214.1万人，增长5.3%。其中，农村在园（班）幼儿2275.0万人，比上年增长4.9%。

目前大陆城乡普遍实施了强制性的九年义务教育。2015年，大陆有义务教育阶段学校24.3万所，比上年减少1.1万所。义务教育阶段在校生1.4亿人，比上年增加168.4万人，增长1.2%。其中，大陆普通小学19.1万所，比上年减少1.1万所。全国小学招生1729.0万人，比上年增长4.3%。全国共有初中5.2万所，比上年减少218所。全国初中招生1411.0万人，比上年下降2.5%。2015年，大陆小学学龄儿童净入学率达99.88%，男童和女童小学净入学率均为99.88%，绝大多数省份已经消除男女童入学率性别差异。全国初中阶段毛入学率达104.0%，比上年提高0.5个百分点。全国小学毕业生升学率为98.2%，比上年提高0.2个百分点。初中毕业生升学率（含职业初中）为94.1%。

高中阶段教育分为普通高中教育和中等职业教育。虽然大陆近年来加大了中等职业教育的宣传和投入，但受中国传统"望子成龙"社会风气的影响，大陆家长特别是农村家长包括学生在内普遍对职业教育持有偏见。2015年，大陆共有高中阶段学校（包括普通高中、成人高中和中等职业教育）2.49万所，比上年减少732所；招生1397.9万人，比上年减少18.5万人，下降1.3%；在校生4037.7万人，比上年减少132.96万人，下降3.2%。其中，全国普通高中共有学校1.3万所，比上年减少13所；招生796.6万人，比上年微增106人；在校生2374.4万人，比上年减少26.1万人，下降1.1%。大陆中等职业教育（包括普通中专、成人中专、职业高中和技工学校）共有学校1.12万所，比上年减少676所；招生601.2万人，比上年减少18.5万人，下降3%；在校生1656.7万人，比上年减少98.6万人，下降5.6%。2015年，高中阶段教育招生普职比为57∶43。

二、高等教育：创意人才培养的重要方式

（一）概述

2015年，大陆共有普通、成人高等学校2852所，比上年增加28所。其

中，普通高校 2560 所（含独立学院 275 所），比上年增加 31 所。普通高校中本科院校 1219 所，比上年增加 17 所；高职（专科）院校 1341 所，比上年增加 14 所。全国共有研究生培养机构 792 个，其中，普通高校 575 个，科研机构 217 个。

2015 年，各种形式高等教育在学总规模达到 3647 万人，比上年增长 2.5%。高等教育毛入学率达到 40.0%，比上年提高 2.5 个百分点。每十万人口中高等教育在校生人数为 2524 人，比上年增加 36 人。全国在校研究生 191.2 万人（其中，博士生 32.7 万人，硕士生 158.5 万人），比上年增加 6.3 万人，增长 3.4%，增幅比上年略有上升。全国普通、成人本专科在校生 3261.2 万人，比上年增加 60.4 万人，增长 1.9%。其中，普通本专科在校生 2625.3 万人，比上年增加 77.6 万人，增长 3.0%。成人本专科在校生 635.9 万人，比上年减少 17.2 万人，减少 2.6%，由上年的增长态势转为下降。

教学科研仪器设备配置水平普遍提高。2015 年，全国普通高校生均教学科研仪器设备值为 12761 元，比上年增长 8.0%。其中，普通本科院校为 14766 元，比上年增长 9.6%；高职（专科）院校为 8152 元，比上年增长 3.4%。

信息化水平有所提高。2015 年，全国普通高校每百名学生拥有教学用计算机 26.0 台，比上年增加 0.8 台。其中，本科院校为 26.4 台，比上年增加 1 台；高职（专科）院校为 25.0 台，比上年增加 0.2 台。

普通高校校均上网课程为 159 门，比上年增长 9.0%。其中，本科院校校均上网课程为 264 门，比上年增长 7.4%；高职（专科）院校校均上网课程为 63 门，比上年增长 15.0%，数量明显低于本科院校。

（二）创意产品研发人才培养的专业

不同类型的创意人才比较多，因此相应的专业也比较多。例如，培养平面设计师的专业主要是视觉传达艺术设计专业，培养陶艺设计人才的专业主要是陶瓷艺术设计专业，培养电子音乐制作人才的专业主要是电子音乐制作专业，等等。调查发现，除如中国美术学院、四川音乐学院等专门培养创意人才的高校外，几乎每个高校也都开设了一个或多个以培养不同类型创意人才为目标的专业。

下面以视觉传达艺术设计为例介绍其高校分布情况、人才培养目标及课程设置。

视觉传达设计是指设计者利用平面视觉符号——文字、插图和标志，来传递给接收者各种信息的设计，其主要功能是起到传播和推广的作用。视觉传达设计也经常被称为平面设计，它涉及的领域有很多，例如，报纸、杂志上的各种平面广告，道路两侧的广告牌、灯箱等都属于视觉传达设计的领域。在设计学中，其内容主要包括广告设计、印刷设计、书籍装帧设计、海报招贴设计、产品包装设计、企业形象设计（VI设计）、展示设计、数码影像设计等。视觉传达艺术设计专业本科毕业后授予文学学士或工学学士学位，与该专业相近的专业有艺术设计学、美术学和建筑学。视觉传达艺术设计专业学生在毕业后可以在广告公司、设计公司的平面设计部门担任平面设计师，在电视台、报社、杂志社、大型网站等媒体单位的平面设计部门担任美术编辑，在企事业单位的策划部门担任平面设计师等。

目前开设视觉传达艺术设计专业的高校约有145所，分布在全国31个省（自治区、直辖市），北京有42所高校开设了这一专业，各省高校数量分布如表8-1所示。

表8-1　全国各地区视觉传达设计专业本科开设院校数量分布

省份	数量（所）	省份	数量（所）	省份	数量（所）
北京	42	安徽	2	新疆	3
陕西	9	广东	8	福建	2
山东	8	江西	4	云南	2
湖北	8	湖南	4	重庆	2
江苏	8	广西	2	甘肃	1
浙江	8	河北	5	青海	1
黑龙江	7	山西	3	海南	1
四川	6	吉林	6	宁夏	1
上海	6	贵州	1	西藏	1
辽宁	6	内蒙古	1		
天津	4	河南	4		

注：未包括港澳台地区。

资料来源：由笔者根据网络资料整理所得。

在课程设计上，大陆高校培养创意人才的模式一般是以理论为主、实践为辅，并加入本校研究特长构成该专业课程体系，从而形成人才培养的差异化。视觉传达设计专业一般包括设计基础、品牌设计、广告设计、包装设计、编排设计等主要课程。各校的课程设置根据培养方向和教学特点有所不同。例如，浙江大学视觉传达设计专业本科着重培养学生对图形、色彩、文字等视觉要素的敏锐感知力和创造力，训练学生运用视觉元素进行平面设计综合表达能力，突出对多媒体技术在视觉设计中的应用，强调技术和视觉设计的交叉融通。基于此，该校视觉传达设计专业的核心课程主要由三大块构成：一是视觉要素基础训练课程。如图形语言、色彩语言、创意形态等。二是平面设计类课程。如品牌设计、包装设计、书籍装帧与版式编排设计等。三是多媒体、综合设计类课程。如交互设计、影像设计、动画设计、展示设计等。

（三）创意管理人才培养的专业

最早开设于 2004 年的大陆文化产业管理专业是培养创意人才特别是营销与管理人才最重要的专业。该专业以培养具有宽阔的文化视野、掌握现代产业理念和经营技能的复合型文化产业人才为目标。学生毕业后大多数授予管理学学位，少数艺术类院校授予艺术学学位。另有高校设置本专业的硕士、博士、博士后点。

2004 年 3 月，教育部下发《关于公布 2003 年度经教育部备案或批准设置的高等学校本专科专业名单的通知》，正式批准在山东大学、中国传媒大学（时为北京广播学院）、中国海洋大学和云南大学四所高校中首先开设文化产业管理专业，授予管理学学士学位，标志着文化产业管理专业正式设立。

为推动高校文化管理学科专业建设、提高高校师资专业水准、加速扩大文化产业后备人才培养和交流互通办学经验等，自 2005 年起每年在开设有文化产业管理专业的高校召开一次"全国文化管理类学科建设联席会议"。

目前，除海南、西藏和宁夏外，大陆其他地区共有 179 个学校开设了文化产业管理本科专业。其中，"985"高校 4 所，"211"高校（不含"985"）15 所，普通高校特别是地方院校占主流，比例达 89.4%。各地文化产业管理专业（本科）院校数量分布如表 8-2 所示，排在前三位的分别是山东 18 所、河南 14 所以及北京 11 所。若以每校每年招生规模 30 人计算，每年毕业的创意管理人才为 5370 人，远远满足不了文化市场的需求。

表 8-2 全国各地区文化产业管理本科开设院校数量分布

省份	数量（所）	省份	数量（所）	省份	数量（所）
山东	18	安徽	7	天津	3
河南	14	广东	7	辽宁	3
北京	11	江西	6	黑龙江	3
福建	10	湖南	6	云南	3
四川	10	广西	6	重庆	3
上海	9	河北	5	甘肃	3
湖北	9	山西	5	新疆	1
陕西	8	吉林	5	青海	1
江苏	7	贵州	5	海南/西藏/宁夏	0
浙江	7	内蒙古	4		

注：不包括港澳台地区。

资料来源：由笔者根据网络资料整理所得。

专业定位与课程设置方面，中国传媒大学文化产业管理专业设在经济与管理学院，学生毕业后授予管理学学士学位。[①] 专业总体定位是：为政府文化管理部门、新闻出版、广播电视机构，国营及民营影视制作公司、文化经纪公司、文化艺术团体等单位培养既具有较强的艺术鉴赏力、懂得艺术创作规律和业务流程，又具备较强的现代企业管理能力、市场调研能力、文化产业项目策划能力和经营、开发能力的复合型人才。在课程体系的建设上，专业课程主要由人文社科类课程、经济学课程、管理学课程、文化产业课程和方向特色课程构成。专业核心课程包括《文化产业项目管理》《文化产品创意与营销》《文化场馆经营与管理》《大型活动策划》《广播电视经营管理》《创意经济》等。有两大特色课程：一是影视制片方向，特色课程包括《影视制作》《纪录片创作》《影视制片管理》《电视节目策划》《电视栏目制片管理》等。二是文化经纪方向，特色课程包括《文化经纪实务》《明星产业与演艺经纪》《艺术品市场》《中国传统曲艺赏析与演出经营》等。

中国海洋大学文化产业管理设在文学与新闻传播学院，学生毕业后授予管

---

① 资料来源于中国传媒大学官方网站文化产业管理专业介绍。

理学学士学位。① 专业总体定位是：培养能够在国家和地方政府的文化宣传等部门、各类文化企事业单位从事文化管理、文化市场运营、文化交流与传播、文化项目策划、文化产品创意开发，以及在文艺团体和文博单位工作的高素质复合型专业人才。在课程体系建设上，分专业核心课程和特色课程。其中，专业核心课程包括《文化产业概论》《中国文化史》《世界文化史》《中外文化交流史》《文化经济学》《文化产业政策与法规》《文化管理学》《世界文化产业导论》《文化市场营销学》《文化传播学》《文化遗产保护理论与实践》《文化产业项目策划与管理》《文化资源学》《创意理论与实践》，特色课程包括《海洋文化概论》《海洋文化创意》《古代文物与海上丝路》《城市文化专题》《文化产业与沿海区域发展》《中国书法与创意设计》，等等。

从上可以看出，大陆这两所最早设置文化产业管理专业的高校培养目标大同小异，都是着力培养具有综合职业素养的创意管理人才。在核心课程设置上均涉及人文、经济、管理、传播等学科的课程，在特色课程设置方面充分考虑了本校的研究特色和特长。

三、培训基地：政府引导下的创意人才培养产物

为解决本地创意人才总体不足、人才结构性短缺等突出问题，地方政府会有意识地以资助方式推进有能力培养创意人才的机构搭建创意人才培训平台，这些机构根据创意人才市场供需信息，以人才需求为导向开设相应的培训项目。在文化部或地方政府（含文化厅）引导下部分地区已建立了各类创意人才培训基地，如表8-3所示。

表8-3　大陆创意人才主要培训基地概况

基地名称	基地所在机构名称
广东省文化产业与新媒体后备人才培养基地	深圳大学
广东省美术后备人才培养基地	广州美术学院
北京市文化创意产业人才培养基地	北京电影学院、北京大学、清华大学、中国传媒大学等30家单位

---

① 资料来源于中国海洋大学文化产业管理专业2016级培养方案。

续表

基地名称	基地所在机构名称
文化产业人才培养基地	山西大学
广西新闻出版与文化产业发展研究基地 中国东盟文化产业（传媒）人才培养基地	广西大学
国家文化产业创新与发展研究基地	上海交通大学、北京大学
非物质文化遗产人才培养基地	福建艺术职业学院、华昌珠宝有限公司等6家单位
四川省文学艺术界联合会创作培训基地	四川水利职业技术学院
中国非物质文化遗产保护浙江培训基地	中国艺术研究院
浙江省报业培训基地	浙江省报业协会
全国文化信息资源共享工程（山东大学）培训基地	山东大学
文化产业人才培训基地	长安大学
两岸文创人才培训基地	南开大学

资料来源：由笔者根据网络资料整理所得。

以北京市为例。虽然北京市2014年创意人才超过140万人，但该市仍存在高端领军人才、新兴行业的专业化人才、既懂文化创意又懂经营管理的复合型人才较为缺乏这一问题。为有效解决这一问题，北京市国有文化资产监督管理办公室于2013年12月制定了《北京市文化创意产业人才培养基地认定和管理办法（试行）》[1]，并正式发布了《关于公开征集北京市文化创意产业人才培养基地的公告》。经过申报征集、材料初审、评审打分、实地踏勘、评审认定五个阶段，北京市国有文化资产监督管理办公室认定中国传媒大学、北京电影学院等10个机构为首批"北京市文化创意产业人才培养基地"[2]，并给予这些机构一次性约15万元的鼓励扶持资金。

---

[1] 该办法鼓励有条件的机构建立文化创意产业人才培养基地，基地旨在加快推动北京市文化创意产业发展所需人才建设，重点培养包括熟悉文化创意产业链整体运作的复合型人才，文化创意产业领域关键环节如研发设计、经营管理、营销经纪等专业型人才。

[2] 除此之外，北京市首批文化创意产业人才培养基地还包括北京服装学院、北京邮电大学、中央财经大学、北京洛可可科技有限公司、北京汇众益智科技有限公司、北京瀚海润泽科技孵化器有限公司、外语教学与研究出版社有限责任公司、北京朝阳传媒影视技术服务中心8家机构。

第四节 台湾创意人才的培养

一、基础教育：学前教育+十二年义务教育

在学前教育方面，一是通过实施"5 岁幼儿免学费就学补助"以提升学前幼儿入园率。① 2016 学年度，这一政策的受益人数为 18 万余人，5 岁幼儿整体就学率达 96.3%、经济弱势 5 岁幼儿就学率达 97.2%、少数民族 5 岁幼儿就学率达 97%以上。二是积极推动公共化教保服务，提升幼儿平价就学机会。台湾当局持续补助各直辖市、县（市）政府增设公立幼儿园，2016 年再增设公立幼儿园 112 班，累计增设 1381 班；鼓励与补助地方政府及公益法人协力设立非营利幼儿园，截至 2016 年台湾共计开办 10 家非营利幼儿园，逐年增加平价、优质幼儿园供应量，缩短公私立幼儿园供应量差距。三是推动"优质教保发展计划"。通过这一计划，规划及办理幼儿园园长专业训练课程、建立园长培训制度及补助直辖市、县（市）政府办理幼儿园主管"课程领导"进修课程，以提高幼儿园教保服务质量，并建构教保服务资源中心等支持网络，协助家长强化育儿功能，减轻家长育儿负担。四是提高学前教保品质。2016 年 12 月 1 日发布了《幼儿园教保活动课程大纲》，出版了《幼儿园教保活动课程手册》《幼儿园教保活动课程——健康安全实用手册》《幼儿园教保活动课程——课程发展参考实例》等参考教材，2016 年规划办理课纲研习 170 场，参与人数约 1.2 万人；补助各直辖市、县（市）政府办理教保研习约 1283 场，共计 83771 名教保服务人员参加；搭建中央与地方辅导网络，整合辅导资源，2016 学年度参与公私立幼儿园辅导计划者共计 914 家。

和大陆相比，台湾更早全面实施九年义务教育。台湾地区自 1968 年开

---

① 台湾资料若无特别说明均来源于台湾教育事务主管部门官方网站。

始实施九年强制免费义务教育。根据台湾地区民众教育的有关规定，凡6~15岁台湾居民，应受民众教育。民众教育分为两个阶段，前六年为小学教育，后三年为初中教育，以养成德、智、体、群、美五育均衡发展的健全民众为宗旨。2016年台湾地区民众教育学校总数为3365所，在校生总人数186.1万人。其中，小学2630所，学生人数117.4万人，初中735所，学生人数68.7万人。

自2014年起，台湾地区开始实施"十二年基本教育"，为适应这一变化，台湾教育事务主管部门已委托教育研究院进行建置12年一贯课程体系方案研究，并完成"《十二年民众基本教育课程发展建议书》"及"《十二年民众基本教育课程发展指引》"，为下一波课程改革奠定基础。台湾"《十二年民众基本教育课程纲要总纲》"已经于2014年11月28日发布，2018学年度依照不同教育阶段逐年实施。目前，全台湾23县市共有292所高级中等学校。2016年全台湾高级中等学校新生数26.5万人，高中、职业学生比为45：55，高职生比重下降了2%；高中和职中升学率分别为96.6%和77.4%，整体升学率为86.2%，高于大陆高中整体升学率。

二、高等教育：创意人才培养的重要方式

（一）概述

2016年，全台湾大学院校共计159所，私立学校数量是公立学校的近一倍。公立学校共有58所，包括大学院校34所、技职院校15所、空中大学2所以及军警校院7所；私立学校共有101所，包括大学院校37所、技职院校59所以及宗教研修学院5所。2016年在学大专院校人数为130.9万人，比上年（在校学生人数133.2万人）略有下降；2016年硕博学生19.8万人，占学生总人数的15.1%。

（二）创意产品研发人才培养的专业

与大陆一样，台湾创意产品研发人才培养的专业也多种多样。如设计人才培养的专业包括综合设计学类、视觉传达设计学类、产品设计学类、空间设计学类和其他设计学类等专业。

以视觉传达设计学专业为例。目前台湾有61所大学院校开设了这一专业，

占大学总数的38.36%。这些院校专业定位以及开设的课程有所不同，学制也不止一种。目前这些院校的学制有硕士班、硕士在职班、学士班、两年制在职专班、进修学士班、二技（日间）、四技（日间）、四技（进修）、四技（日间）、五专（日间）十种构成。

以台湾艺术大学为例。台湾艺术大学视觉传达设计学专业注重"理论与实务均衡发展，学界与业界接轨的重要性，以期达成设计理念与实务相互落实的教学目标"[①]。近年来，为适应多媒体（Multimedia）、新兴媒体通信技术与数字科技时代的发展，以及配合政府推广"文化创意产业"理念，该专业在课程内容的规划方面，结合理论与方法、文化与背景（Context）、环境与人的因素、传统与当代技术、视觉美学来制定全面的设计策略。学校课程强调人文艺术与数字科技相互整合的重要性，使学生成为理论与实务兼修的专业设计人才。目前该专业有日间学士班、进修学士班、两年制在职专班、日间硕士班、在职硕士班五种学制，学生完成学业后授予艺术学学士学位或硕士学位。不同学制在教育目标、专业核心能力、毕业学分数及课程设计和安排上有所不同。2016学年度各学制教育目标、专业核心能力、毕业学分数以及课程设置如表8-4所示。

（三）创意管理人才培养的专业

因为在学科设置上和大陆不一样，台湾没有文化产业管理专业，和大陆文化产业管理专业较相近的专业是"艺术行政学类"。并且创意管理人才的招生对象也是以具有一定社会实践的本科毕业生为主，而大陆方面则是以招收高中毕业生为主。

台湾地区艺术行政学类专业主要是培养优良的艺术行政管理人才，包括表演艺术、文化政策、艺术管理以及文化资产保存类人才。目前台湾有5所大学开设了这类专业。学制包括硕士班、博士班或日间四技一种或两种。

还是以台湾艺术大学为例。台湾艺术大学艺术管理与文化政策研究所招收艺术管理与文化政策研究生（硕士和博士），其"教育目标在因应在地、区域与全球艺文发展趋势与需求，培育艺术管理的实践与创新人才及文化政策的规划及研究人才"。2016年学年度入学的硕士研究生需要完成《研究方法与论文

---

① 本小节信息来源于台湾艺术大学官方网站。

表 8-4 2016年台湾艺术大学视觉传达设计学专业教学规划概览

学制	教育目标	专业核心能力	毕业学分数	课程（必修）	课程（选修）
日间学士班	注重创意文化能力的培养与开发，知识与技能均衡发展，建立完善与健全的设计教育体制。分为以下四大方向：①施予文化，艺术与技能教育训练，培养具宏观视野、创新科技新知与市场趋势、能从事视觉传达设计人才的专业与研究能力。②掌握科技新知与市场趋势，强化从事跨领域多元教学，开发创造力与视觉设计附加价值，提升美学设计文化的质量。④推广发展国际设计文化交流，提升国际竞争力	①充实设计理论知识和能力；②增进文化美学涵养；③培养描绘表现技巧；④开发造型设计创意；⑤强化传达媒体设计；⑥应用数字辅助设计	128	文字与编辑设计；色彩应用；美术史（上、下）；设计史；基本设计（一、二）；近代设计史；素描；设计概论；数位影像设计；设计概论；平面媒体设计（一、二）；企业识别系统设计（一、二）；材质设计与造型原理；纹饰设计；基础摄影；造型美学（上、下）；广告摄影；包装设计（一、二）；多媒体广告设计（一、二）；视觉心理学；环境视觉设计（一、二）；产学合作与设计竞赛综合设计；毕业专题制作（一、二）	电脑绘图；创意表现；进阶电影绘图；绘画表现与媒材；印刷理论与设计；插画设计；纸材结构；设计专业伦理；台湾艺术鉴赏；立体造型电脑模型建构；媒体理论；进阶纸材结构；媒材表现；插画应用设计；进阶电脑模型与编辑；影像鉴赏分析；数位剪辑；文化创意与视觉设计应用；动画设计应用；广告企划；书籍编辑设计；消费空间设计；影像鉴赏整合；视听设计；文化创意与设计美学；当代艺术；文化创意；网络社群设计；进阶动画设计应用；作品集设计；进阶书籍编辑设计；广告文案；广告营销；文化创意产业营销；品牌设计；活动企划；设计管理；当代时尚；创业企划；展示设计；作品集设计；设计营销；设计时尚；设计实务；广告实务；设计营销；设计时尚；创业企划；与市场分析；进阶展示设计；设计实务实习

第八章 两岸创意人才培养比较分析

续表

学制	教育目标	专业核心能力	毕业学分数	课程（必修）	课程（选修）
进修学士班	注重创意文化能力的培养与开发，知识与技能均衡发展，以建立完善与健全的设计教育体制，共可分为以下四大方向：①配合社会及在职人士进修之需求，以传授艺术及视觉传达设计的相关知识和能力，培养从事视觉设计的专业人才之目标。②掌握科技新知与市场趋势，强化视觉设计基本能力，训练研究创作思考，结合沟通传达与产业文化的需求接轨。③发展跨领域多元教学，开发创造力与设计附加价值，提升视觉设计的质量。④推广发展国际设计文化交流，提升国际竞争力	①充实设计理论知识和能力；②增进文化美学涵养；③培养描绘表现技巧；④开发造型设计计划；⑤强化媒体传达表现设计；⑥应用数字辅助设计	128	文字与编辑设计；色彩学；美术史（上、下）；基本设计；设计概论；色彩计划；近代设计史；平面媒体设计（一、二）；企业识别系统设计（一、二）；纹饰设计（上、下）；基础摄影；造型原理（上、下）；广告设计（一、二）；包装设计；视听设计；环境视觉规划设计；毕业专题制作（一、二）	设计素描；电脑绘图；印刷理论包与设计；电脑排版设计；数位影像设计；绘画表现与媒材；纸材结构；网站结构与造型设计；创意表现；立体造型与媒材表现；台湾艺术鉴赏；插画造型与电脑模型建构；媒体理论；进阶电脑表现；进阶网站企业结构；当代视觉文化创意与设计；网络社群探讨；书籍编辑设计；多媒体广告设计；设计专业伦理；动画设计应用；设计广告企划；影像鉴赏分析；数位剪辑；消费空间设计；产学合作专案；视听设计；进阶多媒体广告设计；进阶书籍编辑设计；进阶动画设计应用；广告文案；展示设计；作品集设计；当代设计理论；生活空间设计；设计管理；文化创意产业与营销；图与营销案；品牌企划；展示设计；广告实务；设计时尚；文化创意；创业与市场分析；进阶展示设计

续表

学制	教育目标	专业核心能力	毕业学分数	课程（必修）	课程（选修）
两年制在职专班	注重创意文化能力的培养与开发，建立完善广推修教育的设计教育体制。共可分为以下四大方向：①招收社会及在职人士，发挥进修推广教育的精神并加强社会在职人士的设计课程理念，人文素养及鉴赏能力为主要目标，并依不同领域的设计专长开发相关课程，以期提升更高层次的专业能力。②掌握科技新知与市场趋势，强化视觉设计基本能力，训练研究创作思考，结合沟通传达学习的养成，与社会文化以及产业多元需求接轨，开发创造与设计的教学，提升视觉设计附加价值。③发展跨领域设计附加教学，提升视觉设计附加价值。④推广发展国际设计文化交流，提升国际竞争力	①充实设计知识和技能与美学涵养；②培养描绘表现与造型创意；③强化传达设计与数字应用	三专本科系生60学分，二五专本科系生72学分。三专非本科系生74学分，二五专非本科系生86分	近代设计史；基本设计；电脑绘图（一、二）；设计方法；造型设计原理；色彩计划；专业专题制作（一、二）；构成设计	包装设计（一、二）；纹饰与设计美学（上、下）；商业摄影；设计概论；广告媒体设计（一、二）；文字编辑设计；书籍编辑设计；插画设计；进阶商业摄影；多媒体设计；美术史（上、下）；展示设计研究；造型心理学；视觉识别系统（一、二）；电脑影像设计；网站企划与设计；环境视觉设计；设计美学（一、二）；进阶绘画表现；多媒体设计；绘画表现与数位剪辑

续表

学制	教育目标	专业核心能力	毕业学分数	课程（必修）	课程（选修）
硕士日间班	注重创意文化能力的培养与开发，知识与技能均衡发展，以建立完善与健全的设计教育体制。配合文化与社会需求，以培养具有宏观视野的专业视觉传达设计人才为目标。共可分为以下四大方向：①强化研究创作思考，传达媒体设计及数位应用专业能力，提升更高层次的专业人文艺术涵养，具备创造力与美感素养，从事视觉传达设计创作与学术研究能力。③运用艺术、设计与科技资源，推广视觉文化生活，开发文化创意产业，发扬"本土"特色，提升视觉设计的品位。④推广发展国际设计文化交流，提升国际竞争力	①充实设计知识和能力与美学涵养；②强化传达设计与数位应用	修业年限：2~4年 毕业学分：45学分（含硕士论文6学分）	研究方法；视觉传达设计特论；设计理论	包装设计美学研究；视觉设计专题研究；装饰设计与纹饰研究；构成设计研究；设计策略思考研究；设计管理研究；设计论文导读；策展实务研究；视觉系统设计研究；摄影创作研究；符号学；设计项目；广告设计研究；传达与设计研究；文化产业创意开发研究；影像设计研究；设计教育研究；东方设计美学专题研究；品牌形象研究；设计史专题研究；造型认知研究；信息图像设计研究；数位信息传达研究

续表

学制	教育目标	专业核心能力	毕业学分数	课程（必修）	课程（选修）
硕士在职专班	注重创意文化能力的培养与开发，知识与技能均衡发展，以建立完善与健全的设计教育体制，配合文化与社会产业需求，以培养具有宏观视野的专业视觉传达设计人才为目标。共可分为以下四大方向：①强化设计创作思考，传达媒体设计，结合沟通传达学习的养成，提升更高层次的专业能力。②与社会文化、产业文化需求接轨，培养人文艺术涵养，具备创造力与美感素养，从事视觉设计创作与学术研究的能力。③运用艺术、设计与传达设计能力，推广视觉文化生活，开发文化创意产业，发扬"本土"特色，提升视觉设计的品位。④推广发展国际视觉设计交流，提升国际竞争力	①充实设计知识和能力与美学涵养；②强化传达设计与数位化应用	修业年限：3~6年；毕业学分：45学分（含硕士论文6学分）	研究方法；视觉传达设计特论；设计理论	包装设计美学研究；品牌形象研究；视觉设计专题研究；装饰设计与纹饰研究；构成设计研究；比较艺术学；设计策略思考研究；设计管理研究；设计项目；视觉系统设计研究；摄影创作研究；符号学；传达设计研究；广告设计研究；文化产业创意开发研究；设计史专题研究；造型认知研究；信息图像设计研究；数位信息传达研究

资料来源：本表根据台湾艺术大学官方网站由笔者整理所得。

写作》这一必修课,以及共同选修课程《人文经典专题》,根据不同研究方向,可供选择的课程包括:①理论与方法方面可供选修的课程包括《世界文化史专题》(全英语授课)、《台湾艺文思潮》《文化人类学》《现代与后现代主义》《视觉文化:理论与方法》(全英语授课)、《艺术社会学专题》(全英语授课)、《文化社会学》《艺术与文化哲学》《当代文化理论》;②文化政策与治理方面可供选修的课程包括《文化政策理论与实务》《文化法规》《博物馆政策》《区域文化政策》《台湾艺文政策发展》《城市文化治理》《学术讲座》《文化组织与机制》《全球化与文化外交专题》等;③艺术管理方面可供选修的课程包括《艺术管理:理论与实务》《节庆与活动管理》《艺术管理专题研究》《艺文机构之运营管理》《展示设计》《艺文机构实习》《当代策展:理论与实务》《国际艺术活动专题》《艺术批评与策展论述》《艺术与文化经济》等;④博物馆与文化资源方面可供选修的课程包括《文化创意产业》《文化资产管理》《博物馆管理专题》《博物馆与当代议题》《博物馆教育》《文化观光》《博物馆建筑》等。

从这些课程可以看出,台湾硕士研究生的培养注重理论和实践相结合,并且有针对性地开设特定的管理类课程,以便学生掌握这一特定管理对象的管理理论,并付诸管理实践。

三、艺术教育:激发全民创意潜力

和大陆不一样,台湾从 2014 年起在基础教育阶段就开始实施艺术教育,这一方面可以激发全民创意潜力,另一方面也可以提升人们的艺术修养并形成感性认识,为创意人才的成长埋下了种子。2013 年 8 月 27 日台湾教育事务主管部门颁布实施《美感教育中长程计划——第一期五年计划(2014~2018年)》,鼓励各级学校办理美感教育。具体措施包括:①课程与教学,即培育学生美感基本技能与素养;②支持资源,即建立美感教育推动的支持体系;③教职知能,即强化职前与在职教师美感教育技能。目前方案实施效果良好。例如,在各级学校举办了《美感教育》《艺术创造生活品质》名人系列讲座共计 147 场;帮助台湾艺术教育馆规划整合艺术教育相关网站及数字资源平台,2016 年 567.85 万人次浏览这一网站;促进各类艺术团体到中小学展演,2016年举办了 50 场巡演,受益人数 7686 人;辅助办理多元艺术教育活动 1455 场,受益人数96.23万人次；促进产官学共同合作推动艺术及美感教育，2016年有69所学校共5800余名师生参观了《台北故宫博物院南院——日本美术之最》特展活动；举办暑假传统表演艺术增能研习工作坊，即安排传统表演艺术如戏曲表演、戏曲音乐、歌仔戏、杂耍等传统表演艺术课程，鼓励全台有志于传统表演艺术的教师共同参与，累计400余名教师参与；举办师生艺术比赛，包括"教育事务主管部门文艺创作奖""学生音乐比赛""师生乡土歌谣比赛""学生创意偶戏比赛""学生美术比赛""学生图画书比赛""学生舞蹈比赛"七项竞赛，每年约23万人次参与；等等。

四、文化创意人才的培训

和大陆一样，台湾文化事务主管部门也是鼓励通过产官学合作对创意人才进行培训。例如，2014年台湾长荣大学和台湾应用商业管理协会共同举办针对大专院校/高中职相关教授相关领域种子师资的"文化创意产业营销管理人才"证照暨种子教师研习营，培训结束考试合格后由应用商业管理协会颁发"文化创意发展企划师"和"文化创意行销企划师"证书。2016年，台中市文化局通过台中市文创咨询推动办公室（传动数位策略股份有限公司）免费培训"文化创意产业人才"。这次培训的对象是：①台中所在地文创产业领域相关工作者、文创工作室；②小区文创产业推动单位；③有意投入文创领域或有意朝文创发展的其他从业者；④大专院校文创、设计及相关科系的学生；⑤台中市政府各局处会文创相关业务承办人及主管。培训采用学分制，1小时一个学分，满14学分（含）以上的学员可以获得台中市政府文化局颁发的"文化创意产业人才培训结训证书"。培训的课程包括《从生活找设计》《建构成功的商业模式》《营销上手品牌就会红》《认识法规守护智财权》《品牌定位与商品设计》《牌再加值》《设计新想象》《财务结构与资金运用》《政府资源灵活运用》《体验文创，客制商品》《成功策展必备要素》《策展构想训练》，并且这些课程都是由业内资深实践人士担任主讲。

附录一 创意产业集聚区的形成路径与演化机理*

杨永忠，黄舒怡，林明华

[摘要] 本文基于演化经济视角提出创意产业集聚区形成的三阶段假说，即单元聚集、界面构建和网络发展。其中，单元聚集是微观单元资源搜寻的反映，界面构建是单元身份认同的需要，网络发展是单元多维扩张的结果。在三阶段演变中，创意产业集聚区的演化程度不断提高，从简单的地理聚集到分工协作，直至新奇系统形成。根据"三阶段"分析框架，本文对北京798创意产业集聚区进行了实证研究。发现798创意产业集聚区在进入第三阶段的低层次网络发展后出现的"自我毁灭"现象，实质是商业繁荣对艺术生产的排挤。据此，本文探讨了现代意义上的推动艺术与商业融合发展的四种模式，并对创意产业集聚区不同于一般产业集聚区的特征进行了反思：从形成路径而言，创意产业集聚区体现了文化与经济、技术的有机融合；从演化机理而言，表现出单元的新奇特征、界面的身份特征和网络的合作创造特征。

[关键词] 创意产业集聚区；形成路径；演化机理；文化与经济；技术融合

一、引言

创意产业集聚区作为创意产业的空间载体，伴随着创意产业的发展而兴起。创意产业集聚区具有明显的区位选择特征，在全球化背景下，创意产业集聚区的区位选择出现了同时在大城市集中和全球化分散的趋势（Scott，

---

* 原文载于《中国工业经济》2011年第8期，文章发表后，即被英文期刊 *China Economist* 遴选，以英文全文刊登于该刊2012年第2期。

2005）。国外一些学者主要从区位因素角度对创意产业集聚区的形成进行了探讨（Hutton，2000；Howkins，2001；Hartley，2005；Doris et al.，2006；Michael，2010），他们认为，创意产业集聚区趋向于在具有良好环境、公共服务完善、交通设施便利、低进入障碍和具有休闲中心作用的城市和地区出现。鉴于创意产业集聚区是一个复杂系统，其产生与发展受诸多因素的共同作用，国内一些学者在国外区位因素研究的基础上，从共生视角对创意产业集聚区进行了分析。如陈秋玲等（2006）利用共生模型对上海18个创意产业集群的集聚效应进行了研究，指出共生关系越贴近互利共生，则创意产业集聚效应越好。然而作为一个新兴产业，无论是区位因素角度，或是共生角度，都尚未能对创意产业集聚区的形成路径与演化机理展开深入研究。本文拟在国内外学者研究基础上，从演化经济视角系统分析创意产业集聚区的形成路径与演化机理。本文首先从产业集聚的一般性出发，提出创意产业集聚区形成的三阶段假说，并以北京798创意产业集聚区（简称798）为例进行实证研究。在此基础上，针对一般分析中发现的存在于798的具有创意产业特征的"自我毁灭"现象展开探讨，并对创意产业集聚区不同于一般产业集聚区的形成路径与演化机理进行反思。

二、创意产业集聚区形成的三阶段假说

产业集聚的形成一般经历了企业在地理上集中、企业间逐渐建立联系、形成一个稳定系统的过程（Weber，1909；Ottaviano and Thisse，2002）。创意产业虽具有特殊性，但仍不失产业的基本特征。因此，从产业集聚的一般过程，基于演化经济视角，本文提出创意产业集聚区的形成一般经历单元聚集、界面构建、网络发展三个阶段。其中，单元聚集反映已经进入和即将进入创意产业集聚区的微观个体、企业或组织，界面构建表示微观单元间的相互联系及联系方式，网络发展显示了微观单元间的复杂组织结构和空间结构。

如图1所示，横坐标表示演化阶段，反映了创意产业集聚区从单元聚集、界面构建到网络发展三个阶段的序列推进。纵坐标表示演化程度，本文借鉴国内外一些学者对共生系统评价体系的相关研究（Boons and Baas，1997；王兆华，2007）对演化程度进行判别，通过单元信息共享程度和合作关系固化程度两个指标进行综合判别。其中，单元信息共享程度体现为微观单元间关于知识、技术等信息传播的广泛度，广泛度越大，信息共享程度越高，演化程度越

高；合作关系固化程度表现为微观单元间的合作时间长短及交易频率的大小，合作时间越长，交易频率越大，合作关系固化程度越高，演化程度也越高。总体上，随着三个阶段的有序推进，创意产业集聚区的演化程度不断提升。

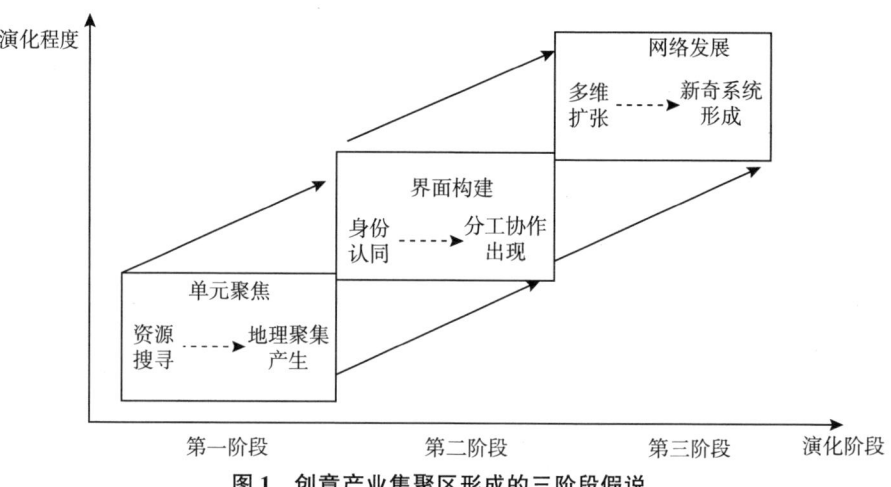

图1 创意产业集聚区形成的三阶段假说

1. 单元聚集

微观单元在区域上的地理集中现象，从时间上表现为同类企业到上下游企业、再到辅助性机构。由于创意产业的劳动力具有较大的自由度，消费者也有更多的机会参加合作创造（Co-creation）（Ross，2009），因此作为创意产业的一个特点，广义的单元聚集还包括消费者的集聚与参与。

该阶段主要是由于经济因子与身份因子的存在，吸引了微观单元的进入。经济因子与一般产业集聚相似，主要来自于低成本因子和外部经济效应因子，而身份（Identity）因子则与创意产业的特殊性有关。身份之所以对创意产业的微观单元产生吸引力，主要是由于社会对创意产品的价值判断，较之一般商品具有更大的不确定性（Potts，2011），因此创意工作者如果要实现其产品价值，必然尽可能借助各种信号以显示其现实的或潜在的艺术价值，而身份就是一种重要的信号。创意工作者通过进入创意产业集聚区，利用创意产业集聚区的艺术氛围和艺术定位，将有助于其信号显示与身份确定。身份因子体现了创意产业发展的社会属性，在身份因子的诱导下，创意产业的微观单元可以借助社会网络搜寻合适区位并进行集聚。

在单元聚集阶段，由于微观单元合作时间很短、交易频率较小，技术、知识等信息传播的广泛度较弱，因此单元的信息共享程度和合作关系固化程度均较低，演化程度不高，主要是一种地理上的简单扎堆。

2. 界面构建

随着微观单元的关系互动增加，单元间的联系形式逐步显现，单元界面逐步从不稳定走向稳定。此时，微观单元的合作交流不断深入，信息共享程度和合作关系固化程度都得到强化，演化程度普遍提高，创意产业集聚区从简单的地理集聚走向分工与协作。

在创意产业集聚过程中，微观单元的界面构建实际是一种身份建构。Akerlof 和 Kranton（2000）认为，身份函数依赖于个体行为与其他个体行为的相互关系。由于身份函数是创意产业微观单元的一种重要效用函数，因此微观单元间的相互联系及联系方式，即界面构建，在创意产业中就更加突出地表现为微观单元关于彼此身份的一种认同与确立。即随着微观单元的关系互动增加，微观单元的身份认同逐步清晰，界面间的彼此身份逐步从非均衡走向均衡，从而也相应地建立起稳定的分工与协作关系。

界面（或身份）的构建机制主要包括正式机制和非正式机制。正式机制是微观单元在其设计、研发、生产、营销等过程中，通过正式协议或契约与其他企业结成长期稳定的身份关系。非正式机制，则是微观单元基于共同的社会文化背景，在长期的交互作用中形成的非正式或非契约的认同关系。

通过正式和非正式机制的作用，创意产业集聚区的单元界面逐步形成，并表现为不同的身份特征。其中，单元间的点型身份反映出微观单元的联系极不稳定，这种联系形式的生成具有随机性，机会主义的风险极大。随着互动程度的提高，微观单元间可能进入间歇型身份，这时微观单元的联系表现出非连续的、间歇的稳定性，这种联系形式已脱离了完全随机性，身份生成具有某种必然性和选择性。之后随着互动程度的进一步提高，将促使创意产业集聚区的微观单元建立长期的合作关系，此时单元界面表现为连续型身份，单元间的联系已具有内在的必然性、较强的选择性和更高的稳定性，双方机会主义行为明显降低。当创意产业集聚区的微观单元有了形成诸如战略联盟的互动需要时，它们之间就可能形成一体化身份。这四种身份中，以连续型最为理想，因为点型和间歇型意味着较大的市场交易成本，而一体化则由于制约微观单元的创新而不一定适应市场发展的要求（冯德连，2000）。

3. 网络发展

Potts、Cunningham 和 Hartley（2008）等经研究认为，创意产业的本质是生产者和消费者适应新奇观念的社会网络市场，可见网络发展是创意产业空间集聚形成的重要标志。当创意产业集聚区内各种单元聚集到一定程度，不仅两两单元间的交易频率越来越高，技术、知识等信息的传播越来越丰富，而且更多的单元加入了相互交易，使单元信息共享和合作关系固化在更广泛、更丰富的空间进行，这时单元身份也从简单的线性关系向复杂的网络关系进行多维扩张和固化，从而形成一个完整的充满新奇观念的社会网络系统。一般而言，创意产业集聚区最早出现的同类单元之间容易形成竞争型网络，随后上下游单元的加入，包括具有创意产业特征的消费者单元的加入与合作创造，使供需型网络逐渐显现，而一些辅助性企业的入驻则完善了互补型网络。一个创意网络系统通常包括多种类型，在多种类型中往往有某种或某几种居于主导或支配地位，其决定了创意产业集聚区网络系统的演化方向。

综上所述，从图 1 中不难看出，在创意产业集聚区形成的三阶段演化中，每一阶段都体现了随着时间的演变，微观的单元行为引出群体的共生结果，即微观单元出于自身利益考量的行为引起整个创意产业集聚区的变化。如第一阶段"单元聚集"中的个体资源搜寻行为到群体的地理聚集产生，第二阶段"界面构建"中的单元身份认同行为到群体的分工、协作出现，第三阶段"网络发展"中的个体多维扩张行为到群体的新奇网络系统形成。而阶段与阶段间则体现为创意产业集聚区的演化程度不断提高，就微观单元而言，在三个阶段的发展中，经历了从资源搜寻、身份认同到多维扩张的演化过程；就群体而言，则随着信息传播的广泛度、合作时间、交易频率的增强，共生群体从简单的地理聚集产生、分工协作出现，到最后形成具有较高信息共享程度和较高合作关系固化程度的具有新奇特征的网络系统。

应该注意的是，在经济演化分析中，任何假说或模型都只是对真实世界的一种简化和抽象的描述。因此，图 1 也只是一个简化和抽象的创意产业集聚区形成的三阶段分析框架。实际上，从三阶段而言，创意产业集聚区的演进过程，并不意味着一个阶段结束、另一个阶段方才开始。更通常的是，一个阶段尚在进行中，下一个阶段已经出现。如在第一阶段"单元聚集"过程中，个别或部分具有新奇能力的微观单元在偶然的非正式机制互动中，就会逐渐构建第二阶段的身份界面，而身份界面构建反过来又会不断吸引和促进单元聚集。

同时，随着"身份资本"较为雄厚的微观单元率先进行网络扩张的探索，在界面构建中，也会推动第三阶段的网络发展，使新奇的共生系统逐步显现、适应和稳定。

三、实证研究：以北京798创意产业集聚区为例

798创意产业集聚区位于北京市朝阳区大山子，是利用20世纪50年代初苏联援建的工业项目遗址形成，属于典型的包豪斯建筑风格。该区总建筑面积23万平方米，汇集了艺术家工作室、画廊、艺术展示空间、时尚店铺、文化迥异的餐饮酒吧等众多创意机构。本文选择798作为实证研究对象，主要考虑798是我国形成较早且发展较好的创意产业集聚区，具有一定代表性。以下利用创意产业集聚区形成的三阶段假说，分析798创意产业集聚区的形成过程与演化机理。

第一阶段：单元聚集。798创意产业集聚区的出现始于2000年。[①] 艺术家和艺术机构之所以选择798聚集，就在于798有吸引他们的经济因子和身份因子。这些因子契合了他们的资源需求，从而对市场弱势力量形成吸附力，对市场强势力量形成拉动力（见图2）。

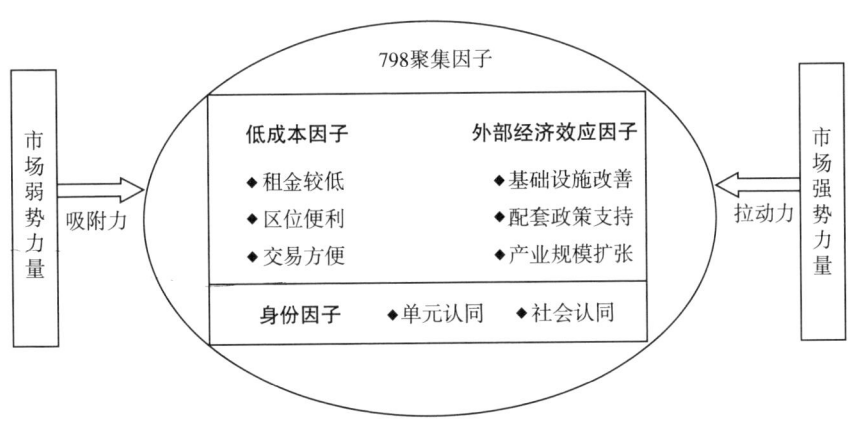

图2 798创意产业集聚区的单元聚集因子

[①] 当年中央美术学院雕塑系教授隋建国在798租下第一个工作室。以下关于798的部分资料、数据参考了孔建华（2009）。

（1）低成本因子。798独特的包豪斯建筑为创意工作者提供了足够大的创作空间，而且798是废弃的工业遗址，因此极大降低了创作空间的租金成本，这对一些正在起步的艺术工作者（市场弱势力量）有极大的吸引力。此外，798位于当时北京城郊的城乡接合部，区位便宜，交易成本较低。在798聚集的早期阶段，低成本是主导因子。正是由于低成本因子的吸附，才使艺术工作者（许多被称为"北漂"一族）不断向798聚集，才有艺术氛围的逐渐形成。

（2）外部经济效应因子。从2006年被列为北京市首批文化创意产业集聚区开始，798得到了北京市政府的大力扶持。市政府每年安排的文化创意产业发展专项资金，设立的文化创意产业集聚区基础设施专项资金，使798的基础设施环境得到有效改善；同时，作为北京市首批文化创意产业集聚区，政府在准入、税收等方面也提供了配套的政策支持。随着集聚区内共享的硬环境和软环境改善，798的产业规模不断扩张，外部经济日渐增强。这时外部经济效应因子逐渐取代低成本因子，成为进一步拉动市场强势力量（如大型的、知名的艺术机构）聚集的主导因子。

（3）身份因子。随着798越来越强烈的艺术氛围和艺术定位，身份因子也推动着创意产业的单元入驻。身份因子来自微观单元对798的认同，来自社会对798艺术群体的逐步认同。身份因子既降低了微观单元进入创意产业集聚区的心理成本，又提高了进入者的效用水平。

在798聚集的早期，单元合作程度低，技术、知识等信息的传播有限，演化程度不高。但是，在经济因子和身份因子越来越强有力的吸附与拉动下，随着单元的不断丰富、碰撞，也孕育着界面的出现。

第二阶段：界面构建。从2003年开始，以画廊、传媒机构等为主的上下游企业的进入，促进了798单元的身份互动，单元界面开始显现。2006年以后，随着企业数量的进一步增加，特别是国际知名的艺术中心及创意机构增多所产生的引领作用，使企业间的身份互动更加活跃，单元间的信息共享程度和合作关系固化程度都得到发展，单元身份逐步清晰，分工与协作关系也逐渐形成，界面构建所产生的文化、经济的溢出效应也逐步显现。

（1）界面构建机制。798界面构建的正式机制主要是合约机制，如798集聚区内画廊与艺术家之间的界面就是通过合约机制实现的。在这一正式机制中，画廊往往充当的是"艺术品经纪人"身份，起着平台、桥梁的作用，同时为艺术家与收藏家服务。画廊与艺术家签约，代理其艺术品，并通过艺术家发展计划进行展览、推广、出版和交易，从而实现艺术家的身份和价值。画廊向收藏家提供显示质量的合约，从而也促进了收藏家的身份和价值。

798界面形成的非正式机制表现为微观单元在非市场交易中基于社会身份建立的非契约的沟通机制。界面形成早期，创意阶层白天创作，晚上收拾各自工作室后，以艺术工作者的身份轮流请客，畅谈艺术。此后，798各类咖啡厅、酒吧和餐吧的兴起为非正式机制的构建提供了更广泛的场所。这种非正式机制对于以文化创意为特征的园区来说，在798形成过程中往往比正式机制更重要，它极大地促进了单元间的身份互动，为艺术家身份的形成提供了潜移默化的基础。微观界面的非正式沟通机制，对创意产业集聚区的形成而言，是一种无法复制和难以正式规划的资产。

（2）单元身份特征。在界面机制的作用下，单元身份随着单元间合作的互动程度和紧密程度而不断变化。在798的萌芽时期，由于创意阶层属"自由人士"，交流带有随机特征，单元身份基本处于无意识的构建状态，属点型特征。当越来越多的创意机构在798聚集，创意区内出现了中介组织和支持机构，单元的互动增加，但此时单元间的身份还不稳定，或者说它们之间的互动并没有以一定的形式长期固定下来，此时以间歇型为主。之后，随着单元间的合作频率越来越大、信息交流越来越多，798创意产业集聚区内一些互补性强的微观单元，相互间逐步建立了具有稳定特征和较强排他性的连续型身份。在798的形成中，高度一体化的身份还比较少见。

第三阶段：网络发展。随着798被列为北京市首批文化创意产业集聚区及2008年北京奥运会的刺激，艺术机构的入驻达到高潮，这极大地推动了微观单元的网络扩张，使798创意产业集聚区出现了竞争型、供需型和互补型兼有的网络系统特征。如Pace画廊与东京艺术工程、时态空间与空白空间、尤伦斯当代艺术中心与伊比利亚当代艺术中心之间形成的竞争型网络；画廊与经纪人、经纪人与艺术家之间的上下游关系形成的供需型网络；以及各类咖啡厅、酒吧和餐吧等辅助性单元与画廊、艺术中心等主导性单元形成的互补型网络。但这种混合型的网络系统在798尚处于初始和低层次状态，其原因是：798虽有一定网络扩张，但单元两两之间的线性身份仍是主体，上下游身份的信任程度、供需程度均比较脆弱，消费者的合作创作更明显缺乏。虽然798已表现出信息共享程度和合作关系固化程度越来越强的网络特征，但显然还没有发展成为一个稳定的、能自我进化的高度融合的网络系统。

798这一低层次的网络发展并未能有效演化下去。奥运会带来798入驻单元进入鼎盛的同时，也带来了798租金的不断上涨和商业氛围的日渐浓郁。迫于成本压力和商业氛围冲击，艺术创作者从798迁移出去的情况显著增多。这种非合意性迁移所产生的裂变，对798的有序演化形成了巨大冲击。其原因是，在798长达十年的形成过程中，艺术创作者无疑是其内生的单元主体。而单元主体的非合意性迁移，首先震荡的必然是798长期形成的以艺术创作者为核心的身份界面，致使798创意产业集聚区身份界面出现急剧波动和调整，从而导致一种体现消费型创意产业特征的新的身份界面在裂变中取代798业已形成的创作型创意产业特征的身份界面。而一种新的身份界面构建必然要有一个演进和发展过程，才可能支撑随后的共生网络发展。因此，可以判断，在身份界面的巨大裂变下，798已经从低层次的网络发展的第三阶段，重新回落到消费型创意产业集聚区取代创作型创意产业集聚区的后界面形成时期。

综上所述，在图1的简化的创意产业集聚区形成的三阶段分析框架上，我们用图3具体描述798的演化路径。其中，第一阶段的单元聚集大约出现在2000年，第二阶段的界面构建大约出现在2003年，第三阶段的低层次的网络发展出现在2006年以后。但在2009年左右由于单元身份界面的裂变，798出现分化，如图3中点A所示，消费型创意产业随后进入繁荣，而创作型创意产业出现衰退，798回落到消费型创意产业集聚区为主体特征的后界面构建时期。

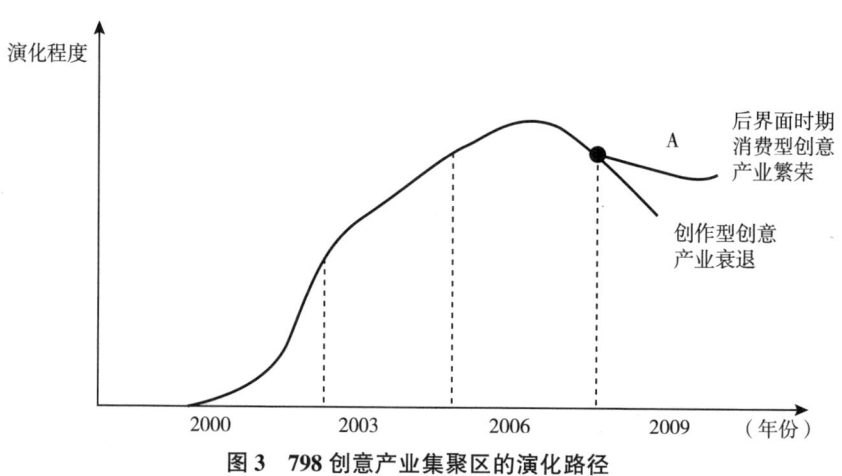

图3 798创意产业集聚区的演化路径

四、798 创意产业集聚区"自我毁灭"的进一步研究

凯夫斯（2000）对纽约艺术中心的研究表明，现代艺术品市场的空间分布具有一种"自我毁灭"的特性，这种"开始是艺术，结束是商业"的生命周期演进规律在市场经济自发形成的创意产业集聚中普遍存在。20 世纪 80 年代以来，纽约东区不到十年就经历过一次"自我毁灭"的循环。同样，798 历经十年左右的发展，经过单元聚集、界面构建和低层次的网络发展后，在界面裂变的"自我毁灭"中进入到后界面的分化时期。

1. 商业繁荣为什么会排挤艺术生产

传统意义上，商业繁荣对艺术生产具有一种天然的排挤效应，我们采用图 4 所示的长期平均生产成本曲线进行说明。图 4（a）中 LC 表示一般产品的长期平均生产成本曲线，LC 向右下方倾斜表示即使商业繁荣带来房屋、土地等租金的相应上升，一般产品的生产厂商也会由于规模经济、技术进步等原因实现平均生产成本的下降。但是，就艺术产品生产而言，由于传统意义上的艺术产品，如油画、雕塑等，是通过艺术工作者的个体创作完成，一般不存在规模经济、技术进步带来的成本节约，因此，商业繁荣引致的房屋、土地等租金的上涨，必然将带来艺术产品长期平均生产成本的上升，如图 4（b）中随着产量增加而向右上方倾斜的艺术产品的长期平均生产成本曲线 LC 所示。可见，艺术产品的发展带来了区域的商业繁荣，但商业繁荣最终引致的成本上升又将艺术生产者排挤出去，从而出现"开始是艺术，结束是商业"的生命演进周期。

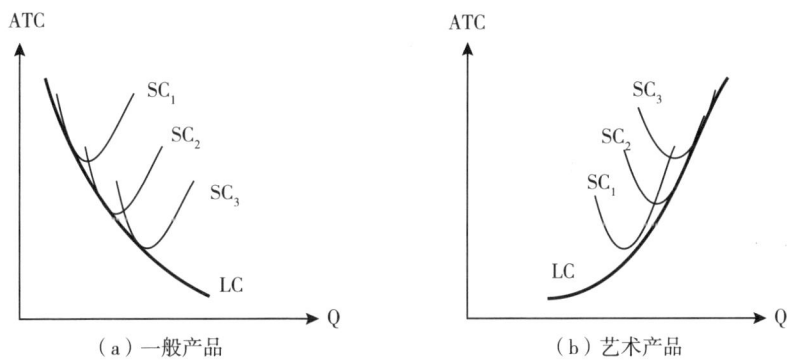

图 4　长期平均生产成本曲线比较

2. 商业繁荣是否一定排挤艺术生产

现代意义上，商业繁荣并不必然意味着对艺术生产的排挤。原因有两个方面：其一，艺术正日益与经济、技术融合发展，这正是创意经济、创意产业在最近十年蓬勃发展的重要原因。如以传统文化为素材，通过现代艺术工作者与多媒体、软件结合而实现的动漫产品设计，就呈现出图4中（a）所示的一般产品的长期平均生产成本下降的特征，甚至比一般产品的长期平均生产成本更低。其二，艺术与商业融合可以通过组织变革实现。实际上，图4中（a）所反映的是产品生产要素在尚未形成约束情况下的长期平均生产成本分布。一旦规模经济、技术进步出现"瓶颈"，一般产品的长期平均生产成本曲线也将出现类似图4中（b）所示的上升趋势。在此情况下，一般产品的生产通常是通过厂商的组织变革实现长期平均生产成本的再下降。如厂商会将产品生产部门转移至低成本地区，而将研发、营销等部门保留在商业繁荣地区，即所谓的总部加基地模式；或者，将技术含量高、附加值高的产品生产保留在商业繁荣地区，而将技术含量低、附加值低的产品生产转移到低成本地区，即所谓的垂直分工模式。以此类推，艺术产品在商业繁荣的趋势下，也可以借鉴一般产品的组织变革模式实现商业繁荣与艺术生产的合理配置。

具体而言，我们可以得到现代意义上的艺术与商业融合发展的四种模式。其一，技术融合模式。即通过文化与现代技术的融合，创造出传统艺术新的生产形态、新的产品形态和新的服务形式，使现代艺术生产同样体现规模经济和技术进步。其二，连续融合模式。即通过艺术家与企业家在战略层面的分工与协作，形成双方的连续型身份，以企业家的商业创造刺激艺术的市场化渗透，以艺术家的文化创造推动商业的艺术化发展，从而实现艺术、经济的有机融合。其三，一体化融合模式。即通过艺术家向艺术企业家高度一体化的身份拓展，实现艺术与商业在管理上的高度融合。如电影导演是传统意义的艺术家，但如果通过资本运营发展为像华谊兄弟这样的影视公司的大股东，就成为艺术企业家，从而可以更好地在组织与空间层面，完成艺术与商业的共同繁荣。其四，地区融合模式。或采取前述的总部加基地模式，或采取垂直分离模式，将不同的部门，将文化与技术、经济融合程度高的艺术产品与融合程度低的艺术产品，分别在商业繁荣地区与低成本地区进行合理配置，从而实现艺术创作与市场推广在不同地域的空间分离与价值融合。

3. 后界面时期 798 创意产业集聚区存在的主要问题

后界面时期 798 创意产业集聚区存在的主要问题，实质上是商业繁荣对艺术生产的排挤。造成这种"自我毁灭"的原因，除了前述的一般意义的成本上升外，还包括一些特殊原因，这些原因加速和加剧了 798 的"自我毁灭"。

其一，就微观单元而言，从 798 创意产业集聚区的演化过程中可以看出，798 尽管在数量方面发展迅速，但在单元的身份互动、特别是在单元的网络扩张上明显不足。究其原因，主要是微观单元对新奇事物的追求、判断和包容不足，微观单元的创意能力、创新能力不高。也就是说，798 商业和艺术有机融合的创造性"破坏"存在单元层面的微观主体缺失。

其二，就界面而言，由于身份裂变导致 798 走向"自我毁灭"，在这种情况下，形成原有身份的正式和非正式机制未能有效调整，而新的身份建立所需的正式、非正式机制处于残缺，从而加剧了 798 商业和艺术的分化。因此，有待探索后界面时期商业繁荣与艺术生产结合的新的身份实现机制。此外，在 798 创意产业集聚过程中，微观单元未能在产业链上形成合理分布，使产业链分布存在缺口，也制约了单元的深度合作，制约了连续和一体化身份的建立。一个完整的创意产业链应该包括原始创意、创意产品生产、创意产品展示、创意产品推广、创意产品交易、创意产品传播，以及创意衍生品的开发、生产与经营（杨永忠，2009），而 798 创意产业链的延伸性明显不足，客观上影响了创意产业集聚区分工与协作的深度，限制了网络系统的进一步发展，也阻碍了商业繁荣与艺术生产的有机结合。

其三，就网络而言，在供需型产业链条脆弱的情况下，更容易导致和加剧 798 的恶性竞争和重复竞争；而辅助型网络，由于主要限于酒吧、咖啡店，缺乏金融中介、技术中介等高层次支撑机构，极大限制了 798 的技术溢出，也影响了 798 网络系统的深化。此外，尽管 798 吸引了大量的参观者，但体现消费者合作创造的平台明显缺失。这种后界面时期互补性差的低层次的网络系统，显然不利于商业繁荣与艺术生产的有机融合和自我进化。

4. 798 创意产业集聚区的优化

后界面时期 798 创意产业集聚区的优化，实质是实现商业繁荣与艺术生产的有机融合。

从创意产业集聚区形成的三阶段分析可知，798 在经历创作型创意产业和消费型创意产业的分化后，已回落到后界面形成时期，而要实现一个有利于商业繁荣与艺术生产有机融合的稳定的、具备自进化能力的网络系统，必须推动798重新进入更高层次的网络发展阶段。我们注意到，越来越多的创作型创意机构撤离798后，把创作场所向周边转移，在798附近的草场地、环铁、北皋等地，形成了9个以原创为主的聚集地。按照前述讨论的"自我毁灭"下商业繁荣与艺术生产的地区融合模式，在战略层面上一个可行的思路，是将现有的798创意产业集聚区与迁移到周边的创作型创意产业集聚区进行整合，打造具有稳定网络系统的泛798创意产业集聚区。即构建798以艺术消费为主体、798周边以艺术创作为主体的泛798地区融合模式。

相应地，在实施层面，对现有的微观单元、界面和网络系统，通过多方位的技术融合、连续融合和一体化融合，推动泛798艺术与商业的有机渗透。

一是提升微观单元的创造能力。798应设立准入制度，鼓励创新能力强、带动能力强的微观单元入驻，特别是有利于艺术与市场结合、艺术与技术结合的微观单元入驻。同时，在泛798集聚区内，营造浓厚的创意与创新氛围，鼓励对新奇事物的追求和包容，从产业环境上建立推进商业和艺术有机融合的创造性主体。

二是构建单元界面形成的多层次机制。推进单元间有利于商业与艺术融合的正式和非正式机制建立，既包括目前798创意产业集聚区内适应消费型创意产业发展的正式与非正式机制建立，也包括迁移到798周边地区的创作型创意产业集聚区内的正式和非正式机制重构，更重要的是，还必须包括798消费型创意产业集聚区与周边创作型创意产业集聚区有机联系的正式与非正式机制建构。为此，在泛798空间应大力鼓励艺术家与企业家分工、协作的连续型身份认同，艺术家向艺术企业家拓展的一体化身份构建，形成798消费型创意产业集聚区与周边创作型创意产业集聚区的泛界面联系机制，推动泛界面的身份形成。

三是促进网络系统的互补性发展。在现有的竞争型网络基础上，大力培育互补性强、有助于新奇系统形成的供需型、辅助型网络。为此，既要推动798与798周边的创意产业集聚区形成商业与艺术融合发展的各自定位与分工，又要大力深化技术型、金融型创意产业链的发展，促进消费者合作创造的产业链延伸，形成网络扩展能力强、商业繁荣与艺术创造互动互补的高层次的"泛798"创意产业集聚。

五、创意产业集聚区形成路径与演化机理分析的启示

通过以上分析,我们发现创意产业集聚区与其他产业集聚区在形成路径、演化机理上具有显著的不同。

从形成路径而言,第一,创意产业集聚区不同于文化产业集聚区。文化产业集聚区在形成过程中主要表现为文化溢出,而创意产业集聚区除了文化溢出外,还呈现显著的经济溢出。此外,正如艺术与商业融合发展的模式所揭示的,技术对文化的影响正日益彰显,创意产业集聚区的技术溢出也日趋突出。因此,如果说,文化产业集聚区形成的主要是一种静态的文化景观,那么创意产业集聚区则呈现出富有文化底蕴、充满经济活力、展现现代技术的具有新奇特征的动态景观。对一种静态的文化景观,消费者很容易产生审美疲劳;但对一种动态的创意景观,则让人们始终充满好奇与兴趣。这正是创意产业脱胎于文化产业、不同于文化产业,又超越文化产业的魅力所在。

第二,创意产业集聚区不同于传统制造业集聚区。传统制造业集聚区主要表现为经济溢出、技术溢出,而创意产业集聚区除了经济溢出、技术溢出外,还有很重要的文化溢出。消费者可能很少会去参观制造业集聚区,但却会充满兴趣地一次次流连于创意产业集聚区,甚至参与合作创造,其行为不仅是经济偏好、技术偏好,更是一种文化偏好。消费者在创意产业集聚区获得的不仅是经济效用、技术效用,还获得了文化效用,即消费者通过参观、参与,也获得了对自身潜在的文化身份的一种追求和认同。因此,创意产业集聚区对社会和民众的发展,均具有制造业集聚不可替代的重要意义和独特特征,并在国家和地区的空间分布上呈现出与制造业集聚交相辉映的价值。

第三,创意产业集聚区是文化与经济、技术的有机融合。文化与经济经历了从分离到融合的发展过程,目前正成为引领经济发展的新引擎,并从产品、企业、产业及区域层面推动着与经济的融合发展(李海舰、王松,2010)。而创意产业集聚区正是产品、企业、产业以及区域层面实现文化与经济融合发展的重要平台。技术与文化的关系也经历了从排斥到吸收的发展过程,目前正成为催生文化发展的重要动力,3D技术、多媒体技术、软件技术等正在不同的文化领域产生越来越广泛的应用。创意产业集聚恰恰为文化与技术的融合提供了重要渠道和拓展平台。可见,文化与经济、技术的有机融合,是创意产业重

要而独特的产业特征，也是创意产业集聚区重要而独特的空间特征。

从演化机理来看，创意产业集聚区与其他产业集聚区也具有显著差异。

第一，单元的新奇特征。在创意产业集聚区，不管文化产品或服务最后与经济、技术是以何种方式结合、以多少价值权重出现，其本质上都体现出微观单元的新奇特征。这种新奇特征，或表现为创意单元构思的新奇理念，或表现为创意单元创造的新奇产品，或表现为创意单元的新奇行为，或表现为创意单元开拓的新奇市场。新奇成为创意产业集聚区形成的重要动力，而缺少新奇特征的创意单元，必然会导致创意产业集聚区走向衰落与枯竭。

第二，界面的身份特征。身份构成了创意单元的效用函数，体现了创意界面的认同关系，是创意产业集聚区形成的独特而重要的资产性纽带。这意味着，在创意产业集聚区的界面构建中，必然伴随鼓励身份形成的宽容氛围，从而有利于创意阶层的崛起（Florida，2006）；必然伴随降低身份交易成本的知识产权保护体系，从而有利于界面身份的均衡发展。对创意单元而言，即使具有新奇的才能，如果丧失了身份的认同，最终也会导致新奇这一思想火花的熄灭。

第三，网络的合作创造特征。创意产业集聚区的合作特征与一般产业集聚区相比，更强调合作创造，因而具有更深刻的内涵。这种合作创造，不仅包括竞争单元间的合作创造，上下游单元间的合作创造，主导单元与辅助单元的合作创造，还特别重视供给单元与消费者的合作创造，甚至消费者与消费者的合作创造，通过合作创造实现创意产业集聚区的无边界演化。合作创造是实现创意产业集聚区成为一个稳定的、自我进化的高层次的网络新奇系统的重要保障。

以上关于创意产业集聚区形成路径与演化机理分析的启示，将有助于我们制定有效的创意产业集聚政策：

第一，创意产业集聚政策的融合性。单纯地突出文化性，是文化产业的集聚；重点强调经济与技术的结合，是制造业的集聚。只有突出文化与经济、技术的有机融合，才能体现创意产业的集聚，也才构成创意产业集聚政策的鲜明特性。反之，如果简单地按文化产业、制造业的集聚政策处理创意产业，必然混淆创意产业与文化产业、制造业的差异，从而扭曲创意产业的发展。

第二，创意产业集聚政策的包容性。如果微观单元缺乏新奇特征，单元界面缺乏身份特征，则不可能形成具有活力的创意产业集聚空间。而由于新奇的非对称性和身份的不确定性特征，创意产业必然需要一种包容性发展，相应地要求具有较强包容性的创意产业集聚政策。创意产业集聚政策的包容性，本质上体现了对文化差异性的尊重，反映出创意产业不同于文化产业，又源于文化产业的内在特征。

第三，创意产业集聚政策的开放性。由于创意产业集聚区是众多主体的合作演化，因此相比制造业集聚区、文化产业集聚区，创意产业集聚区的空间边界具有更大的模糊性，如昆士兰创意模式所展现的创意空间、社区空间、学习空间的不断融入与延伸。因此，创意产业的集聚政策必须具有开放性，才能推动创意产业集聚区在各个有机的空间角落，都凸显新奇思维和创造能力的文化、经济、技术的融合景观。

六、结论

本文从演化经济视角，对创意产业集聚区的形成路径与演化机理进行了分析。研究提出创意产业集聚区形成的三阶段假说，并应用该假说对北京798创意产业集聚区进行了实证分析。认为798创意产业集聚区在经历了第一阶段单元聚集、第二阶段界面构建和第三阶段低层次网络发展后，由于艺术创作者的非合意性迁移，导致界面身份出现裂变，致使798创意产业集聚区回落到消费型创意产业取代创作型创意产业的后界面构建时期。研究发现，798创意产业集聚区在后界面形成时期出现的"自我毁灭"现象，实质是商业繁荣对艺术生产的排挤。在对创意产业"自我毁灭"的特殊性进行分析后，本文讨论了现代意义上的艺术与商业融合发展的四种模式。在此基础上，进一步对创意产业集聚区不同于一般产业集聚区的形成路径、演化机理与政策属性进行了反思。从形成路径而言，创意产业集聚区体现出文化与经济、技术的有机融合；从演化机理来看，创意产业集聚区表现出单元的新奇特征、界面的身份特征和网络的合作创造特征；从政策属性而言，创意产业的集聚政策显示出融合性、包容性和开放性。本文是一个初步探索，在后续的研究中，我们希望对近年来我国涌现的典型的创意产业集聚区展开进一步的比较分析。

参考文献

[1] Akerlof G., Kranton R.. Economics and Identity [J]. Quarterly Journal of Economics,

2000, 105 (3): 715-753.

[2] Caves R.. Creative Industries: Contracts Between Art and Commerce [M]. Harvard: Harvard University Press, 2000.

[3] Chen Q., Wu Y.. The Formation Mechanism of Creativity Industry Cluster Based on Symbiosis Relationship—An Empirical Study of Shanghai Creativity Industry Cluster [J]. Economic Geography, 2006 (S1): 87-90.

[4] 陈秋玲,吴艳. 基于共生关系的创意产业集群形成机制 [J]. 经济地理, 2006 (S1): 87-90.

[5] Boons F. A., Baas L. W.. Types of Industrial Ecology: The Problem of Coordination [J]. Journal of Cleaner Production, 1997, 5 (1-2): 79-86.

[6] Doris Ruth Eikhof, Axel Haunschild. Lifestyle Meets Market: Bohemain Entrepreneurs in Creative Industries [J]. Creativity and Innovation Management, 2006, 15 (3): 234-241.

[7] Florida. The Rise of the Creative Class [M]. New York: Basic Books, 2002.

[8] Howkins J.. The Creative Economics [M]. London: The Penguin, 2001.

[9] Hutton T.. Reconstructed Production Landscapes in the Postmodern City: Applied Design and Creative Services in the Metropolitan Core [J]. Urban Geography, 2000, 21 (4): 285-317.

[10] John Hartley. Creative Industries [M]. London: Blackwell Publishing, 2005.

[11] Kong J.. 798's Art District Development [M]. Expanding Horizons, 2009 (1): 29-32.

[12] 孔建华. 北京798艺术区发展研究 [J]. 新视野, 2009 (9).

[13] Li H., Wang S.. Research on Integration Development of Culture an Economy [J]. China Industrial Economics, 2010 (9): 1-11.

[14] Michael Keane. The QUT Creative Industries Experience [M]. Brisbane: QUT Publications, 2010.

[15] Ottaviano G., Thisse J. F.. Intergation, Agglomeration and the Political Economics of Factor Mobility [J]. Journal of Public Economics, 2002, 83 (3): 429-456.

[16] Potts J., Cunningham S., Hartley J., Ormerod P.. Social Network Markets: A New Definition of Creative Industries [J]. Journal of Cultural Economics, 2008, 32 (3): 167-185.

[17] Potts J.. Creative Industries and Economics Evolution [M]. United Kingdom: Edward Elgar, 2011.

[18] Scott A.. Creative Cities: Conceptual Issues and Policy Questions [R]. Spain: OECD International Conference on City Competitiveness, 2005.

[19] Ross A.. Nice Work If You Can Get It: Life and Labor in Precarious Times [M]. New

York：New York University Press，2009.

［20］Yang Y.. Creative Iindustry Economics ［M］. Fuzhou：Fujian People Publishing House，2009.

［21］杨永忠. 创意产业经济学 ［M］. 福州：福建人民出版社，2009.

［22］Wang Z.. The Cycle Economy：Regional Industrial Symbiosis Network ［M］. Beijing：Economic & Science Dress，2007.

［23］王兆华. 循环经济：区域产业共生网络 ［M］. 北京：经济科学出版社，2007.

［24］Weber Alfred. Theory of the Location of Industries ［M］. Chicago：The University of Chicago Press，1929.

附录二　人文品牌心法
——让顾客用荷包为你喝彩

张庭庭

[作者简介] 张庭庭，拥有 MBA 学位却热爱文学，从创业杂志、创业辅导再跨足到企业品牌辅导。以敏锐的洞察力，扮演企业的知音、教练与经纪人，将人文、美学、创意融合商业营销经营与媒体沟通传播，深化并拔高企业品牌价值。十多年来不仅辅导了无数的微型企业、传统产业与文创品牌，也担任许多政府相关项目的计划主持人，常受邀于两岸演讲品牌与文创经营课题，且于台湾《经济日报》定期撰写文创专栏，近年品牌辅导的业务更跨足两岸与国际，擅长以华人特有的文化质地，去捏塑一个个牵动人心又能赚钱获利的商业脸谱。

[关键词] 人文品牌心法；创意；辅导

人文品牌就是——凝敛舍我其谁的情怀，诚于中形于外；让顾客因你而感觉自己存在，所以愿意用荷包为你喝彩！

很多企业已经意识到，谈品牌，不是取个响亮的名字加上美美的企业形象CI设计与包装就可以。尤其在人人时时互联、事事物物共享的自媒体时代，面对一群喜新厌旧而且被各式商品轰炸过度的消费者，如何建构一个能被看见、被接受、被认同、被辨识、被赞叹甚至被流传的品牌？一般谈到品牌，人们总是拿国际知名品牌为标杆范例。国际品牌的策略与战术虽有借鉴之处，但相对资源与市场环境大不同，对为数众多的中小企业来说，往往只能称羡，难以效仿。尤其对没有高额广告预算、没有明星代言人的企业，更需要符合现实条件的品牌经营心法。传统 MBA 教科书告诉我们，品牌营销的基础建立在竞争思维上，以商品为主轴，各企业在不同的市场区隔中，竞逐较量。但这个时代，各式琳琅满目的商品与服务如过江之鲫，早已超过人们日常用度所需，质量也都各有所长，除了少数功能性商品消费者会偏向理性分析比较，绝大部分商品的采购决策，其实感性因素才是"临门一脚"的真正关键。

一、"人"才是品牌的主轴

十几年来从事品牌辅导，经验一再告诉我，建构品牌的关键，不在于能否超越竞争对手，而在于能否洞悉人心，创造独特的分享价值。现在的消费者除了货比三家，购买前也爱搜寻信息参考别人意见，购买后还会上网分享自己的观察或使用经验。而消费者分享的内容除了商品本身，更有依附于商品背后的情境与故事，因此"人"才是品牌的主轴。不管是新创品牌、既有品牌想脱胎换骨，或是OEM（代工）要转型成OBM（创品牌），将人文情感融合消费洞察，是这个年代品牌的新思路。

华人自幼所受的文化熏陶，蕴含天地人的观照与生命自省，其实正是品牌的宝贵资产。人文品牌就是回归创立事业时的诚挚初心，穿透事物表象、照见本质，将经营者的生命体悟、价值好恶或行事风格，忠实地反映于产品或服务的内涵，并设法将其提炼后形之于外。品牌形象就是经营者的外显样貌或心灵映照，而这个事业正是其自我的延伸，一种舍我其谁的情怀。

企业主不一定需要有艺术底子或深厚文化背景才能打造人文品牌。文化不只是历史文物、殿堂艺术、特色民俗或经史子集、诗词歌赋，其有很大部分来自于草根智慧，来自于代代相传的谆谆教诲，来自于见多识广后的自我省觉，它其实就在你我周围。文化与创意本身是抽象的，透过企业经营者的生活触觉或深思体悟，便有各种呈现。也许是对自己梦想的热情，也许是研发商品的灵感，也许是儿时记忆的投射，也许是对山川土地的虔敬，也许是对乡亲族人的牵挂，也许是对艺术文化的感动，也许是一段人生经历的启发，也许是对某种价值观的执着，种种人文情怀透过商品设计、包装、网页、文宣与故事等媒介传达出来，穿透人心，让人或惺惺相惜，或同病相怜，或所见略同，或对号入座。而凡此种种，其实正是企业打造品牌的必要元素。

二、人文品牌三部曲：品牌定位→品牌塑造→品牌推广

如果文化是品牌的灵魂，创意是品牌的养分，那么文化创意便是所有产业

点亮品牌的那个光环、那顶桂冠。

文化是生活经验的积累、沉淀与淬炼；创意是生命视野的跨界、突破与想象。

常有人问，你们如何协助企业建构人文品牌？首先，企业本身必须拥有超越商业获利考虑之外的价值主张或社会关怀，即使幽微未显，或无以名状。品牌是一家企业的价值与灵魂，形之于外的是一组有系统的视觉符号，但更重要的，其实是彰显企业与众不同的无形价值观与经营主张，也就是企业的核心精神。核心精神确立后，才能赋予贴切传神的品牌命名，再把核心精神化成精简有力的品牌论述，而后浓缩成一句响亮的企业标语。当然，还要有一篇打动人心的品牌故事，以及相呼应的 Logo、包装、文案等一连串文字与视觉表现。而后才是宣传策略、通路布局、媒体曝光与社群营销。

除了把主轴从"产品"转移到"人"（包含经营者与消费者），强调右脑思维、心灵消费与写实品牌，并简化品牌建构的流程与工具，让未受过管理学训练的企业经营者或团队成员，也能很快上手，进入状态。

这个过程从时间顺序与步骤来看，我把它简化概分为三部曲：品牌定位→品牌塑造→品牌推广，简称"人文品牌三部曲"。而从牵涉到的专业领域来看，又需要商、文、艺、E 四大板块融会贯通，形成"人文品牌完整拼图"（见图1）。以下分别说明。

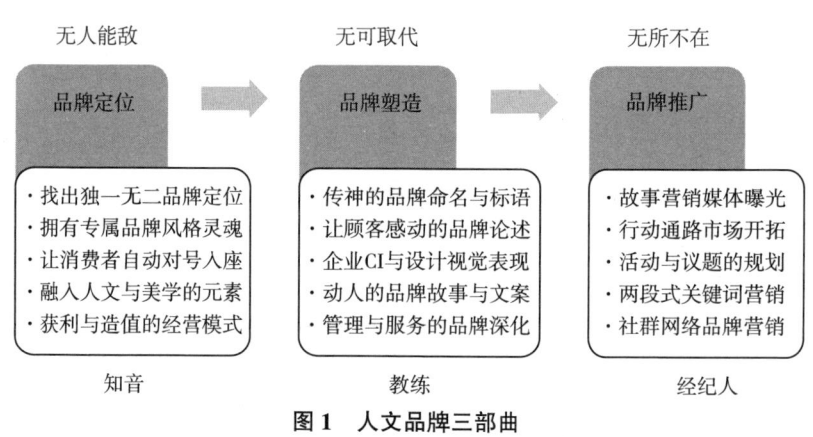

图1　人文品牌三部曲

首先，将策略规划、SWOT、STP 分析、品牌力分析、营销 4P 等生涩 MBA 术语及技法转化成平易近人的轻松语汇，融入人文品牌三部曲的流程中；

其次，在每个阶段分别扮演企业的知音、教练与经纪人三重角色，让品牌文化力求贴近企业并具体落实成为企业文化的一部分。

1. 品牌定位——无人能敌

在品牌定位阶段，先是扮演知音，深入了解企业背景、专业与经营者人格特质，再整合企业商品优势与经营管理资源，进而打造出只此一家、别无分号的品牌图腾。品牌定位是制胜关键，也是最困难的阶段，而且这一定要由企业经营者全神投入。品牌定位可从两方面着手，一方面从企业本身的特色切入，我称之为"品牌内视镜"，彻底检察企业自身的创业初心、经营条件、人文因缘、资源与策略等，另一方面则是从洞察消费者人性出发，透过贪、难、懒、怕、松、美、爱、骚的人性商机八字诀，从中调整、精炼出具备认同感的专属企业品牌定位，以及商品与服务呈现的样貌，进而创造出吸引特定市场，并具有获利前景的经营策略与模式。

2. 品牌塑造——无可取代

若说品牌定位是"做对的事"，品牌塑造便是"把事情做对"。写实路线的品牌建构讲究忠于自我，而且诚于中，也要形于外，包括商品造型、整体企业形象识别、故事文案、商品包装、卖场风格、文宣设计、活动场景、服务流程、特殊仪式、音乐搭配、员工态度，甚至是经营者的穿着打扮。一项个人风格、一些感官设计、一种空间氛围或一个动人故事，要由内到外，在每项细节呈现中扣紧品牌特质，形神一致，难以被模仿或取代，让消费者透过视听接收，产生绝妙感官冲击，进而感动认同，这就是所谓品牌塑造。而且不仅要能精准地向消费者传递品牌信息与理念，还要力求品牌风格的一致性。为使品牌精神贯穿整个企业，在此阶段，经营者要以身作则全心投入，从上到下，对内进行品牌精神教育，将品牌内化到整个企业内部，还要对经销商、销售员进行教育，确保客户不论从哪个点、哪个管道，所得到的信息、服务都是一以贯之。

3. 品牌推广——无所不在

品牌塑造完成后，我们还要扮演经纪人角色，关注媒体曝光、展售机会、网络营销、政府项目等各式资源，加速提高厂商品牌能见度与知名度。品牌营销不一定要花大钱打广告，在善用网络工具之外，关键在于想办法让自己被更多人看见，然后让资源找上门。所以尽可能化身千万，以对的姿态现身于各个对的场合，包含社团活动、网络社群或展销会等，就会有意想不到的化学效应产生。媒体就会循线而来,无须购买广告,就可能获得大篇幅推荐报道。

从品牌定位、品牌塑造到品牌推广,依循脉络层层开展,环环相扣,不需要投掷大笔营销预算,也能打造出具有人文质感的人气品牌。

4. 人文品牌完整拼图:商、文、艺、E

除了依循人文品牌三部曲流程步骤,环环相扣,还有不同专业领域的融会贯通。我认为一个人文品牌所需具备的元素,大抵归纳成商、文、艺、E 四大板块。"文"指的是文化内涵、人文素养、故事文字;"艺"指的是美学工艺、产品设计以及企业形象识别、包装、文宣、陈列等商业设计;"商"指的是策略定位、获利模式、市场渠道等布局筹划;"E"则是网络应用、移动数字与影像智能等新兴科技媒体与工具(见图2)。

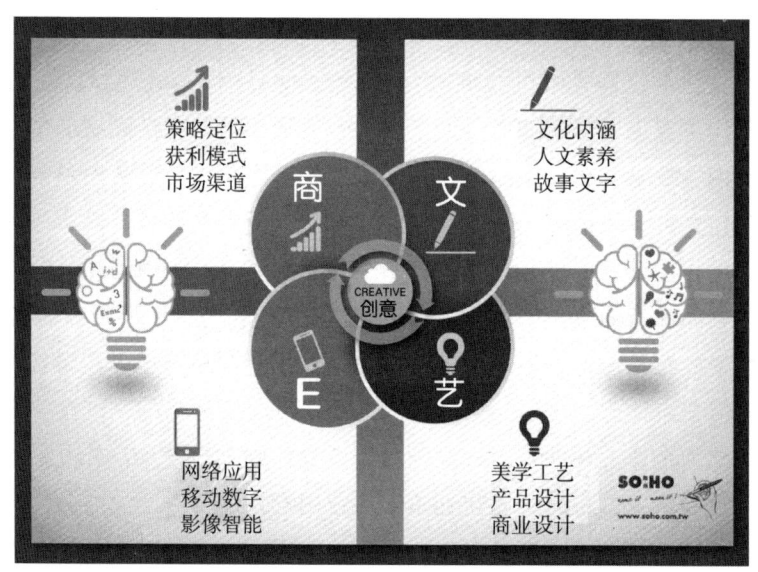

图 2 人文品牌完整拼图

文与艺偏向右脑,商与 E 偏向左脑,每个领域各自都需要展现创意。但更重要的,也是产业界目前最缺乏的,就是把四个领域用创意连成一气、灵活贯通的能力。如何把各方高手的创意融会一炉,让品牌 DNA 在每个环节一以贯之、表现卓越的整体感,是品牌能否胜出的关键。

有个主要在互联网销售的糖果品牌,两位合伙人一位为硕士工程师出身的糖业第二代，另一位本身就是策划与文字高手。产品命名颇有文创氛围，加上料好实在，已经建立一定口碑与知名度。但他们求好心切，觉得网页与包装设计还有待改进，上课之后看中了我们团队旗下设计总监的风格，前来切磋。

乍看之下，似乎这个团队只缺少设计专业这个环节，其他万事俱备。但以两人资历与人脉，要找到设计高手并非难事，为何耽搁至今？一问果然之前试过几位设计师，"都蛮厉害的，但不知为何，出来的味道就是不对"。我发现这个品牌，一方面要求开运祈福，另一方面又强调家乡的自然生态，还有两代传承的质量坚持，品牌的主轴似乎尚未真正厘清。也就是品牌定位尚未完成，就跳到品牌塑造阶段。如此，高明的设计师也可能走进迷宫，难用锐利笔触精准描绘品牌脸谱。加上两位创办人并非设计专业，与设计师经常鸡同鸭讲，不在同一个频道上。

他们的问题不算大，且毕竟有策划底子，经营团队有足够能力来解决。而很多中小品牌，包含小型文创品牌，板块缺憾问题往往更加严重。策划、文字、设计、数字营销、管道拓展等经营品牌不可或缺的要件，总是漏了几项。有自知之明且相信专业者，会寻求外部协助，找写手、找设计、找互联网营销专家等，哪里不足，就补哪里，各路文武高手聚集，这样品牌拼图不就完整了？

三、凑齐高手就可以？

可惜事情并非如此简单。我遇到过无数企业主，营销挫折之余抱怨写手、抱怨设计、抱怨社群营销专家，或者抱怨自己资源不够或识人未明。其实问题就出在术业有专攻，隔行如隔山。彼此脑袋构造、专业思维不一样，加上做事风格、喜怒偏好、生活历练与观照事情的视角各不相同，要整编成步伐一致的作战军旅，谈何容易？

做品牌其实像拍电影。2012年为台北市政府"品牌台北"项目筹拍了一支微电影《目光之城》，内容融合了该年度9家辅导品牌。过程中深刻体会到，一个镜头、一抹表情、一行旁白、一段配乐的生成已各有诸多讲究，遑论彼此要紧密合拍？幸而得与一群优秀而热血的影片工作者合作共事，灵犀相通之余，成品让大家都满意。

影片成败多半操之导演之手。导演要负责创造、掌控电影的主题与节奏，并确保团队每一个专业环节都要与之呼应紧扣，所以优秀的导演不管是摄影师、编剧还是演员出身，往往是一个很好的领导者与沟通者，并且左右脑兼具，得以和各种不同脑袋、不同专业，甚至不同国籍的奇才怪咖对话无碍。

品牌核心精神与策略有如电影的主题与节奏，在这个最高指导原则之下，文字、设计、包装、通路等便有了方向感与画面感，一方面各自发挥创意，另一方面又彼此紧密衔接，最终散发出由内到外、一以贯之的独特况味。但就如电影不能只靠 3D 科技惊艳世人，举凡剧情张力、故事内涵、角色塑造、美术绘图、场景设计、摄影、配乐等每个环节都到位，加上精密的商业布局，才能发挥震慑效果。也就是说，人文、艺术、商业加上最新科技，是电影叫好叫座的必备组合元素。

企业品牌建构与经营不也如此？

四、人文品牌辅导案例：设计顽童玩家具记录情感——四一玩作

两岸文创产业拥有大量充满热忱的创意人才，但兼擅沟通与创作者却不多，能侃侃而谈创作理念与梦想的经营者更少。很多怀抱崇高理想的文创人，一旦自己开门立户，柴米油盐伴着风花雪月扑面而来，很多考验真的难以招架。一双手，既用来创作、打计算机，也用来搬货、数钞票；一张嘴，上了台得出口成章，客户来了要喊欢迎赏光。

尤其具有艺术家个性的文创人，不少人很会画但不太会说，更不善书写。往往产品很有看头，但文案、包装、网站却令人摇头。十多年来我见识过无数如此奇才高手，有时更有幸与这些伯牙们结缘，充当知音子期，倾耳听出他们心里的高山流水，为其转绎定调，然后与他们一起捏塑出符合其创作内涵与个性的说话腔调，让品牌灵魂得以在对的躯壳中恣意伸展。

初见黄俊盈，是在 2010 年"品牌台北"项目的决选会议，只见一个粗犷的汉子，拿着几件自己设计的家具作品，神采飞扬地如数家珍。虽然出言直率不加修饰，但可以感受到他对家具设计的热爱几近偏执。

那时他的品牌叫"四一国际"。获选后跟同梯厂商来上课，课堂上最多话、最搞怪的人就是他，跟一般设计师沉稳低调的风格大相径庭。我形容他好像身体里面住着一个不愿意长大的小男孩，而这个古灵精怪的小顽童，就是他的创作引擎。

原本从事室内设计，但源源不断的创意点子加上设计人特有的傲骨，让他不甘心老是要为斗米妥协，屈就于在他看来失掉原味的客户修改意见。于是产生自创品牌家具与家饰的念头。我发现他非常擅长图像思考，三两笔就能勾勒出一个精彩设计，"童心"更是他的珍贵资产。

1. 不按牌理出牌

《童心玩趣》，便是他与小孩情感联结的第一件创业作品。以香杉木制成的《童心玩趣》，最初的想法是帮自己的两个小孩做一张好玩的跷跷板，但加入一些设计巧思，跷跷板翻个身就变成一张长椅，两张长椅并排加上坐垫便是沙发，上下颠倒叠放则成了书架，还可以变化出床、隔间架等各种创意组合。而每个排列组合，都是一段值得珍藏的岁月，儿时玩耍、求学念书、恋爱结婚等，一张椅可以不断衍生，陪主人到老。

黄俊盈喜欢不按常理出牌，除了把一样东西变化为各种用途，还可像积木一样组合搭配，有的更充满童心与幽默。例如，明明是花瓶，花瓶底座却是镜子，两个花瓶一正一倒插上花，便成了"镜花水月"，主人揽镜自照，镜中人霎时幻化为瓶中花。

另外，他以台湾的相思木，发想创作了《相思 Taiwan》系列作品。台湾相思木因为质地坚硬，容易产生裂纹，常被视为劣质木材。黄俊盈颠覆了一般人对相思木裂痕"廉价""劣质"的印象，在他的创意之下，相思木的裂痕转变成为感动人心的有趣元素。例如，相思木做成的"灯几"，白天是茶几，晚上化身为一盏灯，其上的淡淡裂痕，会因为摆放的环境条件而产生变化，演化成各种有趣的纹理。你会发现，仿佛木头本身还有生命，也让使用者与家具有了情感上的联结，并产生参与创作的乐趣。

无用之用，是为大用。裂痕，是一般家具的致命伤，却是"四一"引人入胜的特色。除了叛逆、幽默，黄俊盈也有庄重严肃的一面。为避免破坏生态，他多利用生长期短的人造林木材来做家具，避开使用生长期长的保育类树种，为保护地球环境出一份力。在制作过程中也尽量使用最精简的步骤与工法，减少生产时所产生的碳排放量，并保留材料原始风貌，不使用对环境造成负担的材料。

此外，"四一"的实木家具为了保留自然的原味与原色，多不上漆，除了让木头的香气能够自然散发出来外，也绝对不含对人体有害的甲醛。他开玩笑说，他做的家具可以用、可以玩，还可以拿来啃。

了解了他丰富的创作心路，我认为他缺乏一套明确而聚焦的定位论述。他虽然能言善道，但玩心强，创作灵感随性发散，设计有趣但似乎少了中心思想。而且毕竟无法化身千万，亲自面对每一个潜在顾客侃侃而谈。于是建议收敛聚焦。

2. "记录情感的互动家具"作为品牌定位

品牌名称"四一国际"显得冷硬，与其风格不符。问他为什么叫"四一"？黄俊盈俏皮地说："因为11点11分是我的幸运时间。"我建议以"一根草、一点露、一辈子、一棵树"等四个"一"来诠释其品牌精神。"一根草、一点露"表达每一个生命，无论贵贱，老天都会赐予存活的条件，就如同每一枝草都可得到一滴露水的滋润。人如果努力，老天爷也绝对会眷顾疼惜，这是黄俊盈之所以在创作之路上从不懈怠的原因。"一辈子、一棵树"则贴切地诠释了"四一"对于家具创作的理念及对环境的疼惜。黄俊盈相信，每棵树都是上天赐予的珍贵礼物，创作者有责任将它制成一件好家具，让它可以从小至长、从年轻到老，陪伴使用者一辈子。

品牌名称也建议由"四一国际"改为"四一玩作"，符合他玩中作、作中玩的本性。英文名称"41FURNISHINGS"不变，但特别把其中F、U、N三个字母用颜色跳出，凸显玩趣特色。而黄俊盈以此建议重新设计Logo时不改玩心，神来一笔把"作"字镜面翻转，喜欢颠覆常规的品牌精神表露无遗（见图3）。

图3　黄俊盈家具品牌标志

接下来我们试着模拟黄俊盈讲话的腔调，完成短版的品牌故事与品牌简介，在短短数行间，道尽这个品牌人与物的精彩。

另外，产品命名与文案也是一大重点。"四一玩作"的产品强调情感，自然得在文字意境上多做着墨，以便与设计创意相得益彰。原先，"四一"的命名与文案偏向直白，多在材质与功能上做文章。

例如，一款叫"亚克力吧台椅"的产品，线条流畅饶富巧思，文案写着："两用式吧台椅（两面跨脚处高度不同），适合孩童也适合大人。"我把名字改成"看透吧台椅"，文案改写如下："年龄不是问题，身高没有距离。我将一切看透，载得动所有高矮胖瘦，爱恨情仇。"把材质与功能的左脑叙事，转化为拟人化的右脑抒情，借用李清照"只恐双溪舴艋舟，载不动许多愁"的典故，具象与抽象转换间，俏皮道出许多历尽沧桑者的心声，引发对号"入座"的共鸣。

循此轴线，后续商品命名与文案陆续出炉。黄俊盈原本不喜欢上网，以致网站有点面目索然，在新品牌名称与故事文案出来后，他不但花费一番心思让官网耳目一新，自己也开始玩起 Facebook，经常与人分享最新创作与品牌动态。

在品牌定调后，他仿佛找到了明确方向，灵感源源不绝，每次跟他对谈，都是精彩交锋。以互动家具为概念的创作如雨后春笋，文字功力也日益精进，并通过大量参展、实践展现品牌理念。

展区中，只见以木作为主的家具与家饰，有的放在陈列架上，有的随意摆在地上，旁边摆上产品文案。每一样都任由参观者抚摸把玩，甚至一屁股坐上去，把摇摇椅当木马骑。加上柔和的灯光与轻快音乐，大人小孩的笑语声，创作者与参观者一同完成了"互动家具"的品牌使命。

耕耘网络、经常参展，图文并茂加上示范解说，于是讲座、订单、媒体与精品通路邀约纷至沓来，意外地拉动了原先室内设计的业务。如今黄俊盈可以理直气壮地把自己的得意之作搬进客户的空间，因为它联结了一家人的情感轨迹，而承载着情感记录的家具可以代代传承下去，让空间回荡着温暖的记忆。

附录三 新当代管理理论：
创意管理学的探索*

杨永忠

[摘要] 后工业时代发生了重要变革，从社会的变革、产业的变革到企业的变革、人的变革，在变革中企业管理的实践和理论面临重构，新当代管理理论有待创造性地建立。而随着文化资本成为经济增长新的驱动力，新当代管理理论的一个重要内容就是创意管理学的形成与发展。

[关键词] 新当代管理理论；创意管理学；探索

一、创意管理学的产生背景

1. 社会变革

任何新兴学科的出现，都有其广阔而深远的社会背景。创意管理学的兴起与第二次文艺复兴息息相关。众所周知，第一次文艺复兴出现在 13 世纪末叶。当时的意大利最早产生了萌芽，新兴的资产阶级希望冲破神学的束缚，在复兴古希腊、古罗马文化的名义下发起了人文主义运动。这一运动在意大利各城市兴起后，逐步扩展到西欧各国，16 世纪盛行于欧洲。

第二次文艺复兴则兴起于 20 世纪末，以 1998 年英国政府颁布的《英国创意产业路径文件》为标志。英国曾经是世界上最强大的国家，在即将到来的新千年，为重振雄风面临何去何从的战略决策。英国政府认为，与美国的技术创新相比，文化是英国具有优势的资源，这一资源有可能通过创意而成为有竞争力的新兴产业，成为国家的竞争优势。《英国创意产业路径文件》颁布后，

---

* 原文载于杨永忠主编的《创意管理评论》（第一卷），经济管理出版社 2016 年版。

迅速引起全球的关注，美国、澳大利亚、日本、韩国、中国、印度等发达国家和发展中国家，纷纷从国家层面制定了创意产业（版权产业、内容产业、文化产业）的发展战略。短短十余年的时间，创意产业盛行全球。以韩国为例，2000年韩国创意产业占GDP的比重仅为2%，到2014年这一比重超过了10%，创意产业成为韩国当之无愧的新兴支柱产业。

第一次文艺复兴与第二次文艺复兴均起源于欧洲，但第二次文艺复兴却能够迅速扩展到全球，反映出文化经由创意而产生的影响力，已经远远不止于社会和思想层面，更在经济和实践层面深刻地吸引和影响着全人类。

与第一次文艺复兴相比，第二次文艺复兴主要有以下三个方面的发展：

第一，以人文精神为中心发展到以人文创造为中心。

相对于中世纪的神学统治，第一次文艺复兴提出了以人为中心而不是以神为中心，肯定了人的尊严，将人的精神从神的束缚里解放出来，诱发了势如破竹的工业革命。第二次文艺复兴建立在第一次文艺复兴提出的人文精神的基础上，但更加强调人文创造。其原因在于，第一次文艺复兴解放了人的创造力，在带来随后的工业时代物质繁荣的同时，也使规模化、标准化的生产和产品严重削弱了人文价值和文化力量，文化的语义、符号扩展及文化浓度在机器大工业为背景的社会和经济生活中受到抑制。到20世纪末，随着人的精神需求的日益强烈，体现个性特征和自我情怀的人文创造焕发出了巨大的生存空间和生命力，越来越多的企业和个人开始在人文资源的背景下面向市场创造或合作创造出具有人文力量的产品。可见，第二次文艺复兴是第一次文艺复兴的深化和发展，是对人性的进一步探索，是在人的创造力解放的基础上人文创造力的进一步释放，体现了人从物质的单级主导发展到物质和精神的双重主导发展的内在需求。

第二，从艺术大师推动到创意大师推动。

第一次文艺复兴以艺术大师为主要推动者，其中最具代表性的是文艺复兴三杰：但丁、达·芬奇和莎士比亚。但丁被认为是旧时代的最后一位诗人，同时又是新时代的最初一位诗人。达·芬奇被誉为"文艺复兴时期最完美的代表"。莎士比亚被称为文艺复兴时期英国最杰出的作家。他们的作品所内含的人文思想和现实情怀，在第一次文艺复兴时期深刻影响和改变了整个欧洲。

反观第二次文艺复兴的推动者，则更加突出表现为创意大师，这些创意大师不仅是艺术家，更包括设计大师、文化企业家等，如英国创意经济之父霍金斯、苹果之父乔布斯、音乐剧之父韦伯等。创意大师在文化与经济的跨界发展中掌握了创意密码，他们所具有的不完全替代性，存在于消费者的搜寻成本和文化消费资本，以及当下联合消费的生产技术，使他们对文化和文化产品消费的推动产生出巨大的"滚雪球"效应。

今天，创意大师作为创意领域独特的符号象征，引领着创意产业的发展。从艺术大师推动到创意大师推动，从艺术家到文化企业家，从艺术思维到创意经济思维，文化与经济的跨界与融合，正深刻影响着全球跳动的文化和经济脉搏。

第三，以艺术作品为代表发展到以创意精品为代表。

《神曲》《最后的晚餐》《蒙娜丽莎》《哈姆雷特》《罗密欧与朱丽叶》等艺术作品，成为第一次文艺复兴的代表性作品，也成为第一次文艺复兴的标志。

第二次文艺复兴的代表作品，则不仅停留在艺术层面，更显著的是将文化与经济融为一体的创意商品。如20世纪末有代表性的音乐剧《猫》，掀起了全球音乐剧演出业的革命，除了艺术的完美，更借助于本地化和剧场互动的商业模式，实现了仅仅一部音乐剧就创造了20多亿美元盈利、6500余万观众的演出纪录。蓬勃发展的迪斯尼乐园则将文化注入娱乐，构建了以"娱乐循环"为概念的"轮次收入模式"，实现了票房收入、发行收入、游客收入和特许授权收入的文化和经济"多赢"。苹果手机则通过注重产品的设计，重新对手机进行了定义，使得手机不仅是通话工具，更成为赏心悦目的时尚产品，甚至是收藏品。

对比而言，第一次文艺复兴更加突出呈现的是以艺术性和思想性为代表的艺术作品，第二次文艺复兴呈现的则是将艺术性和经济性、新奇性与商业性融为一体的创意商品。这些创意商品在满足人的艺术和新奇需求的同时，也极大地创造了商业财富，推动了经济发展。

综上所述，以人文精神为中心发展到以人文创造为中心，从艺术大师推动到创意大师推动，以艺术作品为代表发展到以创意精品为代表，第二次文艺复兴为创意的价值及其商业实现提供了丰厚的土壤，也催生着创意管理的到来。

2. 产业变革

兴起于20世纪末的第二次文艺复兴，在全球经历了近20年的探索后，正势不可当地进入具有旺盛生命力的成长期。而双轮驱动的经济增长，正是第二次文艺复兴背景下新的全球产业发展模式。

早期的经济增长建立在劳动力的基础上，随着专业化分工，劳动力的经济增长作用得到显著提升。进入工业社会，随着劳动力边际收益的递减，资本对劳动的替代得到彰显，资本成为经济增长新的动力。随着工业化的发展与深化，资本的边际收益也呈现出递减态势，与此同时，技术对资本的替代日益明显，技术成为经济增长的主要驱动力。

进入新千年，革命性的技术创新没有出现，存量的技术所带来的边际效益日益递减，导致各国经济增长出现普遍性的停滞。在这一背景下，全球呼唤着新的经济增长方式出现。也恰恰在这一背景下，以英国为代表的创意产业在全球兴起，使得文化资源迅速成为全球经济增长新的要素。文化经济学家Throsby提出，资本的概念延伸到艺术和文化领域，出现了新的资本——文化资本。文化资本是一种体现、储存并可以提供文化价值的资产：既包括有形的，如绘画、雕塑、历史建筑、遗址和遗迹等；也包括无形的，如群体共享的思想、习惯、信仰和价值观等。这种资产通过创意与其他投入要素结合后，将有助于生产出更多的产品和服务。

与此同时，国际文化政策专家埃文斯指出，文化资本推动城市创造性的发展，是最近十年来的一种全球现象，是城市在新科学和新技术的应用与文化创意产业发展的一种组合选择，是新增长理论、后福特经济和后工业发展的一种城市景观。可见，20世纪末到现在，源于文化并通过创意而形成的文化资本，正在从区域和产业层面形成经济增长新的驱动力，并与技术创新一道构建起双轮驱动的全球产业发展新模式。

今天，这种新的发展模式，已成为区域经济发展和地区再生的识别标志，由此形成的创意产业集聚区在形成路径、演化机理上与其他产业集聚区也具有显著的不同。

首先，创意产业集聚区不同于文化产业集聚区。文化产业集聚区在形成过程中主要表现为文化溢出，而创意产业集聚区除了文化溢出外，还呈现显著的经济溢出。此外，正如艺术与商业的融合发展所揭示的，技术对文化的影响正日益彰显，创意产业集聚区的技术溢出也日趋突出。因此，如果说，文化产业集聚区形成的主要是一种静态的文化景观，那么创意产业集聚区则呈现出富有文化底蕴、充满经济活力、展现现代技术的具有新奇特征的动态景观。对一种静态的文化景观，消费者很容易产生审美疲劳；但对一种动态的创意景观，则让人们始终充满好奇与兴趣。这正是创意产业脱胎于文化产业、不同于文化产业、又超越文化产业的魅力所在。

其次，创意产业集聚区不同于传统制造业集聚区。传统制造业集聚区主要表现为经济溢出、技术溢出，而创意产业集聚区除了经济溢出、技术溢出外，还有很重要的文化溢出。消费者可能很少会去参观制造业集聚区，但却会充满兴趣地一次次流连于创意产业集聚区，甚至参与合作创造，其行为不仅是经济偏好、技术偏好，更是一种文化偏好。消费者在创意产业集聚区获得的不仅是经济效用、技术效用，还获得了文化效用，即消费者通过参观、参与，也获得了对自身潜在的文化身份的一种追求和认同。因此，创意产业集聚区对社会和民众的发展，均具有制造业集聚不可替代的重要意义和独特特征，并在国家和地区的空间分布上呈现出与制造业集聚交相辉映的价值。

最后，创意产业集聚区是文化与经济、技术的有机融合。文化与经济经历了从分离到融合的发展过程，目前正成为引领经济发展的新的引擎，并从产品、企业、产业及区域层面推动着与经济的融合发展。而创意产业集聚区正是产品、企业、产业以及区域层面实现文化与经济融合发展的重要平台。技术与文化的关系也经历了从排斥到吸收的发展过程，目前正成为催生文化发展的重要动力，3D技术、多媒体技术、软件技术等正在不同的文化领域产生越来越广泛的应用。创意产业集聚恰恰为文化与技术的融合提供了重要渠道和拓展平台。可见，文化与经济、技术的有机融合，是创意产业重要而独特的产业特征，也是创意产业集聚区重要而独特的空间特征。

综上所述，文化正成为区域和产业新的经济增长要素，文化资本正日益成为经济增长新的驱动力，经济增长正在从工业化时代技术创新主导的单一模式走向技术创新与文化创意共同主导的双轮驱动模式。以上中观层面的产业变革和创意产业作为支柱产业的发展态势，也为创意管理的微观探索与创新提供了激动人心而硕果累累的产业支撑。

3. 微观变革

兴起于20世纪末的第二次文艺复兴，也从微观层面为创意管理的诞生奠定了坚实的基础。或者说，正是微观层面逐步深入的实践和变革，呼唤着创意管理的出现。微观层面的变革，可以概括为人的属性和企业属性的变化。

首先，从人的属性来看，在机器工业的驱动和经济学的影响下，长期以来人通常被理解和塑造为抽象的经济人，极大地忽略了人的其他属性，其中最为重要的是崇尚个性、追求美好生活、以文化为基础的"文化人"属性。我们这里所说的"文化人",不是狭义上的文化工作者、艺术工作者,而是每一个普通的个体。在"文化人"的背景下,人人都是文化人,个个都是艺术家。

作为人的多元属性的"文化人"的凸显,也体现出有限理性下消费日趋不确定的效用多元回归。这是因为经济上越来越多的效用对人们的满足渐渐饱和,不断上升的经济效用日趋不确定和效用递减,使得人们可以用文化效用替代和弥补经济效用,从而使个人综合效用实现最大化。

其次,就企业的属性而言,企业不只是生硬地、冰冷地追求利润最大化的经济主体,更是生动地、温暖地追求个性和创造美好生活的文化主体。企业与文化结合的意识正日益明显,氛围正日益浓郁,程度正日益上升。举例而言,今天妇孺皆知的苹果企业就不单纯只是一家制造企业、一家科技企业,它更是一家文化企业,它是文化与科技融合的典范,展现了制造业文化的必然趋势。而中国具有代表性的两家企业:万达集团在经历了住宅地产、商业地产后,正向文化地产进军;阿里巴巴 2013 年在令业内人士惊讶地宣告组建音乐事业部后,2014 年更斥巨资控股中国香港上市的文化中国,由此进入数字娱乐的版图。以上昭示,一种"个个都是文化企业"的发展气势在今日的中国,已是"山雨欲来风满楼"。

企业强调文化治理、追求成为文化企业,也凸显出有限理性下生产日趋不确定的价值多元回归。也就是说,在日趋激烈的市场竞争下,产品的经济价值日趋不确定,因此生产者可以增加和丰富产品的多元价值,特别是文化价值,以满足消费者日益凸显的多元价值的消费需求,从而提高产品生产价值的确定性。

以上社会的变革、产业的变革到企业的变革、人的变革,呼唤着创意管理的出现,由此构成了创意管理学产生的深厚的时代背景。

二、创意管理学的理论基础

以上我们主要从时代背景的角度,探讨了创意管理学诞生的土壤。然而任何新的理论,都有一个理论的演进过程。创意管理学的形成,建立在文化产业理论、文化经济理论和创意产业理论的基础上。

1. 文化产业理论

文化产业理论研究的开创者是法兰克福学派，源起于阿多诺和霍克海默1947年对"大众文化"的批判。不同于霍克海默和阿多诺的批判态度，同为法兰克福学派的本雅明，则对文化产业持乐观和理性态度，他承认大众文化的积极价值和历史意义，认为艺术品的复制可以把艺术从宗教仪式的古老传统中解放出来，为多数人所共享，给文化带来新的发展空间。其后，社会学家米亚基认为，工业化和新技术引入文化生产中，确实导致了商品化趋势，但同时也带来了令人兴奋的新趋势和创新。

在大众文化和文化产业的论争中，文化产业研究内容日益丰富，文化产业理论也日渐成熟。但从其演变历史中不难发现，文化产业的理论体系，并非像其他经济学的分支学科，脱胎于传统的经济学，而是源于哲学和社会学。因此，在较长的时间里，文化产业主流的研究学者并非经济学家，而是哲学和社会学家；文化产业的主要研究方法是哲学和社会学方法。及至今日，西方具有代表性的文化产业著作，如赫斯蒙德夫的《文化产业》，仍是鲜明的社会学、文化学、传播学与政治经济学方法的融合。

2. 文化经济理论

下面我们简要分析下作为经济学独立的分支学科，文化经济学的形成与发展。

从20世纪40年代末开始，尽管文化产业从概念到理论在如火如荼地形成与发展，但西方主流经济学家对文化产业现象的关注却是缺失的。但20年后，一场源于"成本困境"的争论，打破了经济学家对文化产业的集体沉默。

鲍莫尔和鲍文于1966年出版的《表演艺术：经济困境》一书中提出了著名的"成本困境"（Baumol's Cost Disease）问题，即表演艺术的生产力落后于全社会的生产力增长，从而导致表演艺术单位产出成本的持续上升。沿着表演艺术和其他文化产业领域是否存在"成本困境"，西方经济学家展开了30年并时至今日仍在进行的争论和讨论。

在成本困境的争论和讨论中，从现代经济学的视角，以稀缺、偏好、效用、需求、供给等经典的经济学理论为基础，文化经济学得以呈现并逐步发展成为一门独立的经济学分支学科。其中，结合文化本身的特点，通过对文化效用、文化价值、文化资本、文化市场等问题的延伸讨论，形成了文化经济学的独特魅力。

3. 创意产业理论

创意产业理论的出现时间较短，但发展迅猛。

1998 年英国政府颁布《英国创意产业路径文件》，首次以官方名义提出、界定和采用创意产业而非文化产业，彰显了创意在文化产业的独特价值，由此推动了理论界从文化产业研究、文化经济研究进一步向创意产业研究发展。在创意产业理论的建构中，西方代表性的著作包括凯夫斯的《创意产业经济学》（2000）、霍金斯的《创意经济》（2001）、佛罗里达的《创意阶层的崛起》（2002）等。

受西方的影响，国内学者也纷纷展开创意产业的研究，其中较有代表性的作品包括著名经济学家厉无畏所著的《创意产业导论》（2006 年）、范周等主编的《文化创意产业前沿》（2007）、向勇等编著的《中国创意城市》（2008 年）、杨永忠主编的《创意产业经济学》（2009 年）、金元浦编著的《文化创意产业概论》（2010 年）、魏鹏举编著的《文化创意产业导论》（2010 年）、高长春主编的《时尚与创意经济系列》丛书（2011 年）等。

得益于国家层面的战略推动，短短十余年的时间创意产业研究在全球取得蓬勃发展。这里面的学者，既包括传统的哲学、社会学家，更有大量的文化、传媒学者，也有新兴进入的经济学者。从国际视野来看，创意产业的理论建构，越来越鲜明地呈现出以文化经济理论为基础（参见中国人民大学出版社出版的"文化创意产业译丛"），以产业经济学为主要研究范式的发展趋势，研究重点则围绕创意产业的发展战略、产业融合、产业组织、新兴业态和政策设计五个方面展开。

以上可见，文化产业理论形成以前，对文化的研究是较为纯粹的哲学和社会学范畴。随着文化产业理论的兴起，文化的研究进入了哲学、社会学、政治经济学等多学科混同。文化经济学的崛起，则标志着文化研究拓展到纯粹的经济学领域。

而随着创意产业的深入发展，人们逐步发现了文化的特殊性：可以重复使用，这种重复使用为文化创意留下了空间；可以再生使用，通过创意，文化可以转变为一种新的资源；可以创造使用，文化通过创意生产或服务可以成为一种新的产品；可以渗透使用，文化通过与其他产业创意融合从而可以提升其他产业的附加值。上述这些特殊性，集中反映出文化的创造性特征——创意。

以上围绕文化的变化，不再仅仅是一种经济趋势，一种经济现象。随着创意在文化经济中的核心地位的确立，谁来创意、创意什么、为谁创意、怎样创意，成为文化经济、创意产业不可回避的核心微观问题，创意管理应运而生。

三、创意管理学的基本范畴

1. 学科界定

创意管理学是从微观管理角度系统研究创意管理活动的基本规律和一般方法的一门科学。它是一门正在迅速成长的、充满勃勃生机的工商管理新兴学科和交叉科学，涵盖艺术学、社会学、经济学、计算机科学、制造科学等相关学科方法。其研究目的，是在资源约束的条件下，企业如何基于文化资源，通过创意，从商业化角度对文化价值进行发现、挖掘、呈现和延伸，以实现文化价值和经济价值的综合价值最大化。

不同于文化管理学或艺术管理学，创意管理学是以文化或艺术为研究基础，以文化创意或创意为主要研究对象，以管理学方法为主要研究工具，以创意的价值及其商业化实现为主要研究内容，也就是创意的微观管理问题。

2. 理论创新空间

创意管理学的出现，经历了文化产业理论、文化经济理论、创意产业理论的发展过程。但创意管理学的本质是企业管理学范畴，作为一种新兴的管理现象所隐含的创意管理问题，现有的企业管理理论却难以给予充分的解释。

从演变历史来看，企业管理理论经历了古典管理理论、现代管理理论到当代管理理论的发展变化。我们注意到，现有的企业管理理论是以工业时代为背景，以技术创新为取向发展起来的，其主要特点是效率和系统。成本导向的效率恰恰导致手工、民间艺术等生存空间的消失，而讲究集成的系统则抹杀了文化的个性，大批量生产的同质化产品无法体现出创意产品的的灵魂性和新颖性。

后工业时代发生了重要变革，从社会的变革到企业的变革、人的变革，在变革中企业管理的实践和理论面临重构，新当代管理理论有待创造性地建立。

新当代管理理论面对的一个重要事实是，文化要素成为经济增长新的要素，文化资本成为经济增长新的动力。源于文化并通过创意而形成的文化资本，正在从宏观、中观和微观层面形成经济增长新的驱动力。而随着文化资本成为经济增长新的驱动力，新当代管理理论的一个重要内容就是创意管理学的形成与发展。

3. 国外发展状况

创意产业首先在英国兴起,而后席卷全球,但从微观研究层面,基于管理学进行系统研究和深入分析的创意管理,却在起步中。目前,涉及创意管理学的研究成果呈现碎片状的特征,其中较为代表性的有:Bilton 著的 *Management and Creativity*,该书是西方学者从文化经济学、创意产业学转向创意管理研究的重要跨界作品,侧重从组织结构、企业战略角度讨论了创意管理问题。Holt 和 Cameron 合著的 *Cultural Strategy*,该书是文化创意在品牌战略管理方面理论与实践结合的一部优秀著作。此外,Kao 所著的 *Jamming: The Art and Discipline of Business Creativity*、Colbert 所著的 *Marketing Culture and the Arts* 等,也对创意管理的早期发展具有推动意义。

从学科层面来看,以英国为代表,已经形成了较为完整的创意产业管理学科和教学体系。他们的研究主要立足于文化传媒学科,具有跨学科的视角。以英国利兹大学创意产业管理硕士专业为例,他们开设的主要课程有艺术管理、文化评判、文化政策、企业咨询、创作、观众体验等。而立足微观管理视角的创意产品开发、创意生产管理、创意产品营销等核心课程则是缺失或不同程度缺乏的,相应更缺乏工商管理的研究方法支撑。

4. 国内初步探索

以四川大学创意管理研究所为代表,率先在国内工商管理学科发起了对创意管理学的系统探索。

从 2011 年开始,四川大学创意管理研究所先后有幸获得了国家自然科学基金、国家社科基金重点项目、教育部新世纪优秀人才支持计划等项目的支持。特别是 2011 年,受国家留学基金的公派,在澳大利亚访学期间,随着文献的拓展,我们发现,文化经济学、创意产业经济学在西方已取得蓬勃发展,但微观层面有关创意管理的分析却是零碎的,尚缺乏系统性的研究,特别缺乏管理学家的关注。我们意识到,创意管理学在国外仍处于空白。

回到国内,我们发现,最激动人心和走在实践最前沿的,是发生在中国大地上一个个鲜活的创意企业,由此,激励着我们坚定地选择在创意微观管理的研究道路上前行。

最近四年来,我们在国内创意管理学的建立方面进行了大量开拓性的工作。主要有以下三个方面:

一是出版"中国创意管理前沿研究系列"。自 2014 年推出后，在国内引起较大反响，其中专著《创意产品开发模式：以文化创意助推中国创造》荣获全国"文化产业研究学术成果一等奖"。丛书主要从微观管理视角，探讨文化创意的发生与发展规律，探寻文化与技术、经济的融合机理，探求文化的制造化与制造的文化化路径，力求为"中国制造"向"中国创造"转变提供理论支持。清华大学博士后董鸿英认为，"丛书的推出开启了从微观管理视角系统研究文化创意的大幕"。随着丛书的陆续出版，将不断深化中国创意管理相关问题的前沿性研究。

二是推动创意管理学这一新兴的工商管理分支学科的形成。在四川大学商学院的支持下，2014 年在国内工商管理学科率先开辟了文化创意管理这一新的博士招收专业（方向）。目前已经招收国内外博士、博士后 10 余人，正在开展的专题研究包括创意产品开发模式、创意产品的价值评估方法、互联网创意产品的运营模式、创意产品的消费者合作创造、超级明星的市场竞争策略等。

三是推动创意管理学的交流。我们发起了面向产业层面的全球文化企业家公益讲坛，面向学者层面的中欧创意管理学学者沙龙，面向社会层面的创意成都夜话。一系列活动的陆续举办，在社会上也引起了广泛关注，推动了创意管理学在中国的发展与实践，加速了创意管理学在中国的形成。

四、创意管理学的未来发展

正像第一次文艺复兴带来了文学、美术等人文学科的发展，第二次文艺复兴在艺术与商业结合下的广阔而深远的创意发展背景，无疑为管理学，特别是创意管理的诞生提供了丰厚的土壤，催生着创意管理学的发展。

创意管理学试图从微观管理视角，为一个新兴产业梳理与之匹配的微观管理理论体系。作为一门正在迅速成长的、充满勃勃生机的新兴学科，创意管理学亟待国内学者特别是管理学者的研究和探索。创意管理学亟待研究的系列问题包括：

（1）产品开发研究。创意产品一个重要特征就是新奇性。创意产品是生产者和消费者适应新奇观念的市场，因此，新奇是创意产品的重要标志，是创意产品产生经济效益的引擎。如何在产品开发中体现新奇性，是研究者需要进行探讨的问题，但是新奇性并不是研究者唯一要关注的问题。如果新奇性不能与市场有机地结合起来，那么它就没有商业价值和可持续发展的可能。所以，如何实现新奇性和商业性的结合，是进行产品开发研究的关键。

（2）产品生产研究。合作创作是创意产品生产的独特特征之一。创意产品是文化和经济的合作演化，因此，单纯的文化创作或纯粹的经济行为，都不能完整表达创意产品生产的实质，或导致文化缺乏经济活力，或导致经济失去文化依托。基于此，相比于一般产品的生产过程，创意产品的生产过程如何才能更好地实现文化从业人与生产经营者的合作创造？

（3）消费问题研究。文化创意产品的消费，体现了消费者的文化身份特征。消费者对创意产品的新奇进行消费，从其消费偏好而言，反映出消费者的文化品位，从本质上体现出消费者对自身潜在的文化身份的一种认同和追求。这种身份的认同和追求，不同于一般意义的高档产品消费。在高档产品消费中，尽管消费者也体现出一种身份，但主要是基于经济身份，具有炫耀性。而文化身份，是消费者对自身精神活动的一种追求，具有较强的隐秘性。这一对文化身份的消费，是一种比炫耀性消费层次更高的消费，是在工业文明基础上发展出来的一种更高层次的文明。如何挖掘和满足文化身份的消费？

（4）定价问题研究。文化创意产品的定价体现出社会网络特征。由于创意产品的新奇性，使创意产品对消费者而言，具有更大的信息不对称，其定价表现出更大的不确定性；但同时，由于文化创意的社会特质，使创意产品的价格确定可以借助更加显著的社会网络实现。即是说，面对不确定的创意产品，消费者的选择不仅取决于传统的市场价格，更取决于复杂的社会系统中其他个体消费者的消费行为。由此，如何把握和使用社会网络定价？

（5）渠道问题研究。文化创意产品在渠道上体现出空间的体验特征。产品的新奇特征，要求通过一定的体验完成；消费的身份特征，也要依赖于个体行为与其他个体行为的相互体验实现。因此，创意产品的市场空间，不仅是一般产品市场的简单买卖空间，更应是适应创意产品的新奇特征、满足个体消费者互动需求的体验性空间。因此，如何设计和运用体验性空间，才能更好地实现消费者与产品、消费者与生产者、消费者之间的关系互动和相互认同，促进创意产品市场的发展和繁荣？

中国悠久的历史所蕴藏的丰富的可资本化的文化资源，为创意管理学在中国的探索提供了多样的实践素材和广阔的理论创新空间，期待在创意管理的国际学术领域，拥有属于中国学者的一席之地。

参考文献

[1] Throsby D.. Economics and Culture [M]. Cambridge: Cambridge University Press, 2001: 45-48.

[2] Graeme Evans. Creative Cities, Creative Spaces and Urban Policy [J]. Urban Study, 2009, 46 (5-6): 1003-1040.

[3] Baumol W. J., Bowen W. G.. Performing Arts: The Economic Dilemma [M]. New York: Twentieth Century Fund, 1966: 161-209.

[4] Miege Bernard. The Capitalization of Cultural Production [M]. New York: International General. 1989: 9-12.

[5] Chris Bilton. Management and Creativity [M]. Blackwell Publishing Limited, 2006.

[6] Douglas Holt, Douglas Cameron. Cultural Strategy [M]. Oxford: Oxford University Press, 2010.

[7] John J. Kao. Jamming: The Art and Discipline of Business Creativity [M]. Harper Business, 1996.

[8] Francois Colbert. Marketing Culture and the Arts [M]. Paul & Co Pub Consortium, 1995.

[9] [美] 熊彼特. 经济发展理论 [M]. 何畏等译. 上海: 商务印书馆, 1990: 109.

[10] [美] 本雅明. 机械复制时代的艺术品 [M]. 李伟译. 重庆: 重庆出版社, 2006: 1-18.

[11] [美] 赫斯蒙德夫. 文化产业 [M]. 张菲娜译. 北京: 中国人民大学出版社, 2007: 8-12.

[12] [德] 霍克海默, 阿多诺. 启蒙辩证法 [M]. 洪佩郁等译. 重庆: 重庆出版社, 1993: 120-132.

[13] [美] 凯夫斯. 创意产业经济学——艺术的商业之道 [M]. 孙绯等译. 北京: 新华出版社, 2004.

[14] [美] 理查德·佛罗里达. 创意阶层的崛起 [M]. 司徒爱勤译. 北京: 中信出版社, 2010.

[15] [英] 约翰·霍金斯. 创意经济: 如何点石成金 [M]. 洪庆福, 孙薇薇, 刘茂玲译. 上海: 上海三联书店, 2006.

[16] 金元浦. 文化创意产业概论 [M]. 北京: 高等教育出版社, 2010.

[17] 厉无畏. 创意产业导论 [M]. 上海: 学林出版社, 2006.

[18] 吕学武, 范周. 文化创意产业前沿. 理论: 碰撞与交融 [M]. 北京: 中国传媒大学出版社, 2007.

[19] 魏鹏举.文化创意产业导论 [M].北京:中国人民大学出版社,2010.

[20] 向勇,周城雄.中国创意城市:创意城市发展研究 [M].北京:新世界出版社,2008.

[21] 杨永忠.创意产业经济学 [M].福州:福建人民出版社,2009.

[22] 杨永忠.民族文化创意的经济分析 [J].青海社会科学,2013(1):36-41.

[23] 杨永忠,蔡大海.文化企业家的文化价值偏好:决策模型与影响因素 [J].财经问题研究,2013(12):89-95.

[24] 林明华,杨永忠.创意产品开发模式 [M].北京:经济管理出版社,2015:1-13.

[25] 杨永忠,林明华.文化经济学 [M].北京:经济管理出版社,2015:1-13.

[26] 杨永忠,黄舒怡,林明华.创意产业聚集区的形成路径与演化机理 [J].中国工业经济,2011(8):128-138.

[27] 杨永忠,罗丹.创意管理学的形成与发展 [J].广西师范学院学报(哲学社会科学版),2016,37(4):1-6.

附录四 "创意成都夜话"首场开讲 打造民间创意思想智库*

李谕 欧芜希（中国日报四川记者站 2015-02-14）

2015年2月12日晚，成都崇德里，16位来自高校研究所、成都本土及海外涉文创产业的嘉宾围坐一桌，在"成都创意企业的现在与未来"这个命题下，展开了一场火花四射的思想分享。

由四川大学创意管理研究所所长杨永忠教授发起的"创意成都夜话"是国内第一家定位于创意企业发展和创意阶层成长的公益性民间沙龙，其发端为"创意成都"微信群，旨在通过集结成都创意力量，打造民间创意的思想智库。

文创领域产学研人士玩跨界　聚首成都为创意企业发展支招

杨永忠教授以一席长谈为首场沙龙热场。他表示，经济强国的背后是经济结构的支撑，特别是文化产业的支撑。一般而言，经济强国的文化产业占GDP比重均在10%以上，中国尚不到4%，所以从经济大国到经济强国，中国尚有一段艰难的道路跋涉。从成都来看，文化及相关产业增加值最近几年发展势头迅猛，增长率均在20%以上。

他分享了自己从成都创意企业的实践中得来的"三个看见"：看见了中国创意企业的发展方向、看见了中国企业的转型希望，看见了中国传统文化的复兴希望。

结合嘉宾的发言，杨永忠提出，"创意时代企业的使命是创造感动，感动是最高层次的人性需求。随着人的文化属性的觉醒，在满足物欲的基本条件后，对文化的追求成为第一追求。一定是某个'最的东西'，才能找到某种

---

* 原文载于中国日报中文网，http://cnews.chinadaily.com.cn/2015-/02/14/content_19589518.htm。

'最的文化'。由此意味着创意企业的生产和服务将是回归内心、回归温暖、回归感动。而在成都，由创意企业构成的如群星散落四方的创意群落，恰好体现了这一诉求"。

来自中国台湾的业内高手张庭庭作为"外来人"也表达了对成都文化创意产业的欣赏，"成都设计的美学已经很好，不输台湾。"张庭庭是台湾创意管理咨询领军人物，在创意管理业内与杨永忠并称实践到理论的"东张西杨"。

不过这位台湾苏活创意管理顾问公司总经理也站在专业角度点出成都文创的现有弊病：不同于台湾已将美学融入生活，成都的创意主要还停留在物化层面，下一步应该做减法，使之与生活融合，传递一种生活美学。这一观点让手作中国艺术总监寒山频频点头，这家坐落在成都安仁古镇的民艺机构致力于通过再创使民艺回归生活。

作为一家成都本土文创类企业，雅道清心的品牌总监梁飘逸现身说法，"在浩如烟海的古典文化中，什么是与我们现在的生活相近的？就拿喝茶来说，现在很多人喝茶但不知道怎么去选茶和品茶，这就是我们一直在文化上想寻求的一个突破点"。放弃高薪投身文化产业进行创业的梁飘逸，代表了许多成都创意企业遭遇过的发展窘境。

而从德国回家过年、闻讯欣然前来参加夜话的德国洪堡大学博士黄礼登，则从在德国家喻户晓的"四川好人"戏剧，如何为川菜餐馆提供在德国发展机会的创意故事，点出了文化创意在企业创业中的重要性，为成都创意企业的发展窘境提供了一个回应。

小沙龙的大文章

作为大陆创意管理学术领军人物，杨永忠发起"创意成都夜话"这个小型专业性沙龙却有大"野心"：为一个新兴产业梳理与之匹配的理论体系，进而推进和深化实践进程。

"创意产业是一个新兴产业，创意产业发展的核心问题是创意企业管理，而现有的企业管理理论是以工业时代为背景发展起来的，其主要特点是效率和系统。而成本导向下的效率恰恰带来了手工、民艺的生存空间的消失，讲究集成的系统则抹杀了文化的个性。"杨永忠谈道。进入创意经济时代，随着文化的复兴和创意企业的蓬勃发展，现有的管理理论无法提供理论上的支撑。他希望通过沙龙的交流，从成都创意企业的实践，能够在理论上有所回答，同时通过理论与实践的互动，推动成都创意企业的发展。

据了解，目前杨永忠与张庭庭两人联手，杨永忠出任台湾苏活创意管理顾问公司首席研究总监，张庭庭出任四川大学创意管理研究所首席创意顾问，正协力为成都创意企业发展提供思想指引和行动源泉。

2014年10月，成都市人民政府主办了2014成都创意设计周，来自国内外的创意文化界人士齐聚蓉城，这宣告了这座城市未来的一个发展新目标：文化创意之都。成都市博览局相关负责人对此表示，成都要进行产业转型升级，未来一个很重要的着力点就是大力发展文化创意产业，成都将通过文创产业的发展探索城市发展的新路径和新模式。

当晚的"创意成都夜话"在"面朝大海、春暖花开"的诗歌吟诵中结束，也许这意味着，成都文创产业将迎来一个新的里程碑。

参考文献

[1] Banks M., Hesmondhalgh D.. Looking for Work in Creative Industries Policy [J]. International Journal of Cultural Policy, 2009, 15 (4): 415-430.

[2] Colbert F.. Marketing Culture and the Arts (Fourth Edition) [M]. Carmelle and Remi Marcoux Chair in Arts Management, HEC Montreal, 2012.

[3] Dowling R.. Planning for Culture in Australia [J]. Australian Geographical Studies, 1997, 35 (1): 23-31.

[4] Florida R.. The Rise of the Creative Class and How It's Transforming Work, Leisure, Community and Everday Life [M]. Basic Books, 2002.

[5] Santagata W.. Cultural Districts, Property Rights and Sustainable Economics Growths [J]. International Journal of Urban and Regional Research, 2000, 26 (1): 9-23.

[6] Scott A. J.. The Cultural Economy of Cities [M]. London: SAGE Publication, 2000.

[7] Throsby D.. Economics and Culture [M]. Cambridge: Cambridge University Press, 2001.

[8] White L. A.. The Concept of Culture [J]. American Anthropologist, 1959, 61 (2): 227-251.

[9] Williams R.. Culture [M]. New York: Schocken Books, 1981.

[10] [英] 爱德华·伯内特·泰勒. 原始文化 [M]. 连树声译. 桂林: 广西师范大学出版社, 2005.

[11] [英] 布罗尼斯拉夫·马林诺夫斯基. 文化论 [M]. 费孝通译. 北京: 华夏出版社, 2002.

[12] 财团法人云门文化艺术基金会. 2015 年财团法人云门文化艺术基金

会年度报告 [EB/OL]. https：//www.cloudgate.org.tw.

[13] 陈美霞. 台湾表演艺术产业生态：以云门舞集、表演工作坊、汉唐乐府为分析个案 [J]. 艺苑, 2009 (8).

[14] 陈亚萍. 台北市表演艺术观众之生活型态与行销研究 [D]. 中央大学艺术学研究所硕士学位论文, 2005.

[15] 陈燕鸿, 金飞. 两岸电影产业合作前景分析 [J]. 海峡科技与产业, 2013 (5).

[16] 陈燕敏. 浅析云门舞集的创作特色 [J]. 美与时代（下）, 2010 (5).

[17] 陈兆雄, 陈俊, 宋坚. 云南旅游工艺品的产业现状与开发策略 [J]. 经济问题探索, 2004 (3).

[18] 程拱胜. 基于文化创意产业特点的营销模式研究 [J]. 华章, 2011 (18).

[19] 迟晓英, 宣国良. 价值链研究发展综述 [J]. 外国经济与管理, 2000 (1).

[20] [英] 大卫·赫斯蒙德夫. 文化产业 [M]. 张菲娜译. 北京：中国人民大学出版社, 2007.

[21] 丹增. 文化产业发展论 [M]. 北京：人民出版社, 2008.

[22] 单靖雅, 裴超. 北京百工坊博物馆：荟萃传统工艺　凝聚古老文化 [J]. 时尚北京, 2013 (4).

[23] [美] 道格拉斯·霍尔特, 道格拉斯·卡梅隆. 文化战略——以创新的意识形态构建独特的文化品牌 [M]. 汪凯译. 北京：商务印书馆, 2013.

[24] 邓佩芸. 历史类博物馆商店之商品设计策略 [D]. 台北：铭传大学设计创作研究所硕士学位论文, 2005.

[25] 邓文华. 海峡两岸数字艺术产业比较研究 [M]. 上海：学林出版社, 2008.

[26] 杜靖. 论企业技术创新驱动力的"三环模式" [J]. 企业经济, 2012 (4).

[27] 符娅, 王德清. 西南少数民族地区传统手工艺的保护与开发 [J]. 贵州民族研究, 2006 (1).

[28] 郭新茹, 顾江. 基于价值链视角的文化产业赢利模式探析 [J]. 现

代经济探讨，2009（10）．

［29］国家统计局社会科技文化和文化产业统计司，中宣部文化体制改革和发展办公室．2015年中国文化及相关产业统计年鉴［M］．北京：中国统计出版社，2015．

［30］韩妹．我国演出市场进入高速发展期 收入3年增1.62倍但12年来艺术表演团体经费自给率不足40%，亟待培养潜在消费者［EB/OL］．http://zqp.cyol.com/content/2010-11/11/content_3442001.htm，2010-11-11．

［31］何频．论区域经济发展中的文化生产力［D］．成都：四川大学博士学位论文，2007．

［32］贺寿昌．创意产业增值研究［D］．上海：上海交通大学博士学位论文，2006．

［33］洪琼芳，黄思超，曾子玲．台湾戏曲剧种之脚色行当艺术——生旦净丑话戏曲［M］．台中：五南图书出版股份有限公司，2017．

［34］贾丰奇．台湾地区文化创意产业商业模式研究［D］．上海：上海师范大学硕士学位论文，2008．

［35］江韶莹．台湾工艺发展脉络［EB/OL］．http://iic2.thu.edu.tw/download_course/1262576443.doc，2009-09-05．

［36］金小军，刘剑，苏敏俊．浅议景德镇陶瓷文化创意产业发展［J］．中国陶瓷，2013（12）．

［37］李康化，张奕民．传统民间工艺品市场营销策略分析——基于供给侧和需求侧双驱动视角［J］．中国文化产业评论，2016（1）．

［38］李如菁，何明泉．博物馆文化商品的再思考：从跨界的观点出发［J］．设计学报，2009（4）．

［39］李兆翔，林玟玲．人力资源［C］//林炎旦主编．文化创意产业理论与实务．台北：师大书苑，2011．

［40］厉无畏．创意产业导论［M］．上海：学林出版社，2006．

［41］梁若冰．台湾文化创意产业发展初探［J］．台湾研究，2011（3）．

［42］林明华，杨永忠．创意产品：文化、技术与经济的融合物［J］．科技进步与对策，2013（7）．

［43］林明华，杨永忠．创意产品开发模式：以文化创意助推中国创造［M］．北京：经济管理出版社，2014．

[44] 林思玲,林炎旦. 我国文化创意产业人才培育发展现况与策略[J]. 教育资料与研究,2013(112).

[45] 林炎旦,李兆翔. 文化创意产业人才培育策略[J]. 台湾教育,2010(10).

[46] 林炎旦. 创意经济报告2010[M]. 台北:师大书苑,2011.

[47] 林元添. 厦门书城服务营销策略研究[D]. 厦门:厦门大学硕士学位论文,2006.

[48] 刘小丽,唐景辉. 景德镇陶瓷创意产业发展研究[J]. 企业经济,2012(6).

[49] 刘扬. 互联网化电影发行的现状与发展分析[J]. 当代电影,2015(1).

[50] 刘涘沦.《云南映象》的"原生态"文化内涵与理论意蕴[D]. 桂林:广西师范大学硕士学位论文,2007.

[51] 吕理政. 博物馆展示的传统与展望[M]. 台北:南天书局,1999.

[52] 吕庆华. 文化资源的产业开发[M]. 北京:经济日报出版社,2006.

[53] [美]迈克尔·波特. 竞争优势[M]. 陈小悦译. 北京:华夏出版社,1997.

[54] 毛修炳. 中国演出市场变化态势与演艺产业的发展对策[J]. 中外企业文化,2014(2).

[55] 倪晓巍. 网络游戏运营策略研究:以网易公司为例[D]. 杭州:浙江大学硕士学位论文,2015.

[56] 齐旭. 台湾文化创意产业发展研究[D]. 北京:中央民族大学硕士学位论文,2012.

[57] 沈丽娟. 浅谈台湾地区私立博物馆[J]. 福建省社会主义学院学报,2014(2).

[58] 施州. 台湾工艺产业发展模式研究[D]. 上海:上海师范大学硕士学位论文,2009.

[59] 石晶. 舞蹈与文化的对话——以云门舞集舞蹈作品为例[J]. 云南艺术学院学报,2008(3).

[60] 宋亚谱. 网络游戏产品的市场营销[D]. 西安:西安建筑科技大学

硕士学位论文，2012．

［61］苏欣．创新手工艺发展的原动力［J］．南京艺术学院学报，2003（2）．

［62］孙鹏．保护文博知识产权　发展文化创意产业［N］．中国文物报第005版，2016-02-16．

［63］台湾文化事务主管部门．2011年电影产业调查报告（台湾）［EB/OL］．http：//www.moc.gov.tw/．

［64］台湾文化事务主管部门．2015年台湾文化创意产业发展年报［EB/OL］．http：//www.moc.gov.tw/．

［65］陶学忠．创意经济特点与企业市场营销变革［J］．现代企业，2009（8）．

［66］王大勇，艾兰．电影营销实务［M］．北京：中国民主法制出版社，2011．

［67］王家庆．文化创意产业融资方式创新研究［J］．技术与创新管理，2013（4）．

［68］王克岭，张灿，王霄．我国民间工艺品产业演化路径研究［J］．华东经济管理，2012（12）．

［69］王志平，郑克强．基于DEA方法的工艺陶瓷产业发展动态实证分析——以景德镇工艺陶瓷产业为例［J］．企业经济，2013（5）．

［70］王志琴．景泰蓝市场　让人欢喜让人忧［J］．中国新时代，2013（10）．

［71］王志艳．2016年图书零售网店超实体店　新书定价连涨三年破70元［EB/OL］．新华网，http：//news.xinhuanet.com/politics/2017-01/12/c_129443786.htm，2017-01-12．

［72］魏然．台湾工艺产业政策述评［J］．福建论坛·社科教育版（2010年专刊），2010．

［73］吴辉．台湾地区对私立博物馆的扶持及相关问题［EB/OL］．中国文物信息网，2013-05-02．

［74］吴建峰．把图书卖场经营成读者的"心灵家园"［J］．出版经济，2004（7）．

［75］吴圣刚．文化资源及其利用［J］．山西师大学报，2005（11）．

[76] 吴圣刚. 文化资源及其特征 [J]. 河南师范大学学报（哲学社会科学版），2002（4）.

[77] 吴晓明，熊峰. 陶瓷产业发展急需金融支持 [J]. 中国金融，2012（22）.

[78] 伍琼华. 云南少数民族妇女手艺品市场化策略 [J]. 云南民族大学学报（哲学社会科学版），2005（7）.

[79] 向勇. 文化产业人力资源开发 [M]. 长沙：湖南文艺出版社，2006.

[80] 肖怀德. 从"多元文化"到"创意台湾" [J]. 现代传播，2012（4）.

[81] 谢大京. 试论表演艺术团体运作方式的产业化 [J]. 社会科学，2003（5）.

[82] 熊宁. 企业价值链与竞争优势 [J]. 价值工程，2006（10）.

[83] 徐娟. 论"云南映象"的美学特征美学 [D]. 成都：四川师范大学硕士学位论文，2012.

[84] 徐敏燕. 我国陶瓷企业国际竞争力研究 [J]. 特区经济，2008（11）.

[85] 许剑雄，唐欢. 景德镇市陶瓷专业市场发展问题分析与对策建议 [J]. 企业经济，2011（8）.

[86] 许南明，富澜，崔君衍. 电影艺术词典（修订版）[M]. 北京：中国电影出版社，2005.

[87] 许瑄，辜雯华，王进发. 原住民文化工艺产业发展之研究 [J]. 台湾原住民研究论丛，2012（12）.

[88] 严荔. 四川文化资源产业化开发研究 [M]. 北京：经济科学出版社，2010.

[89] 阳双梅，孙锐. 论技术创新与商业模式创新的关系 [J]. 科学学研究，2013（10）.

[90] 杨永忠，林明华. 文化经济学：理论前沿与中国实践 [M]. 北京：经济管理出版社，2015.

[91] 杨永忠. 创意管理学导论 [M]. 北京：经济管理出版社，2018.

[92] 占长孙. 景泰蓝酒香也怕巷子深 [N]. 消费日报，2012-11-07（A02）.

[93] 张福昌. 优秀的工艺要运用到生活中 [J]. 中华手工，2009（10）.

[94] 张建世，杨正文. 西南少数民族传统工艺文化资源的保护 [J]. 西南民族大学学报，2004（3）.

[95] 张誉腾. 博物馆大势观察 [M]. 台北：五观艺术管理，2003.

[96] 张真诚，蔡顺慈. 社会教育与信息科技的结合——台北故宫博物院文物数字化之发展 [J]. 信息与教育，2003（93）.

[97] 郑娇. 台湾图书发行渠道浅析 [J]. 新闻世界，2015（12）.

[98] 郑智武，黄大同，钱水苗. 演出及演出主体的法律界定 [J]. 浙江艺术职业学院学报，2008（3）.

[99] 钟宝善. 表演艺术政策进展：立足台湾、展望大陆、放眼美国 [C]// 叶朗.北大文化产业评论（2010年下卷）. 北京：金城出版社，2011.

[100] 周正刚. 论文化资源的可持续性开发 [J]. 求索，2004（11）.

[101] 左健，田雁. 中日图书销售市场比较 [J]. 中国出版，2013（6）.